O que estão falando sobre
Sales enablement

> Alinhar estratégias de vendas e marketing é uma parte essencial do meu papel interno na minha empresa e também nas consultorias prestadas a nossos clientes. É difícil começar e nunca fica plenamente resolvido, mas este livro oferece ótimos insights sobre como o marketing pode apoiar melhor vendas, de modo que empresas comecem a melhorar o alinhamento prontamente."
>
> **Mike Weir,**
> diretor sênior de vendas, LinkedIn Marketing Solutions

> Da alta direção ao time a ser montado, o impacto de gerar mais vendas afeta a corporação toda. Explorar o conhecimento do time de marketing e fazê-lo trabalhar não lado a lado, mas integrado ao time de vendas, é algo genial. *Sales enablement* é um gerador de crescimento."
>
> **Ginger Shimp,**
> diretora sênior de marketing, SAP

"Este livro ajudará você a passar de 'tendências de vendas' a 'soluções de negócios'. As ações, insights e recomendações que Pam compartilha neste livro são valiosas para todo aquele que gera receita para sua organização. Se você quer passar da teoria à prática, *Sales enablement* é a melhor ferramenta para impactar seu negócio. Este é um livro envolvente com insights práticos e um ponto de vista que dá prazer de apreciar graças à experiência de Pam Didner em B2B de alto nível empresarial."

Mark Godley,
CEO, LeadGenius

"Profissionais de marketing não podem ser bem-sucedidos sem uma forte compreensão de vendas. *Sales enablement* ajuda a alinhar marketing e vendas usando ferramentas eficazes de *sales enablement*. Pam Didner se baseia em suas décadas de experiência para mostrar como essa fusão de times de marketing e de vendas é um esquema ganha-ganha para empresas, clientes e negócios em geral. Leitura obrigatória."

Nancy Bhagat,
CMO, segmento de soluções de comunicações, TE Connectivity

"Silos internos são a maior ameaça a uma organização centrada no cliente. E a maior que vi até hoje é o distanciamento entre as organizações de vendas e marketing. Este *Sales enablement* de Pam Didner é PURO OURO. Ele apresenta um ponto de vista de profissional de marketing sobre como aumentar o impacto do negócio de qualquer organização de vendas. Altamente recomendado para líderes tanto de marketing quanto de vendas!"

Ekaterina Walter,
líder de transformação digital, palestrante internacional,
autora de *The Laws of Brand Storytelling*

"Será que vendas é de Marte e marketing de Vênus? Melhor, quanto mais sucesso você teria se todos os planetas estivessem alinhados? Pam Didner faz uma abordagem abrangente do universo de vendas e marketing neste livro. Leia. E depois faça seus times lerem também."

Robert Rose,
estrategista-chefe, The Content Advisory

"A maioria dos livros sobre *sales enablement* fala de treinamento e desenvolvimento de vendas. É revigorante encontrar um livro de *sales enablement* escrito do ponto de vista de um profissional de marketing. Pam Didner mostra como você pode integrar seus elementos de marketing em esforços de vendas externas ou vice-versa. Um livro de leitura obrigatória para pessoas de vendas e profissionais de marketing."

Alana Zamora,
diretora sênior, Global Content Marketing & Strategy, Medallia

"Este livro irá ajudar qualquer negócio a criar um plano de *sales enablement* que captará a atenção de todos os escalões de uma corporação."

Emma Hitzke,
chefe global de marketing, Intel Artificial Intelligence

"Com este livro, Pam Didner se apoia em suas décadas de experiência para mostrar como a fusão de times de marketing e vendas é uma ação ganha-ganha para empresas, clientes e negócios em geral. Seus exemplos do mundo real dão orientação sobre como alcançar excelência em seu papel, seja no marketing ou em vendas."

Jeff McKittrick,
diretor sênior de plataformas de vendas digitais, Cisco

"Não precisamos procurar mais. Finalmente temos um plano master prático para aproximar o relacionamento muitas vezes difícil entre marketing e vendas. O alinhamento de vendas e marketing costuma ser discutido, mas raramente é alcançado. *Sales enablement* é o manual para se alcançar essa meta."

Pawan Deshpande,
CEO, Curata

"O guia mais útil e específico já criado para profissionais de marketing B2B para alcançar o sucesso em vendas. 100% recomendado!"

Jay Baer,
fundador da Convince & Convert e coautor de *Talk Triggers*

Sales enablement

Copyright © Pam Didner 2019
Copyright desta edição © 2025 Autêntica Business

Tradução publicada mediante acordo com Kogan Page.

Título original: *Effective Sales Enablement:
Achieve Sales Growth through Collaborative Sales and Marketing*

Todos os direitos reservados pela Autêntica Editora Ltda.
Nenhuma parte desta publicação poderá ser reproduzida,
seja por meios mecânicos, eletrônicos, seja via cópia xerográfica,
sem autorização prévia da Editora.

EDITOR
Marcelo Amaral de Moraes

PREPARAÇÃO DE TEXTO
Marcelo Barbão

REVISÃO TÉCNICA
Marcelo Amaral de Moraes

REVISÃO
Rafael Rodrigues

CAPA
Diogo Droschi

PROJETO GRÁFICO
Christiane S. Costa

Diogo Droschi

DIAGRAMAÇÃO
Christiane S. Costa

**Dados Internacionais de Catalogação na Publicação (CIP)
(Câmara Brasileira do Livro, SP, Brasil)**

Didner, Pam
    Sales enablement : como levar o seu time de vendas a outro patamar com treinamento, conteúdo e *coaching* / Pam Didner ; tradução Luis Reyes Gil. -- 1. ed. -- São Paulo : Autêntica Business, 2025.

    Título original: Effective Sales Enablement: Achieve Sales Growth through Collaborative Sales and Marketing.
    ISBN 978-65-5928-545-7

    1. Sales enablement 2. Gestão de vendas 3. Vendas 4. Vendedores 5. Treinamento em vendas I. Título.

25-254732   CDD-658.81

Índices para catálogo sistemático:
1. Administração de vendas 658.81

Eliete Marques da Silva - Bibliotecária - CRB-8/9380

A **AUTÊNTICA BUSINESS** É UMA EDITORA DO **GRUPO AUTÊNTICA**

São Paulo
Av. Paulista, 2.073 . Conjunto Nacional
Horsa I . Salas 404-406 . Bela Vista
01311-940 . São Paulo . SP
Tel.: (55 11) 3034 4468

Belo Horizonte
Rua Carlos Turner, 420
Silveira . 31140-520
Belo Horizonte . MG
Tel.: (55 31) 3465 4500

www.grupoautentica.com.br
SAC: atendimentoleitor@grupoautentica.com.br

Pam
Didner

Sales enablement

Como levar o seu time de vendas a **outro patamar** com **treinamento, conteúdo** e **coaching**

TRADUÇÃO:
Luis Reyes Gil

autêntica
BUSINESS

Para os heróis anônimos que trabalham nos bastidores para capacitar seus times de venda. Continuem assim. Vocês são demais!

Sumário

Sobre a autora . 16

Prefácio . 20
- 21 O infortúnio é uma bênção disfarçada
- 22 A tecnologia de apoio a vendas facilita e ao mesmo tempo é desafiadora
- 23 Traga o marketing para o *sales enablement*
- 24 Quem deve ler este livro
- 24 O que este livro é
- 25 O que este livro não é
- 25 Uma rápida visão geral dos capítulos antes de você começar
- 27 Mas, espere. Tem mais…
- 28 Agora é hora de mergulhar e se divertir
- 28 Referências

Agradecimentos . 30

INTRODUÇÃO:
Sales enablement sob a perspectiva de um profissional de marketing . 34
- 35 Capacitar vendas como um profissional de marketing
- 37 A origem do *sales enablement*
- 38 Vamos definir *sales enablement* para os propósitos deste livro
- 41 *Sales enablement* é um papel ou uma tarefa?
- 42 Vender tecnologia exige trabalho em time

43 Designar um gestor interno do programa, vindo do marketing, para apoiar vendas
45 Pré-requisitos para profissionais de marketing apoiarem vendas
50 Diferenças entre *sales operations* e *sales enablement*
53 O território do *sales enablement*
55 Referências

CAPÍTULO 1
Sales enablement, Leonardo da Vinci e a Revolução Industrial . 56

59 Então vieram os motores… movidos a vapor
61 O *sales enablement* teria sido necessário para vender o motor a vapor?
62 Vender ficou complicado após a Revolução Industrial
65 Avanço rápido até a Era do Computador
66 O *sales enablement* está pronto para entrar em ação
69 Referências

CAPÍTULO 2
Doze tendências de vendas importantes . 72

75 O mundo das vendas está mudando rapidamente
75 De tendências a soluções: comece pelo "por quê?"
76 As principais tendências que moldam a profissão de vendas
90 Os benefícios de compreender as tendências
91 Próximos passos após identificar as iniciativas
92 O pessoal de vendas precisa ir além da venda
94 Referências

CAPÍTULO 3

O dilema do marketing como função de *sales enablement* . 96

- 98 O marketing está inserido nas soluções de tendências futuras
- 99 O atrito constante entre vendas e marketing
- 106 Encontre pontos em comum nos desalinhamentos
- 111 Foque as prioridades em comum
- 115 Estabeleça um acordo de nível de serviço com métricas claras
- 120 Marketing e vendas trabalhando juntos para melhorar o processo com os *leads*
- 123 Solicite feedbacks e comentários do pessoal de vendas
- 125 É um grande negócio dar suporte ao pessoal de vendas
- 127 Referências

CAPÍTULO 4

Branding e *messaging* também se aplicam a vendas . 128

- 130 Consistência é a chave
- 132 O catalisador para um *branding* e um *messaging* consistentes
- 134 Manual da marca
- 138 O modelo de *messaging*
- 148 Outros tipos de *messaging*
- 149 Jornada diferente, *messaging* consistente
- 150 Consistência não significa rigidez
- 150 O poder do *branding* e do *messaging* para vendas
- 151 Referências

CAPÍTULO 5

Principais ingredientes do *sales enablement*: treinamento, conteúdo e *coaching* . 154

- 157 Treinamento de vendas
- 168 Conteúdo
- 172 *Coaching*
- 176 Integre treinamento, conteúdo e *coaching*
- 180 Referências

CAPÍTULO 6
Todo marketing leva a vendas . 182

184 Marketing não é mais só marketing
186 Marketing de parceria ou comarketing
190 Marketing com parceiros de canal
193 E-mail marketing
197 *E-commerce*
200 Marketing de afiliados
203 Programas de lealdade
205 Publicidade programática e *retargeting*
209 Marketing de mídia social
211 Programas de marketing como ferramenta de vendas
212 Marketing integrado
214 Referências

CAPÍTULO 7
Design de experiência e experiência do usuário potencializam o sucesso em vendas . 216

219 Quantifique o ROI do design de experiência e da experiência do usuário
220 O papel da experiência do usuário no auxílio a vendas
221 Incorporando conteúdo interativo nos processos e treinamentos de vendas
227 Incluindo mensagens de vendas nos produtos baseados em SaaS ou nos apps da empresa
230 Disponibilizando ferramentas *user-friendly* (amigáveis) de *sales enablement*
236 Usando a comunicação de marketing de forma intuitiva e focada no comprador
239 Referências

CAPÍTULO 8
Quando é a hora de montar seu time de *sales enablement* . 242

245 A questão é o que você quer alcançar
251 Onde deve ficar o *sales enablement*?
252 Talento e competências

259 Apoio inter-regional ao *sales enablement*
264 *Sales enablement* inter-regional
266 A estrutura do time de *sales enablement* é fluida
267 Referências

CAPÍTULO 9
É complicado: as bênçãos e as maldições da tecnologia . 268

275 Selecione ferramentas para os diferentes estágios do processo de vendas
276 Dicas úteis
280 Criando insights sobre os clientes por meio de análises descritivas e preditivas
283 Descobrindo clientes relevantes e prevendo seus movimentos por meio de IA
289 Humanos *versus* humanoides
290 Equilibrando tecnologia e julgamento humano
292 Referências

CAPÍTULO 10
Ação. Ação. Ação. . 294

298 O que podemos mudar agora?
301 Como podemos melhorar?
305 O que podemos acrescentar?
306 Conhecer o conhecido
307 Cuidado com o desconhecido
307 Gerencie o que você é capaz de mudar
308 Ações promovem ações
308 Referências

Índice remissivo . 310

Sobre
a autora

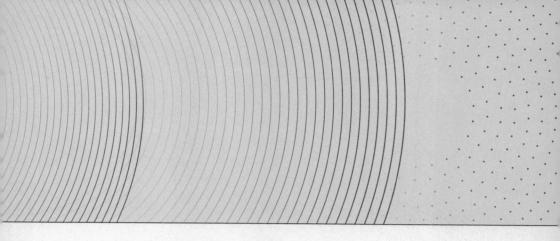

Pam Didner é líder em conteúdo de marketing, autora e palestrante. Ao ocupar vários cargos na Intel, realizou inúmeros lançamentos de produtos empresariais e campanhas de marketing de âmbito mundial. Seu cargo, dedicado a apoiar times de venda diretas e indiretas como profissional de marketing, permitiu que tivesse uma visão única do *sales enablement* ("capacitação de vendas") com *expertise* em propiciar sucesso em marketing e vendas globais.

O primeiro livro internacional dela, *Global Content Marketing*, apresentou um processo acessível e abrangente para dimensionar conteúdo por várias regiões. Ela foi selecionada em 2011 e 2012 como um dos Profissionais Top de Marketing Digital da BtoB. O livro *Global Content Marketing* foi citado como um dos 10 principais livros sobre marketing de 2014 pela Inc.

Pam tem participado em conferências de alto nível, como Content Marketing World, Social Media Strategies Summit, Media Hungary, Integrated Marketing Summit, entre outros eventos. Realizou apresentações nos Estados Unidos, Ásia, Europa e América Central e do Sul. Foi instrutora adjunta da Universidade West Virginia e da Escola de Jornalismo da Universidade do Oregon. É especialista em criar planos de marketing global bem-sucedidos que atendam às necessidades de times de marketing e vendas locais. Comanda uma empresa-butique de consultoria, que treina, oferece *coaching* e fornece orientação estratégica para desenvolvimento de públicos, arquitetura de mensagens, planejamento editorial, criação de conteúdo, e colaboração em vendas e marketing em escala global. Entre seus clientes estão Intel, 3M, Sunstar, Cisco e TE Connectivity, para citar apenas alguns. Também compartilha pensamentos sobre marketing em seu site – pamdidner.com – e contribui com artigos para *The Guardian*, *The Huffington Post*, Content Marketing Institute e outros.

O **componente digital** das **parcerias de marketing** [*partner marketing*], do **marketing de afiliados** [*affiliate marketing*] e dos **programas de lealdade** pode ser **unificado** como parte de um **esforço de marketing** de *sales enablement*.

Prefácio

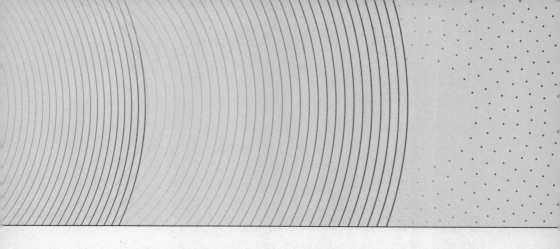

O INFORTÚNIO É UMA BÊNÇÃO DISFARÇADA

Para alguns, é um estigma ter trabalhado numa empresa por quase vinte anos. Para mim, foi uma bênção. Sim, eu sei. Não é legal, e é considerado meio antiquado ficar na mesma empresa por tanto tempo. Mas tive a sorte de estar numa empresa maravilhosa que incentiva os funcionários a mudar de cargo e de departamento para que tenham uma compreensão mais profunda da empresa como um todo e para evitar ao mesmo tempo a estagnação. Comecei em finanças e contabilidade, depois passei para gestão de projeto, apoio a produto, compras, gestão da cadeia de suprimentos, operações de marketing, marketing de eventos, suporte de vendas e estratégia e planejamento de marketing global. E por ter ocupado essa variedade de cargos, também tive a sorte de aprender em primeira mão como uma empresa global opera.

Essa experiência diversificada também me ensinou a ver o mesmo evento sob o olhar dos diferentes *stakeholders*. Quando me envolvia em buscar adesão [*buy-in*], era capaz de falar a linguagem deles. Por exemplo: ao apresentar minhas razões para um orçamento de marketing ao time de vendas, punha ênfase em campanhas de marketing que focassem a parte de baixo do funil de compras. Ao falar com finanças, destacava as atualizações de orçamento e o retorno do investimento [*Return On Investment*, ROI]. Ao falar com times de marketing de produto, compartilhava as propostas de valor e conteúdo de produto que havíamos promovido em campanhas integradas de geração de demanda. A experiência me ensinou que a história que eu conto precisa ser a respeito deles, e não a respeito de marketing.

A TECNOLOGIA DE APOIO A VENDAS FACILITA E AO MESMO TEMPO É DESAFIADORA

A mentalidade "todo o foco neles" foi muito útil quando trabalhei com times de venda – tanto diretas quanto indiretas. Não era fácil dar apoio a eles, mas foi uma das experiências mais fabulosas e frustrantes da minha carreira. Apoiei vendas quando o marketing digital começava a florescer e as mídias sociais estavam no auge. Identifiquei então que os limites entre vendas e marketing iam ficando diluídos. Em certas situações, ficávamos pisando um no pé do outro, ou entrávamos em conflito por causa de diferenças nas metas dos departamentos. As novas tecnologias nos tornavam produtivos separadamente, mas não conseguíamos nos aproximar, pois as ferramentas que usávamos não estavam unificadas. Usar ferramentas separadas também criava duplicações e ineficiências. Um bom exemplo: o e-mail marketing, tradicionalmente, era uma atribuição do marketing. Mas o pessoal de vendas pode facilmente realizar as próprias campanhas de e-mail marketing usando aspectos de *sales enablement* ou ferramentas de gestão do relacionamento com o cliente [*Customer Relationship Management*, CRM]. Se essas duas ferramentas não conversam entre elas e os times não se coordenam, talvez não se consiga uma experiência do usuário fluente e nem uma visão analítica holística sobre o desempenho do e-mail.

Mas novas tecnologias também oferecem aos profissionais de marketing capacidades adicionais para aprimorar programas de marketing e identificar potenciais oportunidades de *sales enablement*. O componente digital das parcerias de marketing [*partner marketing*], do marketing de afiliados [*affiliate marketing*] e dos programas de lealdade pode ser unificado como parte de um esforço de marketing de *sales enablement*. Por exemplo: profissionais de marketing podem criar espaço num app de celular para *banners* de anúncios adequados à experiência do usuário e que ao mesmo tempo mostrem um produto de uma conta importante. Outro exemplo: profissionais de marketing, ao produzirem o próprio conteúdo sobre "como-fazer", podem também exibir conteúdo para demonstrar como esses produtos resolvem desafios de seus públicos-alvo. Times de venda precisam entender como alavancar a tecnologia e o conteúdo de seus clientes para criar cenários de marketing do tipo ganha-ganha.

TRAGA O MARKETING PARA O *SALES ENABLEMENT*

Convencionalmente, o papel do marketing no *sales enablement* tem sido:

- Impulsionar a geração de demanda;

- Trabalhar de perto com vendas para alimentar *prospects* (potenciais clientes);

- Preencher necessidades de conteúdo;

- Auxiliar o treinamento de vendas e a integração;

- Elaborar propostas de valor.

Conforme os limites entre as diferentes funções evoluem e se fundem, o papel do marketing precisa se expandir para:

- Identificar elementos de marketing que possam ser parte da discussão de vendas;

- Instruir vendas em programas centrais de marketing;

- Ajudar times de venda a compreender o impacto da tecnologia no marketing e em vendas;

- Explorar possíveis programas de marketing específicos que possam auxiliar nas negociações de vendas;

- Unificar ferramentas de vendas e de marketing.

Este livro oferece insights e ideias sobre como alinhar melhor vendas a partir da perspectiva de profissionais de marketing. Isso requer *brainstorming*, planejamento e colaboração. Ao mesmo tempo, requer que o marketing seja ágil e espontâneo. Planejamento e colaboração são indispensáveis, mas você precisará ajustar as táticas de marketing e a alocação de orçamento quando o pessoal de vendas precisar de ajuda para fechar negócios.

QUEM DEVE LER ESTE LIVRO

Este livro é dirigido a profissionais de marketing *business-to-business* (B2B) que tenham interesse em apoiar vendas ou trabalhem de perto com o time de vendas. Profissionais de vendas, gestores de operações de vendas e gestores de *sales enablement* também podem se beneficiar ao compreender o que o marketing pode fazer para capacitar e apoiar melhor vendas.

Públicos-alvo:

- Agências e consultores de marketing que trabalhem de perto com times de venda;

- Pessoal de vendas B2B e profissionais de marketing em empresas e *startups* em crescimento;

- Geração Y [millennials, nascidos entre 1981 e 1994] e empreendedores que decidem iniciar negócios e querem saber como integrar vendas e marketing;

- Qualquer empresa interessada em aprimorar e implementar operações de vendas e o *sales enablement*.

O QUE ESTE LIVRO É

Este livro apresentará estratégias e conhecimento para implementar e melhorar suas estratégias, processos e programas de *sales enablement*. Ao terminar este livro você poderá:

- Compreender as tendências que impactam profissionais de vendas e como tirar proveito delas;

- Melhorar como profissional de marketing, com ideias criativas sobre como apoiar vendas;

- Ser capaz de integrar elementos de vendas em programas de marketing selecionados;

- Compreender o impacto da tecnologia no *sales enablement*;

- Obter insights sobre como montar um time de *sales enablement* de primeira classe.

O QUE ESTE LIVRO NÃO É

Num mundo em constante mudança, nenhum livro pode fornecer passos exatos que se apliquem a todas as situações. Depois de incorporar as filosofias e táticas aprendidas neste livro, você precisará extrapolar e modificar as ideias e processos, de modo que funcionem para suas empresas e seus clientes.

Sales enablement é uma área ampla. A seguir, uma lista dos tópicos abordados neste livro – embora não sejam áreas de foco:

- Processo e metodologia de *sales onboarding* [integração de vendas];

- Desenvolvimento e criação de treinamento;

- Incentivos de vendas e estrutura de remunerações;

- Estruturas organizacionais de operações de vendas;

- Processos e metodologia de vendas;

- Jornada de compra dos clientes.

UMA RÁPIDA VISÃO GERAL DOS CAPÍTULOS ANTES DE VOCÊ COMEÇAR

Há alguns desafios cotidianos e imediatos de *sales enablement*: representantes de vendas gastam até 43 horas por mês buscando as informações de que necessitam. Mais de 90% do conteúdo acaba não sendo usado pelos times de venda. Oitenta e sete por cento das habilidades em treinamento de vendas são perdidas no prazo de um mês.[1] Há atritos entre vendas e marketing. A carência de ferramentas produtivas de vendas ou mesmo o excesso de ferramentas que podem ser utilizadas sobrecarrega times de venda. Cada empresa tem desafios de *sales enablement* diferentes. A partir de conversas com muitos gestores de marketing, de operações de vendas e de *sales enablement*, compreendi que cada empresa "capacita" suas vendas do seu jeito. Não há uma solução única que funcione em todos os casos. Não vou tentar a tarefa impossível de cobrir todas as questões. O que vou fazer é compartilhar de que modo algumas empresas lidam com elas.

O Capítulo 1 explica minha visão da evolução do *sales enablement* desde Leonardo da Vinci até a Era da Informação. Vai dar uma visão holística de como a evolução da tecnologia impacta o desenvolvimento do *sales enablement*.

O Capítulo 2 trata de tendências futuras que terão impacto nos profissionais de vendas e no marketing. Tendências ajudam você a diferenciar a floresta das árvores e a identificar futuras iniciativas que deem melhor apoio ao seu time de vendas.

O Capítulo 3 discute os papéis do marketing no *sales enablement* e dá sugestões para lidar com atritos entre vendas e marketing. Também reitera a importância das prioridades conjuntas, das definições de *leads* e dos consensos sobre nível de serviço.

O Capítulo 4 explica como a estrutura de marca, o *branding* e o *messaging* se aplicam a vendas e ao *sales enablement*. Essencialmente, o time de vendas é a interface da linha de frente de uma marca. O marketing cria o guia da marca, mas cabe aos funcionários dar vida ao que a marca promete.

O Capítulo 5 ilustra o treinamento e desenvolvimento de vendas. Compartilho exemplos de diferentes empresas sobre treinamento, conteúdo de vendas e *coaching*. Esses elementos, além de muito interessantes, também auxiliam de várias maneiras o marketing baseado em contas.

O Capítulo 6 detalha como o pessoal de vendas pode alavancar programas de marketing e usá-los como argumentos e moeda de troca durante as negociações de vendas.

O Capítulo 7 explora o design e a experiência do usuário no contexto dos engajamentos e processos de vendas, focando no conteúdo interativo dos processos de vendas e do treinamento, fornecendo ferramentas fáceis de usar e criando comunicações de marketing intuitivas e focadas no comprador.

O Capítulo 8 propõe os elementos necessários para você montar um time de *sales enablement*. Apresenta as perguntas-chave que você precisará fazer e os passos a percorrer para montar um time. A estrutura desse time deve seguir de perto o que você pretende conseguir.

O Capítulo 9 é sobre tecnologia. Para compartilhar o papel da tecnologia no *sales enablement*, cubro três áreas: seleção de ferramentas para os diferentes estágios do processo de vendas, análise de *big data* e uso de inteligência artificial. É um "admirável mundo novo".*

O Capítulo 10 é sobre ação, ação, ação. Tudo o que você lê neste livro soa bem, mas não vai significar nada se você não empreender ações. O poema de Robert Frost "Um servo de servos" resume isso bem:

> Ele diz que a melhor saída é sempre seguir adiante,
> E posso concordar com isso, ou pelo menos enquanto não
> Vejo outra saída a não ser seguir adiante...
>
> [*He says the best way out is always through.*
> *And I can agree to that, or in so far*
> *As that I can see no way out but through...*]

Espero que você encontre neste livro algumas pérolas que julgue úteis. Apenas lembre-se de que, quando o marketing é feito do jeito certo, vendas e marketing podem coexistir muito bem.

MAS, ESPERE. TEM MAIS...

Incluí também alguns estudos de caso e recomendações que irão ajudá-lo a aplicar no mundo real as estratégias e técnicas discutidas

---

* No original, *brave new world,* referência ao título de um famoso romance de 1932 do escritor inglês Aldous Huxley. O ponto em comum que justifica a metáfora é o atual impacto disruptivo das novas tecnologias, já que esse romance descreve um assombroso (para a época) cenário futurista, no qual um Estado Mundial, apoiado em grandes avanços científicos e tecnológicos, busca conrolar, condicionar e manipular a sociedade. (N. T.)

neste livro. Além disso, coloquei no final de cada capítulo algumas perguntas como guia, para ajudá-lo a identificar ações específicas que você possa aplicar à sua empresa ou situação.

AGORA É HORA DE MERGULHAR E SE DIVERTIR

Você pode fazer alguns passeios entre os capítulos. Não irá se perder. Sinta-se à vontade para enviar um tuíte ou postar suas opiniões a respeito deste livro na Amazon, LinkedIn, Facebook, X [Twitter] ou no seu blog. Você pode entrar em contato comigo em www.pamdidner.com ou em @PamDidner. Vamos seguir adiante juntos nessa jornada pelo *sales enablement*.

#SalesEnablement é demais.

REFERÊNCIAS

[1] Content Raven. Incredible easy enablement tips to close more deals. Infográfico. http://raven.contentraven.com/hubfs/salesenablement-infographic.pdf.

O *sales enablement* não é um cargo; é um **ecossistema** que "percorre todas as esferas funcionais e hierárquicas".

Agradecimentos

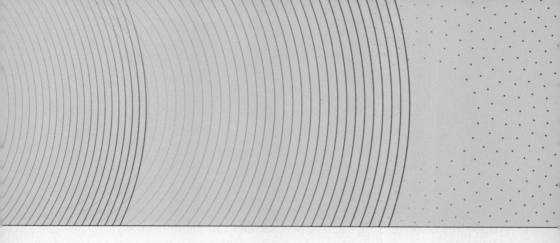

Quando era pequena, ficava doente com tanta frequência que minha mãe achou que talvez eu não fosse viver muito. Ela me levou para ver uma vidente e perguntou se eu sobreviveria à minha infância. A vidente disse que além de eu viver até bem idosa, viajaria a lugares muito distantes e acabaria me mudando e morando num lugar a muitos quilômetros da minha cidade. Sua garotinha abandonando-a e indo morar longe? Na mente e na experiência da minha mãe só homens se mudavam para explorar novas oportunidades; mulheres não faziam isso. E, segundo ela, aquela vidente não sabia o que estava dizendo. Minha mãe escolheu acreditar apenas que eu iria viver muito tempo e ignorou tudo sobre viajar e me mudar.

Cresci, não ficava mais doente com frequência e me tornei uma criança normal e saudável. Acabei saindo de Taipei, Taiwan, estudei no exterior, casei com um homem maravilhoso e acabei indo morar em Portland, Oregon (sim, é longe, bem longe de Taiwan). As posições globais que ocupei na Intel me levaram a vários países. Ao sair da Intel, achei que viajaria menos e trabalharia com projetos de clientes remotamente. E quem diria que meu primeiro livro, *Global Content Marketing*, iria me levar a doze países em três anos e me permitiria conhecer muitos profissionais de marketing ao redor do mundo, tanto pessoalmente quanto on-line?

À medida que viajava e conversava com muitos profissionais de marketing e pessoas de vendas talentosas e com conhecimento, ficou evidente para mim que o marketing é uma força de vendas "dos bastidores", e que vendas é outro canal de marketing. Formulei alguns pontos de vista, um esboço geral e acumulei algum conhecimento, mas não tinha certeza de possuir insights suficientes para escrever um livro de 70 mil palavras. Então, equipada com minhas ideias, conversei com vários profissionais de *sales enablement*, marketing, operações de vendas e gestão de vendas. Seus insights, junto com minha pesquisa e experiência, moldaram o desenvolvimento do livro.

Stephen Sklarew me colocou em contato com vários profissionais de *sales enablement*. Paul Krajewski ofereceu insights sobre os primórdios do *sales enablement*. Nancy Bhagat, mentora há muito tempo, me lembrou que profissionais de marketing precisam ter um plano *go-to-market* sólido antes de se envolverem com vendas. Minha imensa gratidão a Alana Zamora por sua colaboração no capítulo sobre o dilema do profissional de marketing, compartilhando sua experiência em *sales enablement*.

Obtive vários pontos de vista das entrevistas com Lara Sibley, Myk Pono, Tamara Schenk, John Barrows, Kimberly Miracle, Chuck Steinhauser, Diane Walker, Boyd Davis, Verne Lindner e Mark Godley. Bob Meindl garantiu que eu cobrisse o lado de vendas indiretas do *sales enablement*. Emma Hitzke discutiu como os silos dividem vendas e marketing e sugeriu possíveis soluções. Pawan Deshpande, William Wickey, Lee Levitt, Amy Pence, Iris Chan, Ginger Shimp e Ken Chizinsky partilharam sua valiosa experiência prática e expandiram o âmbito do *sales enablement* para algo mais do que treinamento e desenvolvimento de vendas. Também quero agradecer a Tom Martin, Daniel Burstein, Ed Brice, Nicolas de Kouchkovsky e Sanjit Singh por me permitirem usar suas imagens e estudos de caso.

Karen Straka, minha querida designer, trabalhou incansavelmente comigo para criar ilustrações para cada capítulo. Ela produziu mais de 30 imagens em uma semana. Acho que quase a matei, metaforicamente falando. Obrigada, Karen. Elaine Ma, Michael King, John Trembley e Sandy Didner, que tiveram a gentileza de ler o manuscrito ainda inacabado e de contribuir com insights e feedback.

Por fim, um grande "muito obrigado" ao meu fantástico marido, Michael Didner. Ele não só deu conta de uma esposa maluca e estressada, como editou cada capítulo duas vezes. Esse pobre homem... Eu não poderia fazer o que faço sem seu constante apoio. É difícil achar alguém que de fato entenda você. Sou abençoada por tê-lo encontrado. Obrigada por me deixar ser eu. Amo você muito, Mike!

Acredito firmemente que a tarefa do marketing é capacitar vendas. Mas também sou muito ciente das tensões que existem entre gestores de vendas e de marketing. *Sales enablement* é difícil, porque cada empresa tem seus processos e ferramentas para trabalho em conjunto (ou carece desses processos e ferramentas). Espero que este livro forneça insights úteis para gestores de vendas e de marketing aplanarem seu caminho e criarem uma colaboração mais produtiva.

Não sei dizer se a tal vidente de fato viu meu futuro, mas viajar de fato está no meu sangue. Adoro ter contato com outras culturas e aprender a respeito de outros povos. Minha viagem ao Château du Clos Lucé, a última residência de Leonardo da Vinci, de algum modo inspirou-me a criar este livro (mais sobre isso no Capítulo 1). Estou escrevendo esses agradecimentos na Ilha de Skye, com vento uivando lá fora – exatamente como imaginei que fossem as Hébridas. Aqui, nesta confortável pousada, penso no quanto sou grata por poder compartilhar meus pensamentos sobre marketing em diferentes conferências e eventos de clientes, além de viajar a lugares que sempre estiveram na minha lista de desejos. Espero que este livro continue a me levar a muitos lugares. Não vejo a hora.

Introdução:
Sales enablement sob a perspectiva de um profissional de marketing

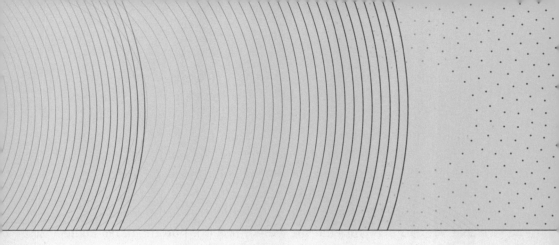

> *Não é preciso fazer coisas extraordinárias
> para obter resultados extraordinários.*
> Warren Buffett

Para um profissional de marketing, dar um bom suporte a vendas exige tato, experiência, perseverança, convicção e imaginação. Essa é uma lição que aprendi cedo em minha carreira corporativa na Intel durante meu primeiro contato com vendas. Em um dos meus diversos papéis no marketing trabalhei bem próxima do time de vendas, apesar de me reportar ao grupo de marketing. Como não fazia parte nem das operações de vendas nem do time de soluções de vendas, perguntei ao meu gestor na época o que se esperava de mim naquela função. Ele disse resumidamente: "Capacite vendas para que façam o trabalho deles, mas não o faça por eles". Lembro que ri quando ele disse isso. Como é que eu poderia fazer trabalho de vendas? Eu sequer era uma pessoa de vendas.

CAPACITAR VENDAS COMO UM PROFISSIONAL DE MARKETING

Acontece que o escopo do trabalho de uma pessoa de vendas pode ser muito abrangente: de vendas internas a vendas externas, de prospecção de *leads*, análise de necessidades, responder a pedidos de propostas [*Requests For Proposals*, RFPs], a serviços ao cliente e fazer cobranças. Profissionais de vendas têm que entregar muita coisa, mas não podem fazer tudo. Por isso, às vezes não era claro onde ficava a linha divisória entre aquilo em que o time de vendas que eu apoiava trabalharia e o que que seria tarefa do time de apoio. Meu gestor era inteligente e experiente. Ele não definiu as especificidades de como eu deveria apoiar e auxiliar meus clientes internos. Ele sabia que vender tecnologia é difícil, que o ciclo de compra é longo e que há muitas variáveis. Eu precisava ficar próxima do meu time de vendas e compreender suas necessidades em constante mudança, encontrar maneiras de resolver seus problemas e de providenciar as informações que precisavam para fechar vendas. Seu conselho foi sempre preciso, porque na realidade não existe uma linha divisória entre o que eu deveria fazer para facilitar as coisas ao pessoal de vendas e o que eles deveriam fazer eles mesmos para se envolverem diretamente com clientes potenciais e existentes ao longo do processo de vendas.

Dois bons exemplos: entre minhas muitas responsabilidades, eu era encarregada de elaborar *messaging* (mensagens) focado no produto ou baseado em soluções, e de criar conteúdo para o time de vendas. Como era responsável pelo conteúdo de vendas, alguns gestores de vendas começaram a me pedir apresentações e *pitches* de vendas personalizados para as reuniões com seus clientes. Do ponto de vista deles, *pitches* de vendas eram similares à criação de conteúdo. Portanto, tinham a impressão de estar fazendo uma solicitação razoável; mas seria essa uma atribuição minha? Outro exemplo: decidimos criar uma grande campanha de comarketing para uma conta importante. Pediram que eu trabalhasse num plano de campanha de comarketing e o apresentasse em nome de meu time de vendas. Mas essa apresentação deveria ser uma tarefa conjunta, entre mim e vendas? Como reagi a essas duas situações? No primeiro caso, destaquei de modo educado que criar apresentações personalizadas era tarefa deles, não minha. Mas que eu poderia fornecer slides relevantes, que eu imaginava que eles poderiam precisar. No segundo exemplo, assumi de bom grado a autoria do plano de comarketing e apresentei-o ao cliente em nome do meu time de vendas. Encarei isso como parte do escopo do marketing.

No entanto, quando conversava com Sasha, uma gestora de marketing que apoiava vendas numa *startup*, ela me contou que havia assumido a criação de todo o conteúdo que o time de vendas dela precisava, incluindo apresentações de *pitches* de vendas personalizados.

Acreditava que isso fazia parte de capacitar seus representantes de vendas, para que pudessem ficar concentrados em vender. Ela não estava errada. O time de vendas dela tinha cinco pessoas, enquanto o meu tinha mais de cinquenta. Não havia como apoiar apresentações de vendas individuais personalizadas para todos os meus representantes de vendas. Embora nossas tarefas fossem similares, nossas responsabilidades eram diferentes.

Enquanto escrevia este livro, tive conversas com muitos profissionais de vendas e de marketing, gestores de marketing, gestores de *sales enablement*, de operações de vendas [*sales ops*], de treinamento, e até gestores de marketing de produtos. Todos eles estavam capacitando vendas e, no entanto, como seria de esperar, tinham definições diferentes de *sales enablement*, associadas ao que eles faziam. Como o ex-analista da SiriusDecisions, Jim Ninivaggi, escreveu em um post de 2013 em seu blog, "Diferente de funções corporativas estabelecidas, como contabilidade, finanças e marketing, o *sales enablement* ainda está em evolução, e o termo significa coisas diferentes para empresas diferentes".[1] Essa citação ainda é válida. Como as pessoas, processos e tecnologias estão em constante mudança, a função do *sales enablement* muito provavelmente continuará a viver transformações por algum tempo.

A ORIGEM DO *SALES ENABLEMENT*

A origem da "venda de soluções" é bem documentada. Frank Watts alega autoria do termo nos idos de 1975, nos Laboratórios Wang, e iniciou uma série de *workshops* sobre venda de soluções no começo da década de 1980.[2] Já a origem do termo "*sales enablement*" é bem pouco documentada, e não há identificação definitiva sobre quem cunhou oficialmente o termo ou quando foi usado pela primeira vez.

Cory Bray e Hilmon Sorey, autores of *The Sales Enablement Playbook*, escreveram: "Já em 2008 eram publicados artigos a respeito do conceito de *sales enablement* e da necessidade de apoio a vendas em organizações de vendas B2B".[3] Isso é confirmado em um blog escrito por Forrester, que destacou a discussão e os resultados da primeira *Sales Enablement Executive Roundtable* [Mesa-redonda Executiva sobre *Sales Enablement*].[4] Tive várias conversas com Paul Krajewski

(X @salesenablement), que vem rastreando o progresso e os fornecedores de *sales enablement* desde 2007. Ele tem alguns documentos internos da Nortel e da BizSphere mostrando que o termo "*sales enablement*" era usado em 2007. Ele lembrou que vários ex-executivos da IBM mencionaram o termo em 2005 e 2006, mas não conseguimos localizá-los para validar essa informação. E quer saber? Recorremos ao Google para achar respostas e vimos que termo já era usado em 2004. Embora não tenha conseguido localizar nenhum documento confiável sobre quem de fato cunhou o termo, temos certeza de que era usado por volta de 2004.

VAMOS DEFINIR *SALES ENABLEMENT* PARA OS PROPÓSITOS DESTE LIVRO

Embora o *sales enablement* seja dependente da situação e esteja em evolução, ainda assim é importante defini-lo no contexto deste livro. Um pouco de pesquisa mostrará que existem várias definições de *sales enablement* dadas por diversos *experts* de mercado.

Após extensivas discussões com altos executivos e fornecedores, Forrester definiu o *sales enablement* como "um processo estratégico, contínuo, que equipa funcionários voltados para o cliente com a capacidade de ter, de modo consistente e sistemático, uma conversa útil com o conjunto certo de *stakeholders* do cliente em cada estágio do ciclo de vida da resolução de problemas do cliente, a fim de otimizar o retorno do investimento do sistema de vendas". Essa definição põe foco em montar um processo sistemático de assistência a vendas, a fim de possibilitar conversas produtivas com clientes, tanto potenciais como existentes. Também destaca o tema central de capacitar o time de vendas com uma mensagem consistente e uma proposta de valor que crie conexão ao longo de todo o ciclo de vendas.

A CSO Insights, empresa de pesquisa especializada em pesquisa de vendas, articulou uma definição amplamente reconhecida e aceita na área do *sales enablement*: "disciplina estratégica, multifuncional, destinada a aumentar os resultados de vendas e a produtividade provendo serviços integrados de conteúdo, treinamento e *coaching* para profissionais de vendas e gestores de vendas da linha de frente ao longo de toda a jornada do cliente, alimentados por tecnologia".[5] Essa definição se concentra em fornecer treinamento essencial baseado em tecnologia, socialização organizacional (integração ou *onboarding*) e *coaching*, além de conteúdo relevante e efetivo.

Para Bray e Sorey, "*sales enablement* é o conceito de difundir em todos os departamentos da empresa uma atitude mental focada em *prospects* [potenciais clientes]". Em seu livro *The Sales Enablement Playbook*, eles compartilham uma realidade com a qual posso me identificar: "A posição do *sales enablement* na maioria dos casos é similar ao papel dos 'Projetos Especiais' em grandes empresas, e muitas vezes se transforma num 'Diretor de Coisas Avariadas' – sem influência, sem orçamento, sem responsabilização [*accountability*] e sem estatuto". O *sales enablement* não é um cargo; é um ecossistema que "percorre todas as esferas funcionais e hierárquicas". Embora seu livro cubra principalmente treinamento, integração, *coaching*, conteúdo e prospecção – isto é, mais ou menos o mesmo que é coberto pela definição da CSO Insights –, eles enfatizam que o *sales enablement* é tarefa de todos.

A definição de *sales enablement* da Hubspot tem foco em tecnologia e processo. "*Sales enablement* é a tecnologia, processo e conteúdo que empodera times de venda a vender de modo eficiente em velocidade mais alta."

Em resumo, há sete elementos comuns nessas definições:

FIGURA 0.1

O objetivo é sempre tornar os times de venda eficientes e eficazes, de modo que sejam capazes de fechar vendas.

Para o propósito deste livro, criei minha própria definição de *sales enablement* eficaz: *Entregar uma experiência do cliente positiva ao equipar vendas com conhecimento, habilidades, processos e ferramentas por meio de colaboração multifuncional, a fim de aumentar a velocidade de vendas, a retenção de clientes e a produtividade.*

A maioria das definições que apresentei nas páginas anteriores está focada em apoiar vendas e facilitar o processo de compra. São redigidas destacando um time interno (o de *sales enablement*) apoiando outro time interno (vendas). Num ambiente de marketing que priorize o digital, é crucial entregar uma experiência do cliente positiva e consistente tanto on-line quanto off-line. Por isso, acrescentar o cliente é vital para a definição de *sales enablement*. Sem clientes, não há vendas.

Na minha definição, conhecimento e habilidades equivalem a conteúdo, treinamento e integração [*onboarding*]. Processo sugere processos e metodologias de vendas documentados. Ferramentas são plataformas de software e tecnologias para implementar esforços de *sales enablement*. Aumentar as vendas é importante, mas o papel do *sales enablement* é também aumentar a velocidade de vendas. A velocidade de vendas é definida pela rapidez segundo a qual um produto é vendido ou um negócio é fechado. Os profissionais de marketing, quando equipam o time de vendas corretamente, alinham-se à meta de aumento de conversões, e assim impactam diretamente os resultados de vendas. Uma equipe eficaz de *sales enablement* aumentará, talvez indiretamente, a velocidade de vendas ao remover barreiras e atritos. O marketing desempenha um papel (como um gestor de programa) e desempenha múltiplas tarefas (campanhas de geração de *leads*, criação de conteúdo etc.) como parte do processo de *sales enablement*.

FIGURA 0.2

PAPEL?   TAREFA?

SALES ENABLEMENT É UM PAPEL OU UMA TAREFA?

Forrester reuniu sua primeira mesa-redonda executiva de *sales enablement* em agosto de 2008, intermediada por Scott Santucci. Ele conduziu a discussão de um "time multifuncional de executivos de alto nível de vendas e marketing, com representantes de 16 empresas de primeira linha como: Accenture, CSC, IBM, CA, Siemens, BMC etc.".

Eles tiveram uma discussão profunda para avaliar se o *sales enablement* era uma função em si mesma ou uma tarefa desempenhada por pessoas que já desempenham um papel existente. Eles definiram que o *sales enablement* é um papel, uma função dentro da empresa, apesar de ser emergente e ainda mal definido. Forrester subsequentemente apresentou as recomendações em cinco de suas conferências e conversou com outros executivos e fornecedores para obter adesão.

Embora os executivos determinassem que o *sales enablement* é um papel, eu argumentaria que o *sales enablement* é tanto um papel quanto um conjunto de tarefas. Esses executivos em nível de vice-presidência (VP) expressaram-se com uma mentalidade de cima para baixo; e eu chego à minha posição a partir de uma abordagem de baixo para cima. É por isso que o *sales enablement* é difícil de definir, em razão de seus dois papéis potenciais e das diferentes estruturas. O *sales enablement* pode ser desempenhado por um time estabelecido, um gestor de programa experiente que lidere um time virtual, ou mesmo por vários colaboradores individuais trabalhando juntos de maneira não rígida. Isso lembra o comentário de Ninivaggi de que "*sales enablement* ainda está evoluindo e o termo significa coisas diferentes para empresas diferentes".[6]

Definir *sales enablement* me faz lembrar do marketing de conteúdo, um tópico com o qual tenho íntima familiaridade. Meu primeiro livro, *Global Content Marketing*, ilustra como escalar conteúdo para várias regiões e países. Cada empresa trata e define o marketing de conteúdo de modo diferente. Algumas têm times individuais de conteúdo, outras incorporam elementos de marketing de conteúdo em diferentes funções de marketing. Portanto, a infraestrutura de planejamento e implementação do marketing de conteúdo varia conforme a empresa, e conforme o setor. A opção de organizar em torno de papéis ou de implementação de tarefas específicas depende muito do porte da empresa, da estrutura de apoio a vendas, do estágio de maturidade do time de vendas, e das habilidades individuais ao longo dos diversos times de venda e marketing.

VENDER TECNOLOGIA EXIGE TRABALHO EM TIME

Com base na minha pesquisa, a ascensão do *sales enablement* está relacionada de perto com o avanço e a complexidade da tecnologia. Vendas não pode mais vender produtos de tecnologia sozinha. A razão é que os produtos de tecnologia costumam exigir explicações, demonstrações e até integrações. Mais importante ainda, vender tecnologia requer TEMPO para que os públicos-alvo compreendam por que precisam da tecnologia e como ela irá solucionar seus problemas ou propiciar maior sucesso. Isso implica um longo processo de compra. Requer educação, persuasão e um pouco de adulação. Mais complicado ainda é vender tecnologia a empresas. Os funcionários das empresas que adquirem os produtos ou serviços de alta tecnologia geralmente não são seus usuários finais. Esse pessoal de compras costuma ser formado por um time ou força tarefa de pesquisa que abrange várias funções. Então, todo mundo tem voz quando se trata de escolher que ferramenta ou serviço adquirir. O time de vendas precisa influenciar um time de compradores, e depois treinar um grupo de usuários.

O ciclo todo de compra torna-se ainda mais complexo quando um grupo de usuários finais decide adaptar ferramentas fáceis de usar baseadas em software como serviço [*Software as a Service,* SaaS]. É assim que a Salesforce.com começou em muitas empresas, quando um pequeno time de pessoas queria uma solução melhor de gestão do relacionamento com o cliente [*Customer Relationship Management*, CRM]. A adoção de ferramentas como Slack, Dropbox, Box etc. muitas vezes não era sancionada, nem era parte do processo formal de compra. Vender tecnologia é complicado.

A abordagem de trabalho em equipe é ainda mais empregada no marketing baseado em conta [*Account-Based Marketing*, ABM]. Depois que vendas identifica clientes de alto valor ou contas estratégicas, o marketing pode definir mensagens personalizadas, conteúdo customizado e criar campanhas integradas voltadas para essas contas. Em vez de optar por uma abrangência ampla de marketing, o marketing trata cada conta como um segmento em si. Cada ponto de contato ao longo da jornada do comprador é personalizado para criar uma experiência do cliente melhor. Vendas e marketing trabalham em conjunto para obter um alcance direcionado e entregar conteúdo oportuno às pessoas certas no contexto certo, criando assim um *sales enablement* no sentido verdadeiro.

DESIGNAR UM GESTOR INTERNO DO PROGRAMA, VINDO DO MARKETING, PARA APOIAR VENDAS

Se você examinar estruturas organizacionais ou conversar com gestores da área, descobrirá que a maioria dos papéis e responsabilidades dos gestores de marketing estão voltados para fora da empresa. Mesmo que alguns papéis sejam direcionados internamente – como estratégia, operações ou análise de dados de marketing –, suas tarefas são basicamente voltadas ao externo. O marketing prioriza recursos e orçamento voltados a comunicações externas. Em todos os sentidos, essa é a coisa certa a fazer.

Mas, com esse foco básico em comunicações externas, o marketing pode falhar em dar apoio interno aos *stakeholders*, isto é, ao time de vendas. Para poder apoiar melhor vendas, é essencial que o marketing designe um gestor de programa interno (ou um time de gestão de programa, caso o time de vendas seja grande) para incentivar a cooperação e melhorar as comunicações entre vendas e marketing. Pensando bem, meu papel de apoiar vendas como gestor de marketing era, na realidade, o papel de um gestor de programa disfarçado de gestor de marketing. É um papel voltado ao âmbito interno. O papel não diz respeito a promover o valor do marketing, é mais sobre comunicar o que está acontecendo no marketing e quais são as iniciativas-chave, as campanhas e os conteúdos que vendas precisa conhecer, e então trabalhar junto com as operações de vendas ou com o time de *enablement*. Por meio de reuniões regulares, a pessoa que faz a ligação fica sabendo de que modo o time de vendas está se saindo e que desafios tem encontrado. Essa pessoa pode usar esse insight para instruir o time de marketing quanto às necessidades e desafios do time de vendas e trabalhar com diferentes funções do time de marketing para assegurar que o time de vendas receba o apoio adequado.

> Aqui estão alguns exemplos daquilo que os times de venda podem precisar dos tesouros do marketing:
>
> ❶ *Prospects* [clientes potenciais] e segmentação profunda.
>
> ❷ Conteúdo para os diferentes estágios das jornadas do comprador.
>
> ❸ Pesquisa de marketing, incluindo escuta social e monitoramento, sobre potenciais contas ou *prospects* específicos.
>
> ❹ Propostas de valor por vertical ou contas-alvo.
>
> ❺ Requisições de orçamento adicional para realizar campanhas direcionadas e campanhas incrementais de alcance específico.
>
> ❻ Comarketing criativo e outras táticas de marketing que podem ser usadas em negociações de vendas.
>
> ❼ Treinamento sobre como usar de modo eficaz as mídias sociais ou outras ferramentas de marketing.
>
> ❽ Cópias de e-mails e posts de mídias sociais para divulgação de vendas.

⑨ Recursos para apoiar iniciativas conjuntas.

⑩ Dados adicionais sobre *leads*, *prospects* e empresas-alvo.

A importância do marketing precisa ser reconhecida em reuniões regulares de vendas. Não se trata apenas de comparecer à reunião; o marketing deve ser sempre um item fixo da agenda. Isso não significa que o marketing precise apresentar uma atualização todas as vezes; eles podem dizer "Sem atualizações" ou "Está tudo correndo bem". Mas o fato de ser um item fixo da agenda sinaliza o quanto é importante para vendas compreender o que o marketing está fazendo e como ele contribui para os esforços de vendas. Pessoas de marketing que apoiam vendas também precisam pensar como um representante de vendas. Um bom ponto de partida é participar de integrações e das aulas subsequentes de treinamento. Existem alguns pré-requisitos que vou abordar brevemente. Percorrer um trecho do caminho sentindo-se na pele do time de vendas ajuda a conquistar o respeito deles.

PRÉ-REQUISITOS PARA PROFISSIONAIS DE MARKETING APOIAREM VENDAS

◢ Ter um sólido plano *go-to-market* (GTM)

Antes de apoiarem vendas, os profissionais de marketing precisam ter planos de marketing bem estabelecidos. Precisam compreender o objetivo do marketing, métricas, *buyer personas*, mensagens, canais de divulgação e requisitos de orçamento. Nancy Bhagat, diretora de marketing de segmento [*Chief Segment Marketing Officer*, CMO] e VP de marketing na TE Connectivity, deixa isso bem claro: "Marketing tem tudo a ver com vender – tanto ao promover conhecimento e vender a marca, quanto ao gerar demanda para um produto ou serviço. É crucial que você comece com uma estratégia de negócios e assente suas atividades *go-to-market* em suas metas de vendas". Um bom plano estratégico ajudará profissionais de marketing a internalizar as necessidades do time de vendas e incorporar essas necessidades em elementos de prospecção e promoção do mix de marketing.

◢ Compreender o objetivo de negócios da empresa e sua estratégia de vendas

É fácil apoiar vendas simplesmente fazendo o que nos pedem para fazer. Eles precisam de *leads* – então vamos dar *leads*. Eles precisam ser treinados – então vamos criar treinamento de vendas. Estamos nas trincheiras atendendo às necessidades diárias de vendas. Mas se você quer tomar a dianteira de vendas e prever quais serão suas necessidades, precisa entender o que é importante agora e o que será importante para eles (como novos produtos ou novos mercados) e o que motiva seus comportamentos. Uma maneira de saber o que é importante para eles é ter uma sólida compreensão dos objetivos de negócios de sua empresa, de sua estratégia de vendas, dos alvos de vendas e das táticas de prospecção. Os objetivos do negócio e a estratégia de vendas vão ditar quais são os produtos ou esforços de vendas que apoiaremos. Uma boa definição da estratégia de vendas também irá responder à pergunta "Onde e como iremos vencer?". Isso ajudará os profissionais de marketing e o time de *sales enablement* a guiar o plano geral de apoio e as prioridades. No contexto de revisões *post mortem* de relatórios de ganhos e perdas, é benéfico entender como um negócio é perdido e ajustar estratégias e planos de acordo.

◢ Compreender o processo e a metodologia de vendas

Como profissionais de marketing apoiando o time de vendas, precisamos entender como o time de vendas funciona. Além de conhecer a estrutura da organização de vendas e os diferentes papéis dos membros do time de vendas, também é essencial que aqueles na função de marketing compreendam os processos e a metodologia de vendas do time.

O processo de vendas é "a sequência de passos mensurável, consistente e sistemática que mapeia e rastreia a interação com os *prospects* desde seu primeiro ponto de engajamento até o fechamento de uma oportunidade".[7] O time de vendas define os passos para se engajar com seus clientes com base em seu entendimento da jornada de compra do cliente (também conhecida como jornada dos compradores). É muito similar ao que fazem os profissionais de marketing por e-mail ao criarem uma série de fluxos de trabalho numa campanha de e-mails ou às ações de gestores de campanha mapeando conteúdo específico em diferentes estágios das fases de engajamento de clientes novos ou existentes.

A metodologia de vendas consiste "nos comportamentos, táticas e estratégias aprendidos e usados por um time de vendas para executar e cumprir o processo de vendas de uma maneira profissional e coloquial". A metodologia de vendas inclui as ferramentas, conjuntos de habilidades e técnicas necessárias para movimentar os *prospects* ao longo do funil de vendas.

ALGUMAS METODOLOGIAS DE VENDAS POPULARES

SPIN *selling*
Situação, **P**roblema, **I**mplicação e **N**ecessidade. Envolve fazer perguntas para compreender a situação, os problemas e consequências do comprador. As vendas SPIN focam a mente do comprador nos resultados associados a resolver suas dores.

A venda para contas-alvo [*Target account selling*]
É mais utilizada para gerir uma venda no caso de uma empresa grande e complexa. Essa abordagem se concentra em dividir o processo em passos menores, usando um plano estratégico durante todo o ciclo de vendas para ser mais proativo do que reativo.

A venda desafiadora [*The challenger sale*]
Divide os vendedores em cinco categorias: construtores de relacionamentos, trabalhadores árduos, lobos solitários, solucionadores de problemas reativos e desafiadores. Os desafiadores são o grupo mais bem-sucedido. Eles seguem um processo "ensinar–ajustar–assumir o controle". Instruem seus *prospects* a respeito de problemas

de negócios maiores, ajustam as comunicações deles e assumem o controle da venda por não terem medo de pressionar seus clientes. Essa abordagem funciona melhor na venda de soluções B2B complexas e de larga escala.

NEAT *selling*

Necessidade, impacto **E**conômico, **A**cesso a autoridade, linha do **T**empo. Determine as necessidades essenciais do *prospect*, quantifique o impacto econômico do custo da oportunidade relacionada, identifique os tomadores de decisão e qualifique o evento convincente que força seu *prospect* a tomar uma decisão.

SNAP *selling*

Ela parte do pressuposto de que todo mundo está impaciente, ocupado e exausto. A fim de agilizar o processo de vendas, você precisa mantê-lo simples, de valor inestimável, alinhar-se sempre às necessidades do cliente e estabelecer prioridades de modo que o cliente veja seu produto ou serviço como um requisito urgente. Concentre-se no que é mais importante para os *prospects*, mostre seu valor e torne fácil a compra para eles.

O sistema de vendas Sandler [*The Sandler selling system*]

Começa descobrindo as necessidades do cliente. Depois, o time de vendas personaliza seu discurso com base nessas necessidades. Enfatiza que ambas as partes (comprador e vendedor) recebem igual atenção no processo de vendas.

Venda de solução [*Solution selling*]

Significa vender uma solução mais do que um produto. A venda de soluções tem sido a base também de várias outras metodologias. Foi uma reação à tendência de complicar cada vez mais as ofertas.

O *framework* de venda de valor [*The value selling framework*]

É um processo simples de gerir a conversa com os *prospects*. A metodologia desenvolve uma compreensão mútua referente a como você agrega valor ao comprador e ao negócio dele. Com essa estrutura de conversa você passa a competir em valor, não em preço.

> **Venda conceitual [*Conceptual selling*]**
> Baseia-se na ideia de que os clientes não compram um produto ou serviço; em vez disso, compram o conceito de uma solução que a oferta representa. A venda conceitual incentiva o pessoal de vendas a descobrir o conceito que o *prospect* tem do seu produto e compreender seu processo de decisão em vez de começar com um *pitch* de vendas.
>
> **MEDDIC**
> **M**étrica, comprador **E**conômico, critérios de **D**ecisão, processo de **D**ecisão, **I**dentificar a dor, **C**ampeão. Enfatiza uma melhor compreensão de seu público e a qualificação de clientes a fim de aumentar as conversões.
>
> **FONTES:** David Kirk. *Sales process or sales methodology: Who cares?* https://blog.cloudapps.com/sales-process-sales-methodology.
> Emma Brunder. *8 popular sales methodologies summarized*. https://blog.hubspot.com/ sales/6-popular-sales-methodologies-summarized.

Para ajudar a explicar as diferenças entre processo de vendas e metodologia de vendas, considere a seguinte analogia. Nos esportes, existe um padrão que diz respeito a como o jogo é disputado. Um técnico precisa criar planos a fim de estar preparado para enfrentar as muitas situações possíveis com as quais pode deparar conforme o jogo progride do início até o apito final. Toda partida tem as mesmas regras, mas cada jogo inevitavelmente se desenvolve de um jeito diferente. O esquema tático e a estratégia para avançar num jogo particular têm semelhanças com o processo de vendas. A metodologia de vendas é a escolha das jogadas específicas que serão realizadas em qualquer ponto do jogo com base na situação. Os jogadores precisam do técnico para definir e montar o esquema tático e as jogadas, enquanto os técnicos, por sua vez, precisam que os jogadores executem o plano e deem feedback à medida que o jogo se desenvolve. Esse é o tipo de colaboração entre funções que se exige para vencer!

Compreender os processos e a metodologia de seu time é um pré-requisito vital para definir como dar o melhor apoio a vendas.

Com a compreensão do lado de vendas, você pode ajudar a definir a voz dos clientes, alinhar a jornada do comprador aos processos de vendas e reformular sua abordagem ao mercado. Quanto mais você compreender como seu time de vendas funciona, mais apto estará para ligar os pontos para eles. Quanto mais conseguir conectar os pontos para eles, mais conseguirá entregar valor. Quanto mais valor entregar, mais conquistará seu respeito. Quanto mais conseguir o respeito deles, mais será ouvido e terá seus conselhos seguidos. Essencialmente, você se torna o confidente de seu time de vendas. Quando comecei a apoiar vendas, fiz um esforço para compreender o plano de vendas, mas não estava ciente dos processos e da metodologia de vendas. Meu apoio ficou limitado durante os primeiros meses, até eu ter uma melhor compreensão dos processos e da metodologia de vendas.

LEMBRE-SE

Os pré-requisitos para profissionais de marketing apoiarem vendas são:

- Ter um plano *go-to-market* sólido.
- Compreender os processos e a metodologia de vendas.
- Fazer cursos de integração de vendas e cursos contínuos de treinamento.

DIFERENÇAS ENTRE *SALES OPERATIONS* E *SALES ENABLEMENT*

Quem deve apresentar as tendências ao time de vendas? O *sales enablement*, em essência, ajuda e apoia vendas, mas operações de vendas [*sales ops*] faz o mesmo. As estruturas de apoio a vendas têm diferentes formatos e configurações, dependendo do porte das empresas, do orçamento, dos recursos, da estrutura organizacional, da maturidade da organização de vendas e até de preferências da alta gestão. Como *sales enablement* é um termo relativamente novo e as operações de vendas já estão aí há bastante tempo, você verá diferentes definições de operações de vendas e de *sales enablement*. Em algumas organizações, o *sales enablement* faz parte das operações de vendas. Em outras, há dois grupos diferentes. Já vi empresas que não têm um time oficial de *sales enablement*, mas o trabalho de capacitação é feito pelos times de marketing de produto em unidades de negócios. Não importa qual é a estrutura e quem cumpre as tarefas, são todos *heróis anônimos* nos bastidores, cuidando de tudo.

Mas quais são as diferenças entre esses dois grupos?

Quando conversei com Amy Pence, diretora de *enablement* global, e com Lee Levitt, de excelência em vendas na Oracle, ambos definiram as diferenças entre operações de vendas e *sales enablement* em termos de tempo. Operações de vendas conduz operações e atividades cotidianas, remunerações e cotas etc. Foca nos aspectos mecânicos de vendas. *Sales enablement* está mais preocupado em equipar o pessoal de vendas com conhecimento, habilidades e ferramentas; demanda tempo para formar habilidades e exige uma visão mais de longo prazo. Quando *sales enablement* reside no time de operações de vendas, surge um dilema entre curto e longo prazo.

Vamos falar das coisas que eles têm em comum:

- **Propósito:** Ambos os grupos visam aumentar a eficácia e a eficiência do time de vendas e tornar mais fácil para o time de vendas o cumprimento de suas tarefas.

- **Estrutura para se reportar:** Normalmente esses dois grupos se reportam ao diretor de vendas. Segundo a CSO Insights, em 53% do tempo o *sales enablement* reporta-se a vendas, e em 25% do tempo as divisões de *sales enablement* e de operações de vendas estão no mesmo grupo.

- **Responsabilização:** Ambos os grupos compartilham a responsabilidade por entregar *dashboards* e análises sobre desempenho de vendas em suas próprias áreas de *expertise*.[8]

Embora possam estar no mesmo grupo em algumas empresas, seus papéis e responsabilidades precisam ser diferenciados. A seguir, uma abordagem para diferenciá-los.

OPERAÇÕES DE VENDAS

- Operações de representantes de vendas: planejamento de território, gestão do funil de vendas, atribuição de contas, design do time;
- Administração de vendas: proposta, cotação e gestão de contrato, governança de contrato;
- Incentivos de vendas e remuneração: otimização e gestão da remuneração;
- Funil e previsão de vendas: relatórios e *dashboards* do previsto *versus* o realizado;
- Ferramentas e processos de vendas: gestão de sistemas e dados como CRM, configurar cotações de preços [*Configure Price Quotes*, CPQ], gestão do desempenho de vendas [*Sales Performance Management*, SPM], gestão de propostas e aprovação de descontos;
- Análise de desempenho do mencionado acima.

SALES ENABLEMENT

- *Onboarding* e treinamento do pessoal de vendas, incluindo conteúdo, processo e eventos de treinamento, como reuniões e convenções de vendas;
- Planejamento de conteúdo, mapeamento, gestão e análise;
- Processos e tecnologias de vendas, incluindo análise de desempenho de processos;
- Comunicação de vendas;
- Ferramentas, processos e análise do engajamento do cliente;
- Análise de desempenho do mencionado acima.

Você certamente pode mover os papéis e responsabilidades entre os dois grupos e acrescentar mais tarefas se achar adequado. Pode também diferenciar *sales enablement* e operações de vendas no processo de compra. A Highspot, uma plataforma de *sales enablement*, sugere que o *sales enablement* se concentra geralmente mais no começo do processo de compra, focando em treinamento, conteúdo e processos de vendas, enquanto operações de vendas tende a se concentrar no ciclo de compra durante os estágios de negociação e fechamento. A realidade é que isso depende da empresa.

Na abordagem da Highspot, o profissional de *sales enablement* tende a focar em questões mais abrangentes, como qualidade das mensagens e do conteúdo, treinamento e eficácia do time como um todo. Operações de vendas tende a ter muitas responsabilidades que são mais orientadas a detalhes, como assegurar que os sistemas de dados do CRM sejam precisos, que a previsão de vendas seja feita de modo adequado, e que contratos e processo de fechamento sejam corretamente executados. Sucesso nesses papéis requer conjuntos de habilidades muito diferentes que podem complementar-se mutuamente quando bem alinhados.

> **LEMBRE-SE**
>
> Embora essas definições, papéis e responsabilidades façam sentido, as empresas podem também definir sua estrutura organizacional de *sales enablement* do jeito que acharem melhor. Uma estrutura eficaz minimiza duplicidades, melhora a colaboração e assegura que todas as responsabilidades exigidas para apoiar o time de vendas sejam atribuídas.

O TERRITÓRIO DO *SALES ENABLEMENT*

Além das similaridades e sobreposições de responsabilidades de *sales enablement* e de operações de vendas, há diferentes opiniões a respeito de onde o *sales enablement* deve ficar. O *sales enablement* deve ser parte do time de vendas, do time de marketing ou mesmo do grupo da unidade de negócios/produto? Em geral, o veredito é que colocar o *sales enablement* no time de vendas oferece as melhores vantagens.

Lara Sibley, diretora sênior de marketing de operações e entrega da CDW, defende a opinião distinta de que o *sales enablement* deve ser parte do time de marketing. Seu ponto de vista é que a prospecção acaba sendo de qualquer modo parte do trabalho do marketing.

Além disso, o marketing cumpre a maior proporção do papel de criação de conteúdo. Para ser mais eficiente, faz sentido que o *sales enablement* resida no marketing. Para Sibley, que tem dado apoio a ambos os lados, vendas e marketing, a sua opinião é que tem validade. A Curata, cuja plataforma ajuda você a selecionar, planejar e medir seus esforços de marketing de conteúdo, tem sua função de *sales enablement* radicada no marketing. A principal vantagem de colocar o *sales enablement* no marketing é motivá-lo a se alinhar a vendas num estágio mais inicial do planejamento.

Quando trabalhei na Intel, a função do *sales enablement* variava conforme a unidade de negócios. Algumas unidades de negócios detinham a propriedade do *sales enablement*. Outras faziam seus times de venda gerenciarem os esforços de *sales enablement*. Alguns grupos recém-formados podem não ter um time próprio de *sales enablement*. No entanto, as responsabilidades pela criação de conteúdo de produto, treinamento de vendas e apoio ao assunto são desempenhadas por diferentes indivíduos ao longo das divisões de trabalho. O pessoal de vendas obtém o suporte de que precisa de um jeito ou de outro.

LEMBRE-SE

O papel do *sales enablement* está em contínua transformação, em razão das mudanças produzidas por reorganizações, crescimento de produto e gestão. O *sales enablement* pode estar em vendas, no marketing ou em grupos de produto, desde que seja criado um acordo de nível de serviço com o time de vendas. Além disso, é preciso haver uma sensação de "confiança" entre o time de vendas e o time de *sales enablement*, e métricas claras para medir a eficácia dos ativos de *sales enablement*.

Vamos começar a ver de que modo podemos promover uma capacitação de vendas eficaz.

REFERÊNCIAS

[1] Brendan Cournoyer. What is *sales enablement*? 3 definitions that help tell the story. www.brainshark.com/ideas-blog/2013/July/what-is-sales-enablement-3-defintions.

[2] Elizabeth Gooding. What is 'solutions selling'? 25 de março de 2011. http://the-digitalnirvana.com/2011/03/what-is-solutions-selling.

[3] Cory Bray e Hilmon Sorey. *The Sales enablement Playbook,* CreateSpace Independent Publishing Platform, 2017.

[4] Scott Santucci. What is *sales enablement*? And how did Forrester go about defining it? Forrester, 14 de agosto de 2010. https://go.forrester.com/blogs/10-08-14-what_is_sales_enablement_and_how_did_forrester_go_about_defining_it.

[5] Tamara Schenk. CSO Insights *sales enablement* optimization study. CSO Insights 2016. www.csoinsights.com/wp-content/uploads/sites/5/2016/08/2016-Sales-Enablement-Optimization-Study.pdf.

[6] Brendan Cournoyer. 5 basic sales enablement questions to ask before 2014. Brainshark, 16 de dezembro de 2013. www.brainshark.com/ideas-blog/2013/December/basic-sales-enablement-questions-to-ask-before-2014.

[7] Harris Consulting Group. https://theharrisconsultinggroup.com/salesprocess-vs-methodology.

[8] Jeff Day. *Sales enablement* and sales operations—one team. Highspot, 8 de outubro de 2016. www.highspot.com/articles/sales-operationsw.

CAPÍTULO 1

Sales enablement, Leonardo da Vinci e a Revolução Industrial

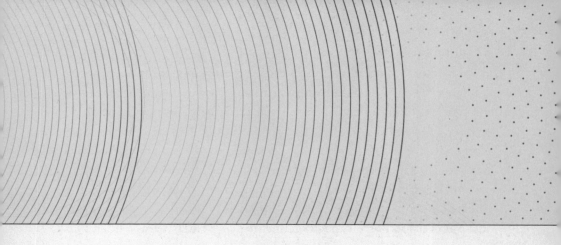

Observe que tudo se conecta a todo o resto.
Leonardo da Vinci

Tive um momento "*sales enablement*" na França quando visitei a última residência de Leonardo da Vinci no Château du Clos Lucé. Talvez pareça estranho que, enquanto todo mundo simplesmente admirava a imaginação de Da Vinci, eu pensasse em como comercializar e vender suas invenções. Mas aquele momento de construir hipóteses enquanto estava no estúdio dele foi a inspiração para este livro.

Da Vinci usou sua imaginação para projetar máquinas que não poderiam ser fabricadas por quase quinhentos anos. Fiquei maravilhada com seus desenhos (a máquina voadora, o automóvel) e com algumas de suas temíveis invenções militares (um carro de assalto, uma metralhadora, um canhão a vapor). Como profissional de marketing, fiquei imaginando: *se ele tivesse sido capaz de trazer essas máquinas para a vida real e fazê-las funcionar, como teria comercializado e vendido essas suas incríveis invenções?*. Como teria explicado os complexos aspectos e benefícios de maneira que nobres, reis e ricos mercadores pudessem compreender? Qual seria o aspecto de sua demo do tipo "mostre e explique como funciona"? Que tipo de conteúdo visual teria criado para transmitir sua mensagem, já que não dispunha dos recursos de criar protótipos? Se fosse uma hábil pessoa de negócios, será que teria montado uma empresa, contratado uma equipe e despachado seus membros a diferentes reinos e territórios para promover suas invenções?

Da Vinci estava tão à frente de seu tempo que criou objetos que ninguém havia vislumbrado antes, e menos ainda saberia como usá-los na prática. Quando estava ali no seu estúdio, pensei numa série de esforços de vendas e de marketing que eu implementaria (me imaginei como sua chefe de equipe ou VP de vendas ou diretora de marketing) se as ideias dele se tornassem produtos viáveis que tivessem condições de escalar. E o termo "*sales enablement*" ficou pipocando na minha mente enquanto eu passeava pelo Clos Lucé. Não seria divertido ajudar Da Vinci a montar e capacitar um time de vendas para vender suas criações? *De repente, fiquei empolgada.*

Então, fiz a mim mesma uma pergunta hipotética: "Teria sido possível vender as criações de Da Vinci na sua época, o início do século dezesseis, se os produtos fossem manufaturados e um time de vendas fosse adequadamente treinado?". Bem, nós, humanos, vendemos e compramos "coisas" e "produtos" há milhares de anos. Vender não é a questão; o problema são os produtos e os compradores.

FIGURA 1.1

Então as duas perguntas seguintes vieram à minha mente:

> **Meus produtos são relevantes?** Na época de Da Vinci, a maioria dos bens transacionados eram produtos que as pessoas necessitavam para comer, vestir, viver ou viajar. Embora esses produtos transacionais pudessem incluir arte, música e diferentes formas de entretenimento ou mesmo armas, os produtos existiam basicamente para atender às necessidades do dia a dia. Obviamente, a maior parte das criações de Da Vinci era tão avançada que não se mostrava diretamente relevante às necessidades essenciais das pessoas ou dos negócios.

➤ Meus compradores estão dispostos a comprar? As assim chamadas "tecnologias" usadas naquela época eram guinchos e cunhas. Até a morte de Da Vinci, em 1512, as pessoas ainda acreditavam que a Terra era o centro do universo. Galileu só anunciou publicamente sua crença de que a Terra orbitava em torno do Sol em 1632. Era bem baixa a aceitação de pensamentos fora da caixinha e de novos produtos. E o grupo de potenciais clientes que poderiam bancar luxos era bem pequeno.

À medida que me empolgava com o marketing e a venda das criações de Da Vinci, fiz uma rápida análise mental das possibilidades e vi que as chances de sucesso eram bem pequenas. Eu seria capaz de transmitir as visões dele e de juntar um time de *sales enablement* para apoiar um time de vendas que estivesse apto a vender os produtos, mas os produtos não resolviam os desafios imediatos dos compradores e o ecossistema como um todo não estava pronto. Suspirei. As ideias de Da Vinci iriam continuar apenas como ideias na sua época.

ENTÃO VIERAM OS MOTORES... MOVIDOS A VAPOR

O ponto de inflexão para a tecnologia foi a Revolução Industrial, a partir de 1700. Por milhares de anos, vapor de água fervente evaporou no ar, gastando sua energia potencial. Ninguém deu muita atenção a isso até que chegou Denis Papin. Ele foi bem-sucedido em confinar o vapor até que a alta pressão estivesse assegurada, e então usou uma válvula de segurança que inventou para liberar o vapor como energia e permitir que um cilindro e um pistão se movessem para frente e para trás. Thomas Savery, um engenheiro militar, sabia do desafio que era bombear água de minas de carvão quando estas ficavam mais profundas. Naquele tempo, uma maneira convencional de remover água das minas era usar uma série de baldes ligados a um sistema de polias operado por cavalos. Era lento e caro. Savery criou uma bomba d'água movida a vapor para remover água de poços de minas em 1698. "Uma enérgica campanha de publicidade trouxe clientes, e ele fabricou vários de seus motores não só para bombear água de minas, mas também para fornecer água a grandes edifícios", segundo a *Enciclopédia Britânica*.

Ficou claro que era um brilhante inventor, além de hábil homem de negócios. A bomba d'água de Savery tinha várias desvantagens: só era capaz de remover água de pequenas profundidades, e eram comuns as explosões da caldeira em razão do seu design primitivo. A versão de Savery da bomba d'água a vapor me lembra o Produto Mínimo Viável das modernas *startups* [*Minimum Viable Product*, MVP]: o produto é bom, mas não é bom o suficiente para escalar.

No início da década de 1800, os avanços na tecnologia eram muito mais lentos do que são hoje. Savery com certeza não tinha nenhum apoio financeiro. Passaram-se outros doze anos, até 1712, necessários para que a geração seguinte de bombas chegasse ao mercado. Thomas Newcomen, amplamente creditado como o inventor do motor a vapor, era um ferragista (também conhecido como ferreiro) por profissão. Seu negócio com ferro incluía projetar, fabricar e vender máquinas e ferramentas para o setor de mineração. Seus maiores clientes eram proprietários de minas de carvão na Cornualha. Os proprietários de minas de carvão queixavam-se muito a Newcomen do mesmo problema que Savery tentara resolver: bombear água das minas de carvão. Como qualquer pessoa de vendas sabe, as maiores oportunidades estão em propor soluções para os maiores desafios de seus clientes. Newcomen dispôs-se a resolver os desafios de seus clientes de bombear água introduzindo modificações e melhorando o design de Savery. "A versão de Newcomen trabalha com 12 batidas por minuto, e traz 10 galões de água de uma profundidade de 47 metros. Os motores são robustos, confiáveis e trabalham dia e noite, o que é um fator-chave para seu imenso sucesso." Infelizmente, pela grande amplitude da patente de Savery, Newcomen foi obrigado a fazer um acordo com ele para poder vender seu produto, apesar das importantes diferenças de projeto. Quando Newcomen faleceu em 1729, havia mais de uma centena de seus motores a vapor na Grã-Bretanha e ao longo da Europa.

Embora Savery e Newcomen tenham criado a bomba d'água movida a vapor para minas de carvão, foi James Watt que levou isso ao nível seguinte ao otimizar seu design e inventar um movimento rotativo para o motor a vapor. Esse design podia ser facilmente aplicado a outros setores, como a indústria têxtil, as fábricas de papel, cotonifícios, destilarias, transportes e outros setores. Watt teve a sorte de contar com o apoio financeiro de Matthew Boulton. Teve a grande visão de usar motores a vapor em quase todos os setores para aumentar a produtividade. Aplicou a força do vapor em maquinário de cunhagem de moedas. Forneceu moedas para a Companhia das Índias Orientais e vendeu maquinário para a Real Casa da Moeda. Por volta de 1800, quando o filho de Boulton assumiu o negócio, havia quase quinhentos motores a vapor na Grã-Bretanha e no exterior.

Mais de uma centena de motores a vapor de Newcomen e quase quinhentos de Watt instalados pela Europa não constituem uma quantidade que pareça muito grande para os padrões atuais, mas provavelmente cobria todas as principais empresas de mineração e os principais *players* de vários setores na época. Como naquele tempo não havia uma infraestrutura de investimento de capital de risco como a do Vale do Silício, foram necessárias três pessoas ao longo de sessenta anos (a máquina de Savery em 1698, o projeto de Newcomen em 1712 e o design comercializado por Watt em 1765) para aprimorar o projeto e vê-lo adotado pelos vários setores existentes. No entanto, essa tecnologia dos motores a vapor levou, praticamente sozinha, à aceleração da Revolução Industrial, que também guiou a invenção de novos setores, como o dos navios a vapor, trens a vapor e grandes linhas de montagem para fábricas, ao longo dos duzentos anos seguintes.

O *SALES ENABLEMENT* TERIA SIDO NECESSÁRIO PARA VENDER O MOTOR A VAPOR?

Motores a vapor, assim como as criações de Da Vinci, eram uma novidade. Os empresários jamais haviam visto um motor a vapor antes, mas o fator principal de sucesso foi que os produtos eram relevantes e os clientes estavam prontos. Foi uma venda fácil por duas razões cruciais:

▶ **Foi fácil de mostrar e explicar.** Embora fosse difícil explicar os detalhes técnicos aos empresários e a maioria deles nunca tivesse visto essas máquinas antes, uma rápida ação de mostrar e explicar ou demonstrar conseguia expor com facilidade os benefícios imediatos dos produtos.

▶ **Era fácil quantificar a economia.** Também era fácil explicar e quantificar a economia de custos diretos. Um dono de uma mina em Griff, Warwickshire, empregava 500 cavalos e gastava 900 libras por ano para alimentá-los e tratá-los, a fim de poder drenar a água de uma mina profunda. Os empresários podiam calcular rapidamente a economia de instalar uma bomba d'água a vapor a partir da taxa de drenagem de água e do custo de manter máquinas e o de manter cavalos. Mesmo que o custo inicial fosse alto, a decisão era óbvia.

LEMBRE-SE

O *sales enablement* pode não ser necessário quando:

▶ A dor do cliente é aguda;

▶ O produto é relevante para lidar com essa dor;

▶ É fácil de mostrar e explicar;

▶ É uma operação simples quantificar a economia proporcionada.

Embora a tecnologia seja complicada, envolvendo muitos componentes, e seja desafiadora para montar, a venda não é difícil quando os produtos são sólidos e resolvem prontamente as dores dos usuários. O motor a vapor foi o produto certo na hora certa. Como o inventor era também o proprietário, o gestor de vendas e a pessoa que cuidava da manutenção, o processo de venda ficava bem mais fácil. Não foi necessário um time à parte de *sales enablement* para vender motores a vapor.

VENDER FICOU COMPLICADO APÓS A REVOLUÇÃO INDUSTRIAL

O livro de Alvin Toffler, *A Terceira Onda,* faz referência à Revolução Industrial como a Segunda Onda. A Primeira Onda foi a revolução agrária, que levou os humanos da fase de caça e coleta para comunidades baseadas na agricultura. Com a invenção do motor a vapor, pela primeira vez na história os humanos fizeram a transição da produção manual para a produção por máquina, e da manufatura manual para a produção em massa.[1]

A mudança da produção manual para a produção em massa teve impacto significativo em quase todos os aspectos da vida cotidiana. As fábricas precisavam de muita mão de obra. Portanto, mais e mais pessoas deixavam suas aldeias e se mudavam para perto das fábricas nas quais iam trabalhar, o que indiretamente resultou na formação de cidades e subúrbios. A formação de megacidades e de subúrbios levou à criação de superlojas. Isso, por sua vez, mudou como as pessoas procuravam e compravam produtos. Para melhorar a competitividade no custo de seus produtos e aumentar a margem geral de itens com demanda elástica, os donos de fábricas precisavam de máquinas mais automatizadas e eficientes. Mais máquinas significavam uma gigantesca reserva de capital inicial, o que indiretamente criou a demanda por um mercado de ações e por bancos. A Segunda Onda criou sistemas massivos, interconectados e complicados, para fabricar, financiar e distribuir produtos a fim de atender às novas necessidades das pessoas. Três elementos principais impactaram a complexidade das vendas:

◢ Máquinas movidas por máquinas

A Segunda Onda levou as tecnologias a um novo nível. Gerou gigantescas máquinas eletromecânicas, partes móveis, esteiras, mangueiras, rolamentos e parafusos – tudo batendo e girando ao mesmo tempo. Segundo Toffler, essas máquinas "eram capazes de ouvir, ver e tocar com maior esmero e precisão que os seres humanos. [Humanos] eram capazes de inventar máquinas que davam origem a novas máquinas numa progressão infinita". De repente, vender novas tecnologias passou a ser algo alimentado pelas tecnologias existentes.

◢ Canais de vendas expandidos

Antes da Revolução Industrial, a maioria dos bens era feita à mão de forma personalizada. Alguns bens, como chá, especiarias, seda etc., eram distribuídos por mercadores. Eles abriram rotas comerciais ao redor do mundo, organizadas em comboios de navios, carroças e caravanas de camelos. A distribuição era mais linear. A partir de 1700, produtos e bens passaram a ser despachados por mar, ferrovias, rodovias e canais. Além disso, cidades e subúrbios criaram a demanda para pontos de venda de larga escala, como lojas de departamentos e supermercados. Surgiram complexas redes de atacadistas, intermediários cobrando comissões, revendedores, parceiros de canal, distribuidores. Os times de venda precisavam se engajar com diferentes camadas de compradores.

◢ A formação de empresas

"Mais recentemente, a partir de 1800", diz Toffler, "havia apenas 335 empresas nos Estados Unidos, a maior parte delas dedicadas a atividades quase públicas, como construção de canais ou gestão de pedágios." O aumento da produção em massa mudou isso completamente. Comerciantes e investidores formaram empresas para delimitar sua responsabilidade e os tribunais passaram a tratar as empresas como "seres imortais". Portanto, elas podiam fazer planos de longo alcance, emitir ações ou pegar dinheiro emprestado e investir capital para construir mais linhas de produção em massa. Isso introduziu um processo de vendas menos direto, no qual um time de compradores atuava em nome das empresas. O marketing industrial veio a ser um novo requisito, que acabou sendo chamado de marketing *business-to-business* (B2B).

A Revolução Industrial teve ramificações profundas. Ninguém poderia ter previsto as repercussões de um motor a vapor, assim como ninguém previu o impacto das mídias sociais no desenvolvimento da linguagem, na moderna política e nas interações humanas. O motor a vapor impactou o modo de vida das pessoas, a maneira como as compras eram feitas, e como os produtos eram distribuídos, o que levou a outras mudanças, com seus respectivos impactos. Tais impactos atualmente afetam como as empresas vendem e comercializam seus produtos. Além de vender diretamente a potenciais compradores, uma pessoa de vendas pode precisar se engajar com outros parceiros de canal, como atacadistas, revendedores, varejistas, distribuidores e representantes comerciais, a fim de concluir as vendas. Em vez de venderem a um tomador de decisão, os representantes de vendas podem precisar vender a um time de funcionários de uma empresa – uma tarefa que foi ficando mais intrincada à medida que produtos e serviços se tornaram mais complexos e difíceis de compreender.

AVANÇO RÁPIDO ATÉ A ERA DO COMPUTADOR

Segundo o Dicionário Oxford, a palavra *computer* [computador] refere-se desde 1613 a uma pessoa, em seguida a uma máquina, a partir de 1869, e, depois de 1946, a um dispositivo eletrônico. Toffler tem uma analogia interessante para descrever como a tecnologia gera tecnologia. Ele declara que os humanos "deram à tecnologia um útero, quando inventaram máquinas concebidas para gerar novas máquinas numa progressão infinita". Depois que os humanos descobriram sua capacidade de combinar diferentes componentes para criar novas máquinas e ferramentas – *TCHARAM!* Isso nos levou à Terceira Onda, a Era da Informação.

Por ironia, o ritmo da Terceira Onda foi também acelerado pela Segunda Guerra Mundial e pela corrida espacial entre Estados Unidos e União Soviética. A fim de ajudar a desvendar o código militar alemão criptografado, os britânicos construíram o primeiro computador eletrônico digital programável, o Colossus, em 1944. Para calcular tabelas de disparos de artilharia para o exército dos EUA, John Mauchly e Presper Eckert da Escola Moore de Engenharia Elétrica da Universidade da Pensilvânia construíram em 1945 o ENIAC (Electronic Numerical Integrator and Computer). O ENIAC era capaz de somar e subtrair cinco mil vezes por segundo, ou seja, mil vezes mais rápido que qualquer outra máquina da época.

A partir de 1950, a computação fez avanços extremamente rápidos em comparação com a Segunda Onda. Essa história fascinante e seus principais marcos estão disponíveis no site do Computer History Museum, que contém também uma Linha do Tempo da História do Computador.[2] Lá você pode ver os principais marcos e invenções, ano a ano. São mostrados os principais marcos tecnológicos e invenções desde 1933.

Sentada no meu computador, eu examinava as invenções feitas ao longo dos anos na Linha do Tempo da História do Computador.

Se Leonardo da Vinci tivesse nascido no século vinte, seria um *fit* perfeito e teria os melhores momentos de sua vida! Levaria a tecnologia a outro patamar. Do mesmo modo que me deslumbrei com as criações de Da Vinci em Clos Lucé, fiquei abismada com a quantidade de inovações que surgiram nos últimos oitenta anos. Uma questão brotou na minha mente: de que maneira é possível vender e comercializar novos produtos baseados em tecnologia? O *sales enablement* é necessário para vender essas inovações?

O *SALES ENABLEMENT* ESTÁ PRONTO PARA ENTRAR EM AÇÃO

Percorremos um longo caminho. Assim como os motores a vapor criaram sistemas sociais interconectados que mudaram todos os aspectos da vida das pessoas, os *big data*, a inteligência artificial e dispositivos conectados a ela terão consequências imprevisíveis nos próximos anos. Mais dados foram criados em 2015 e 2016 do que nos 5 mil anos anteriores.[3]

Mencionei os três elementos centrais que impactaram as vendas após a Revolução Industrial. Eles ainda são válidos, mas estão se transformando junto com as tecnologias e os clientes:

FIGURA 1.2

- **Máquinas alimentadas por máquinas:** Isso está rapidamente se transformando em inteligência artificial. Google, Facebook e Uber estão treinando seus computadores e servidores para prever nossas necessidades a partir de quantidades massivas de dados que compartilhamos por meio de suas ferramentas e aplicativos.

- **Complexidade dos canais de vendas:** Os canais de vendas continuam a se fragmentar. O comércio eletrônico é outro canal de vendas; podemos facilmente incorporar botões de "comprar" em vários canais sociais. São muitos os canais de vendas que permitem alcançar clientes e concluir vendas com ou sem um time de vendas.

- **Formação de empresas:** O Internal Revenue Service (IRS) [órgão americano que coleta impostos, equivalente à nossa Receita Federal], recebeu 32 milhões de formulários de empresas em 2016. O número de empresas continuará crescendo ao redor do mundo. E a cada ano são criadas inúmeras *startups* baseadas em tecnologia. Muitas dessas *startups* são adquiridas ou incorporadas por outras empresas. A maneira de você vender a uma empresa nova ou que se fundiu a outra talvez tenha que ser diferente. Isso torna o processo de vendas ainda mais desafiador.

Há mais dois elementos principais a considerar:

- **Uso imprevisto de seus produtos:** Às vezes você cria produtos para um uso específico, mas seus clientes o utilizam de modo diferente, criando novos conjuntos de clientes. O código de barras foi originalmente usado para rastrear estoques, mas agora é usado extensivamente para rastrear ingressos em eventos, concertos, cinemas e mesmo para viagens. O YouTube não é apenas um site para subir vídeos; virou um destino para buscar educação, usado para adquirir novas habilidades e novos conhecimentos.

- **Clientes emergentes de verticais novas e já existentes:** Seus produtos podem criar novas verticais e novas contas, que você de início não sabia como alcançar. Uma empresa fabricante de telas sensíveis ao toque para celulares pode também escalar para outros verticais, como TV, equipamentos médicos, segmentos de computadores e automóveis. A tecnologia *touch screen* pode também ser mesclada com realidade aumentada (um novo segmento vertical), por exemplo, na forma de um monitor de TV com duplo propósito ou em espelhos de lojas de varejo para que clientes possam visualizar como as roupas vão ficar neles sem precisar vesti-las. Com novas tecnologias, as oportunidades são infinitas.

> **LEMBRE-SE**
>
> Elementos centrais que impactam as vendas após a Revolução Industrial:
>
> ➤ Máquinas alimentadas por máquinas.
>
> ➤ Canais de vendas fragmentados.
>
> ➤ Crescimento de novas empresas.
>
> ➤ Usos imprevistos de produtos.
>
> ➤ Criação de novas verticais.

Também mencionei que os produtos precisam ser relevantes e os clientes precisam estar prontos. No entanto, essas duas regras estão mudando no século vinte e um. Muitos novos produtos foram criados quando parecia que eram irrelevantes e que os clientes não estavam prontos. É o caso do PC. Quando o computador pessoal foi criado, ele não decolou logo de cara. Desde o Xerox Alto em 1973, o MITS Altair 8800 em 1975, o Atari 400 em 1978 até o IBM PC em 1982, diferentes versões de PCs não pareciam ser relevantes e os clientes pareciam não estar prontos. Foram necessários 17 anos (de 1973 a 1989) para que o PC alcançasse 50 milhões de unidades nos EUA. O ritmo foi mais rápido para o iPhone. Ele levou menos de quatro anos para chegar a 50 milhões de unidades ao redor do mundo.

Eric Schmidt, presidente-executivo da Alphabet e ex-CEO do Google, expressou isso muito bem: "Eu gasto a maior parte do meu tempo supondo que o mundo não está pronto para a revolução tecnológica que logo estará acontecendo para todos".[4] Embora o mundo não esteja pronto, você pode ainda assim criar demanda para os seus produtos e instruir seus clientes para que fiquem prontos, mas a falta de demanda ou de disposição dos clientes não deve impedi-lo de experimentar e realizar pilotos de novos produtos e tecnologias. Se você vende produtos de tecnologia ou explora novas categorias de produtos, o *sales enablement* é especialmente crucial para o sucesso de seu time de vendas. Não dá para vender tecnologia sozinho.

Com tantas diferentes peças móveis, a venda de tecnologia é mais difícil do que já foi algum dia. Seu pessoal de vendas atua como soldados da linha de frente. À medida que avançam, os suprimentos de comida, combustível, ferramentas e logística precisam atender aos soldados para que eles alcancem seus objetivos finais. O *sales enablement* é o time de suprimentos que fica na retaguarda do time de vendas para garantir que tenham tudo o que necessitam. O *sales enablement*, junto com os processos e a metodologia de vendas, está finalmente pronto para o horário nobre.

O QUE VOCÊ PODE FAZER

1. Descreva os processos e metodologia de vendas de sua empresa.

2. Defina o *sales enablement* no contexto de seu papel e de sua empresa.

3. Com base em sua compreensão dos processos e da metodologia de vendas, e de sua própria definição de *sales enablement*, identifique três áreas em que você mais pode ajudar seu time de vendas.

REFERÊNCIAS

[1] Alvin Toffler. *The Third Wave*, Bantam Books, Nova York, 1980 [No Brasil, *A Terceira Onda*, Record, Rio de Janeiro, 1981].

[2] Linha do Tempo da História do Computador [*Timeline of Computer History*]. www.computerhistory.org/timeline/year.

[3] Richard Harris. More data will be created in 2017 than the previous 5,000 years of humanity. 23 de dezembro de 2016. https://appdevelopermagazine.com/4773/2016/12/23/more-data-will-be-created-in-2017-than-the-previous--5,000-years-of-humanity-/ [Blog] App Developer Magazine.

[4] M G Siegler. Eric Schmidt: every 2 days we create as much information as we did up to 2003. TechCrunch, 20 de novembro de 2010. https://techcrunch.com/2010/08/04/schmidt-data.

O *sales enablement* é o **time de suprimentos** que fica na **retaguarda do time de vendas** para **garantir** que tenham tudo o que necessitam.

CAPÍTULO 2

Doze tendências de vendas importantes

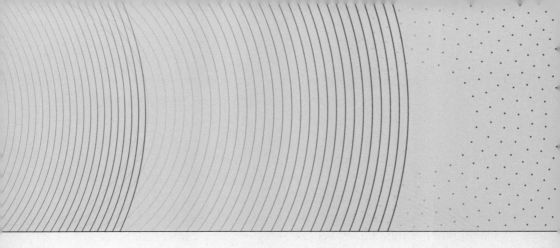

> *O moderno profissional de vendas na realidade não é um vendedor, mas alguém que ajuda as pessoas a comprar.*
> Jill Rowley, Chief Growth Officer, Marketo

Compreender tendências é uma parte vital do planejamento de negócios. Na maioria das apresentações de estratégia que tenho visto, sempre há uma seção sobre pesquisa de "megatendências", ou análise SWOT (*strengths, weaknesses, opportunities and threats*, isto é, "pontos fortes, pontos fracos, oportunidades e ameaças"). Essas análises são incluídas porque o exame de elementos externos, como oportunidades e ameaças, precisa ser levado em conta para moldar decisões cruciais de negócios.

Meu filho, Aaron, sempre foi prático. Quando estava avaliando qual faculdade iria cursar, foi pesquisar on-line as tendências de tecnologia e as potenciais oportunidades de emprego em diferentes áreas. Constatou que quase tudo está construído em cima de *software* ou de algum tipo de código. Ele acredita que o mundo vai continuar a ser construído com base em *software* e código, portanto, uma profissão como a de engenheiro de *software* ou programador sempre terá muita demanda. Além disso, não importa o que a pessoa fizer, sempre será benéfico ela saber como programar ou lidar com códigos. Portanto, optou pelo quadradinho de "ciência da computação" em vez de "contabilidade" em sua solicitação de matrícula na faculdade, com base em sua análise de tendências. Depois, modificou seu comportamento e começou a se concentrar em programação e codificação.

Também identificou desafios que precisava superar a fim de ser um programador de *software* bem-sucedido; por exemplo, que aulas precisava assistir, as linguagens de programação que precisava aprender, e as credenciais que precisaria ter ao longo do tempo. Lidou com essas metas uma por uma. Sem confusão.

Eu disse que era um garoto muito esperto por ter chegado à mesma conclusão que Marc Andreessen: "O *software* está devorando o mundo".[1] E meu filho disse com naturalidade: "A gente precisa entender para onde o mundo está indo, mãe". Verdade! Eu gosto especialmente da abordagem simples de Andreessen, que pode ser resumida em cinco pontos:

FIGURA 2.1

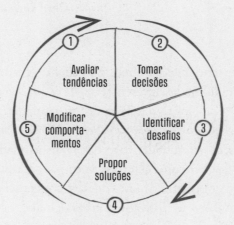

No mundo dos negócios, seguimos uma abordagem similar. Decisões de alto nível são tomadas por altos executivos com base em futuras megatendências, enquanto gestores de nível médio e colaboradores individuais identificam desafios e encontram soluções para eles. Com frequência, isso exige uma reorganização, uma mudança nos fluxos de trabalho, ou modificar o comportamento dos funcionários, e às vezes tudo isso junto.

É claro, você pode também identificar uma tendência e acabar tomando uma decisão que não a leve em conta. Isso costuma acontecer quando uma tendência não é realmente uma tendência, mas apenas um burburinho ou uma moda passageira. Por exemplo: a realidade aumentada é uma tendência, enquanto o Pokémon Go foi uma moda. A realidade aumentada é uma tendência que não passará. As maneiras de incorporar a realidade aumentada na aprendizagem digital interativa devem fazer parte de discussões sobre treinamento de longo prazo, mas uma conversa a respeito de criar um ambiente de aprendizagem similar ao Pokémon Go não é necessariamente uma discussão sobre tendências. Você precisa compreender para onde a tendência está indo a fim de decidir se ela se aplica ou não ao seu negócio. Mas nada disso é possível sem entender as próprias tendências.

> **LEMBRE-SE**
>
> Saiba a diferença entre uma tendência e uma moda. Tome decisões compreendendo para onde o mundo está indo, e então poderá decidir se quer acompanhar o fluxo ou ir em sentido contrário.

O MUNDO DAS VENDAS ESTÁ MUDANDO RAPIDAMENTE

Os passos que levam ao fechamento de uma venda não mudaram muito. Você deve estabelecer relacionamentos com *prospects*, ganhar sua confiança, persuadi-los a agir, manter o relacionamento e reter o cliente. O que mudou é o mundo em torno dos profissionais de vendas. Elementos como a dinâmica de mercado, compradores sofisticados e bem instruídos, expectativas do cliente e tecnologias disruptivas são agora fatores incontroláveis "fomentando uma verdadeira tempestade de tendências que estão mudando o contexto de como vendedores e compradores interagem, como compartilham informações e como tomam decisões".[2]

DE TENDÊNCIAS A SOLUÇÕES: COMECE PELO "POR QUÊ?"

Aqui está a parte desafiadora: o pessoal de vendas detesta mudanças. Estão assentados em suas maneiras de trabalhar e querem repetir o que já funcionou no passado. Eu amo meu time de vendas, mas modificar seu comportamento pode às vezes parecer como mover montanhas de lugar. Consegui que meu time de vendas adote algumas das minhas iniciativas, mas também tive tentativas de operar mudanças do processo que falharam miseravelmente. Em sua defesa, o time de vendas tinha o fato de precisar lidar com muita coisa. Mudar comportamentos não é a prioridade deles; portanto, modificar seus comportamentos e implementar novos processos demanda paciência, tempo, esforço e um acompanhamento contínuo. Não há como fugir disso.

Descobri que *explicar o porquê* costuma ser um bom ponto de partida para iniciar uma conversa sobre mudanças. Simon Sinek, autor de *Comece pelo porquê*, tem opinião parecida.[3] Ele afirma que o *porquê* é o propósito, a causa da crença que inspira você e sua equipe a fazer o que fazem. E que a melhor maneira de explicar o *porquê* é começar compartilhando as tendências. Não se trata de quaisquer tendências, mas daquelas que irão impactar o pessoal de vendas. Times de venda se preocupam principalmente com suas comissões. De que maneira podem vender mais e aumentar sua renda? Ao compreenderem as tendências que estão mudando as necessidades de seus clientes, seus desejos e comportamentos, eles saberão o que precisam mudar para ficar à altura de seus clientes.

AS PRINCIPAIS TENDÊNCIAS QUE MOLDAM A PROFISSÃO DE VENDAS

Enquanto pesquisava as tendências que provavelmente irão impactar o futuro de profissionais de vendas e dar suporte a seus esforços, achei uma lista muito abrangente em *Success in Selling: Developing a world-class sales ecosystem* ["Sucesso em Vendas: Desenvolvendo um ecossistema de vendas de primeira linha"]. Reza Sisakhti, diretor administrativo de dinâmica de produtividade, e sua equipe entrevistaram 59 líderes de opinião e 259 profissionais de vendas de verticais, setores e regiões diferentes ao redor do mundo. Sua pesquisa e descobertas identificaram doze tendências que moldam a profissão de vendas hoje em dia. Se o seu papel como profissional de marketing é apoiar o time de vendas, torna-se imperativo compreender as tendências de modo que possa fazer os necessários ajustes para ajudá-los a mudar.

É crucial compreender todas essas tendências, que Sisakhti organizou em quatro categorias:

FIGURA 2.2

Dinâmica de mercado & mudanças na dinâmica do cliente	Avanços em tecnologia	Reconfiguração da força de trabalho	Desenvolvimento do talento de vendas
1 Aumento dos compradores empoderados	**6** Disponibilidade *on-demand*	**9** Times de venda e de clientes multigeracionais	**11** Uso de análises para obter insights mais enxutos
2 Verticalização da força de vendas	**7** Onipresença das mídias sociais	**10** Globalização dos times e da base de clientes	**12** Surgimento de ambientes de aprendizagem integrados como uma necessidade
3 Mudança de venda "FAB" para venda de "soluções" e "insights"	**8** Prospecção baseada em análise		
4 Diluição de limites entre vendas e marketing			
5 Adoção de comunicações de vendas híbridas			

▲ Aumento dos compradores empoderados

Os clientes atuais, com mais experiência em tecnologia, continuam instruindo-se sobre produtos e serviços acessando uma ampla gama de informações pela internet. Keith Eades e Timothy Sullivan referem-se a eles como "Compradores 2.0" em seu livro *The Collaborative Sale* ["A Venda Colaborativa"].[4] Segundo eles, há mudanças fundamentais no comportamento do comprador:

1. Os compradores preferem fazer a própria pesquisa, comparando produtos/serviços, lendo resenhas on-line e acessando resenhas de seus pares nos canais de mídias sociais.

2. Os compradores estão protelando envolver vendedores em seu processo de compra.

3. Mais pessoas estão envolvidas em decisões de compra: comprar por comitê é mais comum hoje do que nunca.

4. Os compradores desenvolveram aversão maior ao risco, o que faz com que haja mais decisões de não fazer nada ou de simplesmente manter o *status quo*.

5. Os compradores estão tendo um controle mais formalizado sobre seus processos de compra e demandando maior transparência do vendedor.

Os compradores da Geração Y (millennials) vão definir novos padrões para a realização de pesquisa extensiva por sua conta e vão protelar ainda mais o engajamento com vendedores no processo de compra. Também são compradores que levam mais em conta comparações e valor. Fazem sua lição de casa; o desafio é como entregar valor adicional a compradores bem instruídos.

Desafios

Os compradores com frequência fazem muita pesquisa por sua conta e tomam decisões de compra sem envolver um time de vendas, mesmo em transações B2B.

Potenciais soluções

- Faça-se presente, on-line e off-line, como uma fonte confiável de informações enquanto os compradores fazem sua lição de casa. Eles procuram continuamente informações a respeito de soluções e estão expostos a tendências por seus pares por meio das mídias sociais. Isso coloca muita pressão tanto em marketing quanto em vendas para trabalharem juntos. Em contas-alvo estratégicas, o marketing baseado em contas pode lidar com essa questão. Para contas menores, uma opção é o marketing de conteúdo junto com a otimização da busca.

- O time de vendas precisa se mover para as fases iniciais do processo [*upstream*] para pesquisar proativamente, visar *prospects* e iniciar engajamento baseado na construção de interesse nas necessidades de negócios e oportunidades deles.

- Compreender os papéis e responsabilidades de times movidos a partir de comitês, especialmente em vendas empresariais B2B. Esteja preparado para compartilhar mais informações, como o mapa futuro do produto, a estrutura de apoio pós-venda, a origem das matérias-primas, até mesmo a estrutura de custos do produto.

Verticalização da força de vendas

Armados com conhecimentos, compradores empoderados têm tolerância cada vez menor ao tipo generalista de profissional de vendas, que foca nas vendas horizontais. Eles esperam que o vendedor seja especialista, que entenda da dinâmica do setor, dos principais desafios, das oportunidades de negócios e do cenário competitivo. Trata-se de proporcionar "melhoria do processo de negócios em oposição a uma mera recitação padrão aos clientes sobre os aspectos genéricos e as funções do produto".[5]

Desafios

A expectativa dos compradores é que os vendedores tenham conhecimento específico do setor. As soluções e recomendações precisam ser personalizadas ou específicas para cada vertical.

Potenciais soluções

▶ O *sales enablement* precisa ser bem focado e específico, com conteúdo/mensagens para cada vertical. As empresas precisam criar uma matriz de mensagens, de conteúdo e propostas de valor por segmento vertical, e assegurar que cada vertical tenha os itens exigidos.

Mudança da venda "FAB" para vender "soluções" e "insights"

Pelo fato de os compradores empoderados não aceitarem mais o tipo generalista de vendedor ou o processo de vendas generalizado, eles certamente estão menos interessados na mera venda do tipo FAB (*Features, Advantages and Benefits*, isto é, baseada em "atributos, vantagens e benefícios"). A venda de soluções entrou em cena no final da década de 1970 e início da de 1980. Os times de venda tinham foco nos problemas do cliente e em lidar com o problema por meio de ofertas apropriadas de produtos e serviços (isto é, "soluções"). Se você lembrar do Capítulo 1, foi por isso que Thomas Savery começou a construir o motor a vapor. Ele buscou resolver o problema dos mineiros, de bombear água para fora das minas de carvão. Mal sabia que sua invenção promoveria diretamente uma mudança no funcionamento da sociedade nos duzentos anos seguintes. A venda de insight ou conceito leva isso um passo adiante: não se trata mais de tentar atender às necessidades atuais dos clientes, e sim de redefini-las e revelar necessidades dos clientes que eles sequer sabiam que tinham.[6] Esteja um passo à frente de seus clientes.

Desafios

Os compradores esperam que os vendedores ofereçam FABs customizadas e personalizadas. Os compradores esperam que os vendedores sejam mais do que pessoas de vendas. Esperam que sejam *thought leadership*, consultores, *coaches* e muito mais.

Potenciais soluções

▶ Propostas de valor customizadas são necessárias. É também essencial que vendas faça pesquisas e análises para ganhar uma compreensão em profundidade das necessidades e descubra novos desafios e oportunidades. Vou tratar disso também no Capítulo 4, que fala de marca e mensagens.

> Desafie o *status quo* dos clientes, faça perguntas que os levem a pensar e explore alternativas e os melhores cursos de ação colocando os interesses dos clientes em primeiro lugar. Todas as diversas metodologias de vendas que resumi no capítulo de Introdução – venda SPIN, venda desafiadora, venda Sandler, baseada em solução e outras –, enfatizam fazer perguntas e entender quais são as necessidades do cliente.

Diluição de limites entre vendas e marketing

No passado, vendas e marketing tinham papéis e responsabilidades claramente definidos. Com a ascensão das mídias digitais e sociais, que eliminaram barreiras à entrada de muitos compradores na "autocomercialização" ou no uso dessas ferramentas como parte de seu processo de vendas, essas duas funções estão ficando difusas. O e-mail era usado principalmente pelo marketing; agora, porém, vendas pode conduzir as próprias minicampanhas de e-mails a partir do *sales enablement* ou de ferramentas CRM. A geração de *leads* era principalmente uma tarefa dos gestores de marketing ou de gestores de desenvolvimento de negócios [*business development managers*, BDM] –, mas agora qualquer pessoa de vendas pode facilmente fazer prospecção e qualificar *leads* simplesmente usando o LinkedIn e outras ferramentas. Alcançar *prospects* não é mais tarefa exclusiva do marketing.

Desafios

Como tanto vendas quanto marketing estão cuidando de alcançar clientes, há riscos de uma experiência do cliente inconsistente, de confusão, sobreposições, ineficiências e intromissões.

Potenciais soluções

> Vendas e marketing precisam se alinhar em sua marca digital para entregarem uma experiência fluida e evitar duplicações e ineficiências. Para isso, é importante que haja ferramentas e processos

estabelecidos para guiar e alinhar os esforços de vendas e marketing. O CRM e um sistema de automação de marketing sincronizado são requisitos mínimos. Você precisa montar seu *stack* de tecnologia de marketing e vendas com base nos processos de vendas e na jornada do comprador.

▶ Vendas e marketing precisam colaborar para alinhar seus planos táticos a respeito de como engajar potenciais clientes no estágio certo com a mistura certa de conteúdo e propostas de valor. De novo, isso é crucial para uma abordagem baseada em contas.

Adoção de comunicações de vendas híbridas

Compradores empoderados, especialmente millennials, estão habituados a lidar com mensagens de texto, usar apps de celular ou se comunicar pelos canais das mídias sociais, fazer reuniões pelo Facetime, conferências de vídeo e a compartilhar telas. Quando têm perguntas, gostam de acessar seus contatos de vendas por meio de suas mídias preferidas, nos seus horários mais convenientes. Além disso, cada vez mais as empresas restringem as viagens corporativas e adotam comunicações de vendas mais eficazes em termos de custo e comunicações virtuais. Profissionais de vendas precisam entender que os encontros presenciais não são a única maneira de chegar aos clientes. Os engajamentos do cliente se alternam entre on-line e off-line ao longo de toda a jornada de compra.

Desafios

O pessoal de vendas pode não estar ciente dos últimos tipos de ferramentas de comunicação dos canais de mídias sociais – Google Hangouts, Slack, Zoom, ferramentas de videoconferência e muitas outras. Alguns compradores só podem ser acessados por meio de canais específicos de mídias sociais.

Potenciais soluções

▶ O pessoal de vendas precisa melhorar sua fluência nas comunicações on-line usando tanto canais convencionais quanto virtuais, incluindo, mas sem se limitar a eles, WebEx, LinkedIn, Facebook, Skype, Zoom Meetings, WhatsApp, WeChat e quaisquer comunicações virtuais que seus *prospects* tenham se habituado a usar.

◢ Disponibilidade *on-demand*

As comunicações virtuais certamente podem reduzir custos e melhorar a produtividade e as comunicações. Alguns compradores podem ter a expectativa de que os vendedores estejam disponíveis a qualquer hora e respondam imediatamente. Outros podem preferir as comunicações digitais e encarar uma ligação imprevista como invasiva ou como uma interrupção.

Desafios

Vendedores que lidam com várias contas podem não ter uma boa compreensão das preferências de seus clientes. As comunicações digitais são complicadas. É desafiador criar um processo de comunicação que seja fácil para o time de vendas seguir. Ele pode ser difícil de ajustar, conforme a conta, quando se adotam os canais de comunicações preferidos pelos compradores.

Potenciais soluções

▶ Estabeleça expectativas para o tempo de resposta e os métodos de comunicação dos clientes. Crie permissões e proibições para comunicações 24/7 para evitar *burnout* e fadiga de comunicações. Torne isso parte do *onboarding* e do treinamento contínuo.

▶ Ferramentas de vendas como os portais de vendas ou plataformas colaborativas de vendas precisam ser facilmente acessíveis por celular, tablets e até por relógios digitais. Acesso por celular a informações de vendas não deve ser um recurso secundário.

▶ Em razão das frequentes comunicações solicitadas, você pode precisar enviar arquivos ou informações confidenciais usando ferramentas de terceiros. É importante seguir os passos apropriados para salvaguardar informações confidenciais dos clientes (por exemplo, para evitar mandar informações confidenciais por mensagem de texto ou por apps de celular de terceiros) e evitar um uso impróprio ou excessivo de tecnologia de celular (ou seja, evitar ser invasivo com clientes). É essencial que haja um guia de orientações da empresa nesse sentido.

Onipresença das mídias sociais

Cada vez mais, compradores empoderados compartilham seus problemas, preocupações e opiniões nas mídias sociais, em fóruns e comunidades on-line, para que todos vejam. As mídias sociais permitem que as pessoas de vendas "ouçam" e se "engajem" com *prospects*. Elas podem facilmente monitorar e fazer comentários apropriados e dar contribuições para incentivar relacionamentos.

Desafios

Embora alguns profissionais de vendas se deem bem com as mídias sociais, demora tempo e esforço para conseguir um bom alcance com elas. Além disso, alguns profissionais podem não dispor de tempo para usar as mídias sociais de maneira disciplinada e ficam desorientados com as muitas ferramentas que existem. O contato por mídias sociais também está incorporado ao CRM e a outras ferramentas. Às vezes é confuso e difícil decidir quais são as melhores ferramentas para se engajar com *prospects*.

Potenciais soluções

> É cada vez mais vital para vendas estar disponível por meio dos canais de mídias sociais. O desafio é que as ferramentas das mídias sociais são atualizadas e renovadas a toda hora; o Facebook também vive acrescentando novos recursos, e o LinkedIn incorporando novas ferramentas de geração de *leads*. As ferramentas de mídias sociais não ficam estáticas. Times de venda precisam receber uma educação continuada sobre novos recursos, por parte do *sales enablement*, do treinamento de vendas ou de times de marketing. Além disso, é importante tornar o conteúdo de marketing fácil de acessar pelo pessoal de vendas. O marketing pode fornecer conteúdo e conjuntos de ferramentas de mídias sociais ou listas de dicas para posts nas mídias sociais.

Prospecção baseada em análise de dados

Um funil de vendas poderoso e aplicativos de CRM, junto com mineração de *big data* e inteligência artificial, são elementos que estão mudando a maneira pela qual vendedores visam clientes e se engajam com eles. A integração e correlação de dados do cliente extraídos de vendas, CRM, serviços ao cliente, sites da internet e mídias sociais pode ajudar a desenvolver uma compreensão mais sofisticada dos clientes. Isso, por sua vez, melhora a qualidade dos funis de vendas e dos *prospects*, identifica potenciais oportunidades para *cross-selling* (vendas cruzadas), e otimiza preços e previsões.

Desafios

Há fartura de dados em torno de uma empresa; o desafio é peneirar e encontrar insights sobre os quais vendas possa agir. Além disso, análises em profundidade a fim de encontrar insights sobre os quais agir demandam tempo. Então, as perguntas são: Quem deve realizar a análise? Devemos usar ferramentas com inteligência incorporada ou contratar analistas de dados? De um jeito ou de outro, é preciso integrar uma infraestrutura de apoio.

Além disso, a informação coletada sobre o cliente precisa ser usada com critério, e isso requer instruir o time de vendas para garantir que esteja dominando maneiras adequadas de lidar com tudo isso.

Potenciais soluções

> Para descobrir insights acionáveis a partir de dados corporativos, as organizações de vendas precisam ter ferramentas estabelecidas e talvez contratar analistas de dados para que realizem análises, passando a fazer parte do time de vendas ou de marketing.

> É preciso estabelecer um fluxo de trabalho e uma metodologia para a prospecção de necessidades baseada em dados. A correlação e análise de dados precisa ser otimizada e revisada regularmente. Também é preciso estabelecer os indicadores de desempenho [*Key Performance Indicators*, KPIs] e haver acordo sobre o nível de serviço [*Service Level Agreement*, SLA], a fim de assegurar que o pessoal de

vendas responda às solicitações e aos disparadores de atividade de maneira ágil.

- O marketing pode também fornecer modelos de dados, como a "propensão a comprar", baseados no comportamento de compra e insights dos próprios clientes.

- É importante avaliar o *stack* de tecnologia usado por vendas e pelo marketing e acrescentar ferramentas para alinhar os processos de vendas e a jornada de compra. Se necessário, acrescente serviços de *lead* usando Data.com, RainKing, DiscoverOrg ou outras ferramentas.

Times de vendas e de clientes multigeracionais

Tanto no time de vendas como entre seus *prospects* há *baby boomers* (nascidos de 1946 a 1964), pessoas da Geração X (de 1965 a 1980) e millennials (nascidos de 1981 a 2000). Em termos de proporção, os millennials são hoje a maior geração em termos globais. Embora os *baby boomers* mais jovens estivessem em 2018 na casa dos 50 anos, essas três gerações provavelmente vão coexistir em ambientes profissionais na próxima década. Traços geracionais como hábitos de trabalho, atributos comportamentais, domínio de tecnologias, canais de consumo de conteúdo e processo de tomada de decisões são bem diferentes entre esses grupos. Os vendedores, ao trabalharem em estreito contato com clientes, provavelmente encontrarão um comitê ou um time no qual todas as três gerações estão presentes.

Desafios

Internamente, o primeiro desafio é criar propostas de valor e conteúdo que repercutam bem nas três gerações. Outro desafio é, externamente, a existência de *buyer personas* que exibam essas diferenças entre as três gerações. Portanto, é vital compreender a dinâmica de trabalho.

Potenciais soluções

- Além de ganhar *expertise* vertical-específica, o pessoal de vendas também precisa estar ciente das diferenças comportamentais e das principais características dessas gerações. E então elaborar e incorporar táticas essenciais para trabalhar de modo eficaz com essas diferenças geracionais. Quando você elabora um *playbook* de vendas, é importante levar em conta pontos de conversação e conteúdo que correspondam às preferências de cada geração. Por exemplo: *baby boomers* e membros da Geração X podem preferir uma boa apresentação em PowerPoint nos encontros presenciais, enquanto millennials provavelmente usarão um *whiteboard* (arquivos compartilhados numa tela de *notebook* ou em um quadro branco) durante as reuniões.

▶ Organizações de vendas também encontrarão os desafios de assimilar e treinar millennials e de montar uma organização de vendas coesa, abrangendo três gerações.

Material para reflexão: os profissionais de vendas podem ser capazes de se apoiar na própria experiência interna de integrar a geração mais jovem ao seu time. Você pode também empoderar os membros mais jovens do time para que influenciem decisões no contexto do engajamento com pessoas da geração deles. Empresas com uma equipe mais jovem não deveriam ignorar o valor de ter alguns *baby boomers* nela, para ajudarem no engajamento com essa geração. Por sua vez, empresas mais jovens com pessoal composto basicamente por millennials não deveriam subestimar o valor de ter *baby boomers* mais experientes no time, tanto para ajudar a entender táticas já testadas e aprovadas como para se relacionarem melhor com times de compras de empresas mais estabelecidas.

◢ Globalização dos times e da base de clientes

As atuais correntes políticas mais gerais parecem ter foco no localismo e no separatismo, seja Quebec buscando independência do Canadá em 1995, seja a decisão da Grã-Bretanha de sair da União Europeia em 2016, ou o movimento de independência catalão na Espanha em 2017. Embora alguns governos continuem a criar tarifas comerciais e outras regulamentações para impedir o livre fluxo de bens e serviços, o comércio e os negócios continuam florescendo sem limites graças aos avanços na internet, às comunicações virtuais e ao comércio eletrônico. A interconectividade da economia mundial se acelera. A globalização não cessa. Para padronizar processos e ferramentas, empresas multinacionais [*Multinational Companies*, MNCs] criam times de venda globais e comitês de compras globais nos quais as decisões são tomadas de maneira distribuída, mas unificada.

Desafios

Embora as organizações de vendas mais estabelecidas tenham processos e metodologias definidos, o time de vendas precisa contar com um plano tático e uma estrutura de apoio ao se engajar com contas MNC. Outra consideração é ter apoio de vendas local em países prioritários.

Potenciais soluções

- Ao lidar com um comitê de compras global que inclua membros de vários países, o time de vendas precisa encontrar um equilíbrio entre global e local ou entre sedes e geografias (geos).

- Como se a verticalização e o aspecto multigeracional não fossem complicações suficientes, os times de venda precisam também levar em conta diferenças culturais, sociais e de língua, de modo que a mensagem seja transmitida de maneira correta e profissional. Isso acrescenta outra camada de complexidade à sua busca de uma venda personalizada ou baseada em conta. Leve em conta a tradução de conteúdo e a localização para aumentar a probabilidade de conversões.

Uso de análise de dados para obter *learner insights*

Treinamento e integração [*onboarding*] oportunos são fundamentais para o sucesso de seu time de vendas. Equipe-os com conhecimento, habilidades, processos e ferramentas para deixá-los prontos para ganharem clientes. Com tablets, smartphones e *wearables* (é possível usar smartwatches [relógios inteligentes] para receber dicas curtas de produto), gestores de treinamento podem rastrear os principais indicadores de desempenho relacionados a vendas e a material de treinamento. Com *big data* e análise avançada, é possível extrair informações valiosas do time de vendas estudando seus padrões de aprendizagem e comportamentos.

Desafios

A chave é estabelecer painéis digitais de treinamento tanto quantitativos como qualitativos. É preciso que tenha sido implantado um ciclo de feedback para otimizar e melhorar a qualidade do conteúdo de treinamento. Outro ponto a considerar é que as necessidades de treinamento precisam ser escaladas para os recursos de que o time de vendas dispõe. Design e interface de usuário são fatores cruciais a considerar.

Potenciais soluções

➤ Com o digital, tudo é rastreável. Crie um processo para monitorar e rastrear os downloads de treinamento e seu uso. Crie um processo para coletar feedback do time de vendas por meio de entrevistas e questionários on-line.

➤ Use plataformas e ferramentas avançadas para integrar ao treinamento designs intuitivos e fáceis de usar. É mais fácil falar do que fazer, mas é importante revisar com frequência as diferentes plataformas de treinamento. Design e interface de uso fácil são cruciais para uma aprendizagem contínua e on-line.

Surgimento de ambientes de aprendizagem integrados como uma necessidade

A aprendizagem não se restringe às salas de aula ou a simplesmente baixar material para "ler" ou "estudar". É importante criar um "ambiente de aprendizagem" de modo que vendas aprenda não só formalmente, mas também informalmente. A aprendizagem formal pode ser em ambiente de sala de aula, em webinários ou via material de leitura, como muitas empresas já fazem. A aprendizagem informal pode envolver a audição de um podcast, contribuir com um post num blog, ler um SMS rápido num *smartwatch* ou ver um vídeo curto enquanto a pessoa se desloca de táxi. Toda essa aprendizagem "em movimento" pode ser incentivada por uma abordagem de "gamificação", encorajando o pessoal de vendas a ganhar pontos, distintivos ou prêmios, como num ambiente de *game*. O segredo é construir conhecimento de um jeito que seja fácil para vendas absorver.

Desafios

A aprendizagem pode acontecer em qualquer lugar e a qualquer momento. O espaço e a hora não importam mais. Gestores de treinamento precisam repensar como estruturar e entregar treinamento. Gestores de vendas precisam reaprender como chegar ao conhecimento digitalmente.

Potenciais soluções

- Identifique canais de aprendizagem para treinamento formal e informal. Mapeie tópicos editoriais e formatos de conteúdo para esses canais.

- Incorpore a gamificação para apoiar desempenho de papéis [*role playing*] num mundo virtual. Use tecnologias para propiciar aprendizagem em grupo [*crowd learning*] – o uso colaborativo de conhecimento dos pares em tempo real. Otimize aprendizagem por celular e uso de vídeos.

OS BENEFÍCIOS DE COMPREENDER AS TENDÊNCIAS

Tendências ajudam você a identificar futuras oportunidades. Também ajudam a aferir o comportamento do cliente, o cenário de mercado, o avanço da tecnologia, a configuração da força de trabalho, entre outros. Você pode usar tendências para identificar áreas que precisam ser corrigidas. Outro aspecto: se você tem certas iniciativas que gostaria de introduzir, pode selecionar tendências relevantes que validem suas recomendações. Também é importante mapear tendências relacionadas a resultados acionáveis pelos clientes.

Portanto, compreender as tendências pode ajudá-lo a:

- Explicar por quê;

- Identificar desafios e propor iniciativas para apoiar os times de venda;

▶ Reforçar suas iniciativas e manter o curso.

FIGURA 2.3

PRÓXIMOS PASSOS APÓS IDENTIFICAR AS INICIATIVAS

Se seguirmos a abordagem de meu filho, o próximo passo depois de identificar os desafios e soluções é modificar comportamentos. Isso faz sentido para ele. Mas no mundo corporativo não é tão simples.

Muito provavelmente você precisará apresentar suas soluções a *stakeholders* para obter adesão interna [*buy-in*]. A seguir, uma abordagem modificada para empresas:

▶ Identifique desafios;

▶ Priorize soluções;

▶ Obtenha adesão;

▶ Implemente recomendações;

▶ Modifique comportamentos;

▶ Meça o sucesso;

▶ Monitore desempenho;

▶ Compreenda as tendências;

▶ Revise e repita – é um ciclo contínuo.

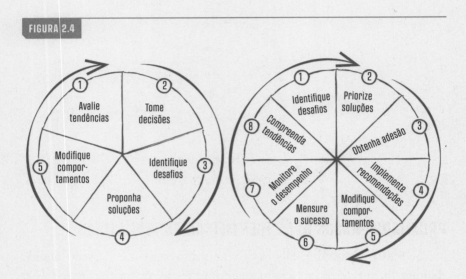

FIGURA 2.4

Recursos e orçamento também têm um papel crucial; você pode precisar priorizar suas recomendações e focar em uma iniciativa por vez, ou ter vários times trabalhando em paralelo. É um esforço colaborativo. Comece compreendendo as tendências, identifique as lacunas, proponha soluções, implemente ferramentas e processos e trabalhe com o time de vendas para percorrer a curva de aprendizagem e ajudá-los a serem produtivos. É importante dividir as iniciativas em fases implementáveis. Com muita frequência elas se tornam megaprojetos que consomem tempo demais, custam demais e nunca ficam prontos. É preciso que haja uma visão e um roteiro, mas com entregáveis definidos ou produtos mínimos viáveis que entreguem valor visível ao longo do caminho.

O PESSOAL DE VENDAS PRECISA IR ALÉM DA VENDA

Você já notou que os nomes dos cargos de muitos profissionais de carreira já não descrevem mais o que eles fazem? Eu adoro conversar com Lisa e Mike, especialistas em vendas das lojas da Apple e da Microsoft no Shopping da Washington Square, perto de casa. De novo, eles não são apenas pessoas de vendas, são um suporte técnico de TI, são serviços ao cliente e especialistas em produto. São treinados para "vender" produtos. Segundo o site da Apple em novembro de 2017, o trabalho de um especialista em vendas é "transformar os visitantes da Apple Store em clientes leais da Apple". No final das contas, é tudo ainda uma questão de negócios: aumentar a velocidade de vendas, fechar vendas e impulsionar *cross-sell* (vendas cruzadas) e *upsell* (*upgrades*). A solução de problemas é apenas um meio de fechar negócios. As pessoas de vendas são solucionadoras de problemas disfarçadas. Na maior parte do tempo, são sinceras, genuínas e dispostas a ajudar de todas as formas possíveis. Eu sei que elas também querem que eu compre o mais recente modelo de telefone, de relógio e outros dispositivos, mas elas se esforçam para, primeiro, resolver meus problemas. Você precisa fazer diferença para os seus clientes ao se engajar com eles. Não se trata mais de vender, trata-se de educar e conversar.

Jonathan é um vendedor de calçados na Nordstrom, uma loja de departamentos conhecida por seu impecável serviço ao cliente e por sua generosa política de devoluções. Para mim, ele não é apenas um vendedor de calçados, é meu estilista pessoal para sapatos. Ele conhece bem meu estilo e minhas preferências. Quando eu chego, ele me traz duas dúzias de pares de sapatos do tipo que sabe que eu gosto. Comprar sapatos com ele é uma experiência desse tipo, agradável e fácil. Às vezes, também me sugere que use algo fora da minha zona de conforto, como um par de sapatos vermelhos de salto alto. Sim, comprei meu primeiro par de sapatos vermelhos salto quinze por recomendação dele.

O ponto em comum entre o Jonathan da Nordstrom e a Lisa e o Mike das lojas da Apple e da Microsoft é que todos eles cumprem vários papéis. Vender torna-se secundário; eles são acima de tudo solucionadores de problemas. Vejo uma mudança similar nas vendas B2B. Os clientes esperam que vendas sejam antes de mais nada um solucionador de problemas, um líder de opinião, um especialista no assunto, e um parceiro, enquanto o papel de vendedor só entra em jogo mais tarde.

Concordo com a citação de Jill Rowley no início deste capítulo. Não é sobre vender, tem a ver com *ajudar* pessoas a comprar. É sobre descobrir suas necessidades e facilitar seu pensamento e seu processo de tomada de decisões. Nada mais, nada menos. Millennials acreditam que o mundo está cada vez mais instável, mas também têm razões para acreditar que, trabalhando juntos, há a esperança de melhorar o desempenho não só dos negócios, mas da sociedade como um todo. Para nós, é hora de saber para onde o mundo está indo e fazer algo a respeito.

O QUE VOCÊ PODE FAZER

1. Liste as cinco principais tendências que irão moldar o futuro do seu time de vendas.

2. Identifique três soluções propostas com base nessas cinco principais tendências.

3. Compare as três principais soluções propostas no Capítulo 2 com os três principais pensamentos do Capítulo 1. São similares ou diferentes? Por quê?

REFERÊNCIAS

[1] Marc Andreesen. Why software is eating the world. *Wall Street Journal*, 8 de novembro de 2011. www.wsj.com/articles/SB10001424053111903480904576512250915629460.

[2] Reza Sisakhti. *Success in Selling: Developing a world-class sales ecosystem*, ATD, Virginia, EUA, 2017.

[3] Simon Sinek. *Start With Why: How great leaders inspire everyone to take action*, Penguin, Nova York, 2011.

[4] M Keith Eades e Timothy T Sullivan. *The Collaborative Sale: Solution selling in a buyer-driven world*, Wiley, Hoboken, EUA, 2017.

[5] Steve W Martin. Top 10 Sales Trends for 2013. *Harvard Business Review*, 12 de outubro de 2012. https://hbr.org/2012/12/top-10-sales-trends-for-2013.

[6] Brent Adamson, Matthew Dixon e Nicholas Toman. The end of solution sales. *Harvard Business Review*, julho–agosto de 2012. https://hbr.org/2012/07/the-end-of-solution-sales.

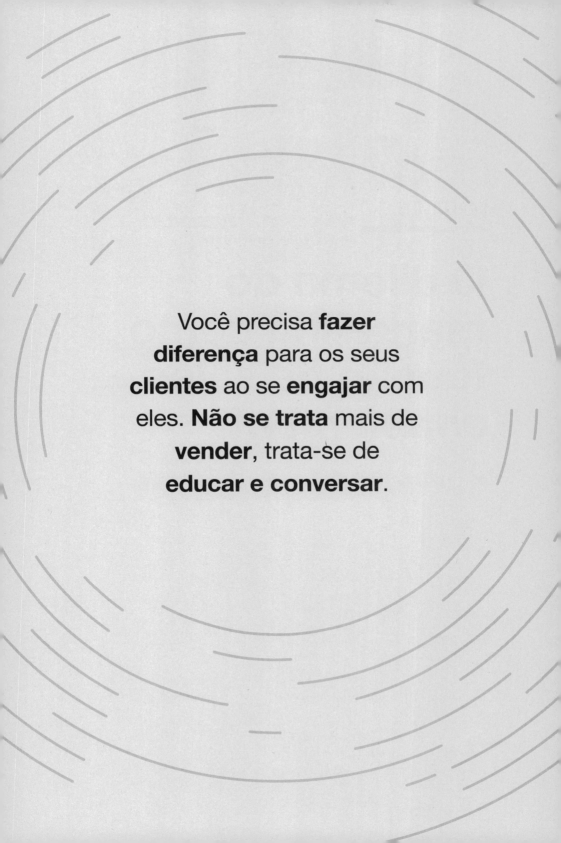

Você precisa **fazer diferença** para os seus **clientes** ao se **engajar** com eles. **Não se trata** mais de **vender**, trata-se de **educar e conversar.**

CAPÍTULO 3

O dilema do marketing como função de *sales enablement*

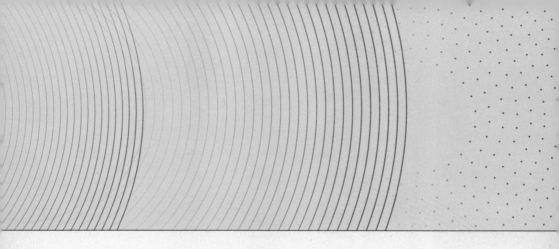

> *Uma dica para trabalhar com vendas?*
> *Faça o que você faz melhor: construa amor,*
> *lealdade e conversões à marca.*
> Alana Zamora, diretora de marketing
> de conteúdo, Medallia

Dependendo de com quem você fala e de quais são as experiências deles em primeira mão, a dinâmica do relacionamento entre vendas e marketing varia de algo tão tumultuado como fogo e gelo, a uma combinação perfeita como a de peixe e água. É uma relação de amor e ódio. Times de venda precisam da ajuda do marketing e os times de marketing precisam dos resultados de vendas para validar sua existência. Quando os limites entre os dois grupos começam a desaparecer, vendas se torna um dos canais de marketing. E marketing se torna uma força de vendas oculta.

Eu não sabia disso na época, mas este livro reuniu duas amigas que ficaram sem se falar por cinco anos. Alana Zamora e eu trabalhamos juntas quando estávamos na Intel. Ela chegou à Intel vindo da Oracle e era a Gestor de Mídia Global que liderava o planejamento e as campanhas de mídia global na Intel. Eu era responsável por elaborar um plano *go-to-market* global para o segmento empresarial da Intel (marketing B2B). Como comprar mídia é uma parte crucial do plano *go-to-market*, ela e eu trabalhamos várias vezes juntas em *briefings* anuais para a mídia global. Ela seguiu em frente e foi para o Google, e eu continuei na Intel. De início mantivemos contato, mas depois ficamos muito ocupadas e não nos falamos por cinco anos, até que precisei de um grande favor.

Quando planejava uma viagem de família para o norte da Califórnia, como meus dois filhos estão estudando ciência da computação, pensei que seria ótimo para eles visitar algumas empresas de tecnologia enquanto estivéssemos por ali. Tínhamos uma oportunidade de visitar as atrações de São Francisco, e pensei que poderíamos igualmente ver algumas grandes empresas para ter uma ideia dos ambientes de trabalho, da cultura corporativa, até mesmo da sua filosofia de contratações.

O Google naturalmente me veio à mente. Como não falava com Alana há cinco anos, enviei primeiro um e-mail do tipo "Olá, como vai?", que, na realidade, era um pedido: "Você poderia arrumar um *tour* pelo Google para os meus dois filhos?". Gentil como sempre, ela respondeu prontamente ao meu e-mail e ficou feliz em poder mostrar o campus do Google aos meus filhos. Quando nos encontramos, contou de suas incríveis experiências nos últimos cinco anos. O emprego dela a levou ao Reino Unido e à Irlanda, e ao voltar aos EUA assumiu um cargo de *sales enablement* na divisão do YouTube do Google. *O quê?* Eu lhe contei então que estava pensando exatamente no *sales enablement* como o assunto do meu segundo livro, mas que este seria escrito do ponto de vista de um profissional de marketing. Quem diria que o fato de pedir a ela que proporcionasse um *tour* pelo Google aos meus dois filhos iria me colocar em contato com uma grande especialista no assunto, que poderia contribuir para o meu livro? Nossa conversa naquele dia, e em intercâmbios posteriores, foi a centelha que resultou na nossa colaboração para escrever este capítulo.

O MARKETING ESTÁ INSERIDO NAS SOLUÇÕES DE TENDÊNCIAS FUTURAS

A fim de entender o papel do marketing no *sales enablement*, fiz no Capítulo 2 uma revisão resumida das tendências de vendas como apontadas por Reza Sisakhti, e tentei definir que papel o marketing poderia ter nas soluções propostas. Quis checar se o marketing poderia dar assistência em prover soluções para cada tendência.

Ele pode.

Como você verá no Quadro 3.1, o papel do marketing é parte de cada solução, não importa de que maneira as diferentes tendências venham a moldar o futuro das vendas. De certo modo, o papel do marketing é indispensável a vendas. No futuro, os times de venda precisam estar ainda mais próximos, embora a constante tensão e conflito de metas e prioridades mantenha ambos afastados. A dinâmica entre eles tem fluxos e refluxos. Nunca é a mesma.

O ATRITO CONSTANTE ENTRE VENDAS E MARKETING

Alana e eu adoramos nossos times de venda, mas achamos quase impossível satisfazê-los. Concordamos sinceramente que vendas é uma tarefa de alta tensão. O pessoal de vendas sofre muita pressão para cumprir metas, fazer conversões rápidas, reter clientes, aumentar o valor do tempo de vida de cada cliente e, o mais importante, garantir que eles mesmos sejam pagos. Estão a toda hora analisando seu negócio para identificar as maiores oportunidades e riscos – lidando cautelosamente com funis de vendas e movimentando as oportunidades como se fossem peças de xadrez para garantir contratos de alto lucro na hora certa do trimestre e do ano. É um trabalho duro. Como profissionais de marketing, sentimos sua dor.

Também concordamos que o time de vendas não é capaz de lidar com tudo sozinho, do funil até os estágios finais da venda. Para começar, o marketing ajuda vendas a promover as propostas de valor essenciais do negócio ou produto por meio de canais de mídia de massa, para fomentar o conhecimento do produto e do serviço. O desafio é que tanto vendas quanto a gestão não têm como ver os benefícios desse marketing de massa instantaneamente, e precisam cumprir suas metas mensais ou trimestrais. Alguns esforços de marketing são concebidos como jogadas de longo prazo, enquanto vendas está obrigado a cumprir metas de curto prazo. O dilema entre esse atendimento de metas de longo e de curto prazo é uma fonte de atrito constante.

Embora o dilema longo prazo/curto prazo seja tratado pelo marketing baseado em contas [*Account-Based Marketing*, ABM], quando ele trabalha próximo de vendas para alavancar o alcance do marketing customizado nas contas visadas, é difícil escalar o ABM de maneira eficaz quando há muitas contas e construir um conhecimento de marca em nível de massa apenas com o ABM.

Além disso, não importa o que os profissionais de marketing façam, simplesmente nunca parece que é bom o suficiente. Quando conversei com outros profissionais de marketing que trabalham em diferentes setores e verticais, vi que todos compartilham o mesmo sentimento. Tenho certeza de que quando pessoas de vendas se juntam e falam do marketing, também se lamentam.

QUADRO 3.1 Marketing: tendências e soluções

TENDÊNCIA DE VENDAS	SOLUÇÃO PROPOSTA	FUNÇÕES DE MARKETING
Aumento de compradores empoderados: em vez de dependerem de vendedores para obter informações, os compradores se autoeducam sobre como as várias soluções resolvem seus problemas.	• Estar presente, on-line e off-line, como fonte confiável de informações enquanto compradores fazem sua lição de casa. Eles estão sempre procurando informações sobre soluções e tendências expressas por seus pares nas mídias sociais. • O time de vendas precisa se mover *upstream* de maneira proativa para pesquisar e visar *prospects* e iniciar um engajamento para construir interesse a respeito das necessidades e oportunidades deles. • Compreender papéis e responsabilidades de membros impulsionados por comitês. Prepare-se para compartilhar mais informações sobre o roteiro futuro do produto, a estrutura de apoio pós-vendas, a origem das matérias-primas, e até mesmo sobre a estrutura de custos do produto.	• O marketing pode oferecer conteúdo relevante e confiável on-line e off-line. • O marketing pode encontrar oportunidades para ajudar vendas a se mover *upstream* no funil de compra. • O marketing pode ajudar com venda baseada em contas e o fornecimento de informações para compras orientadas por consenso.
Verticalização da força de vendas: necessidades dos compradores cada vez mais centradas na vertical.	• Construa uma compreensão específica da vertical com a equipe de vendas. Ajuste propostas de valor para torná-las específicas ao produto e construa conteúdo relevante para as verticais-alvo.	• O marketing pode definir *personas* específicas da vertical e criar propostas de valor e conteúdo para a vertical específicos.

TENDÊNCIA DE VENDAS	SOLUÇÃO PROPOSTA	FUNÇÕES DE MARKETING
Mudança da venda "FAB" para vender "soluções" e "insights": compradores esperam que vendedores resolvam os problemas conhecidos e descubram outros.	• Propostas de valor customizadas são necessárias. Também é essencial que vendas faça pesquisa e análise para ganhar uma compreensão profunda das necessidades dos clientes e descubra novos desafios e oportunidades. • Desafie o *status quo* dos clientes, faça perguntas provocativas e explore alternativas e melhores cursos de ação com os interesses dos clientes em primeiro plano.	• O marketing pode trabalhar com vendas para descobrir necessidades dos clientes. • O marketing pode ajudar vendas no posicionamento. • O marketing pode criar estudos de caso para apoiar a venda de soluções e de insights.
Limites difusos entre vendas e marketing: ambos usam as mesmas ferramentas para chegar aos clientes.	• Vendas e marketing precisam alinhar suas iniciativas digitais para entregar uma experiência fluente e evitar duplicações e ineficiências. • Vendas e marketing precisam colaborar para alinhar seus planos táticos e seu modo de engajar *prospects* no estágio certo com a combinação certa de conteúdo e propostas de valor.	• O marketing deve partilhar seus planos e estratégia e alinhar com o time de vendas. Pode colaborar com o time de vendas para aumentar a velocidade de vendas usando programas de marketing. • Vendas e marketing partilham ferramentas (CRM) para facilitar coordenar e colaborar.
Adoção de comunicações de vendas híbridas: alavancar on-line e off-line os canais de comunicação preferidos dos compradores para se engajar com clientes e *prospects*.	• O pessoal de vendas precisa melhorar a fluência da comunicação on-line usando tanto canais convencionais quanto virtuais, incluindo, mas sem se limitar a eles, blogs, LinkedIn, Facebook, Skype, Zoom, WhatsApp, WeChat e quaisquer que sejam as comunicações virtuais que seus *prospects* tenham se habituado a usar.	• O marketing pode compartilhar suas melhores práticas de mídias sociais. • O marketing pode criar conjuntos de ferramentas para mídias sociais ou comunicações para vendas.

TENDÊNCIA DE VENDAS	SOLUÇÃO PROPOSTA	FUNÇÕES DE MARKETING
Disponibilidade *on-demand*: compradores esperam alcançar vendedores nos próprios horários usando seus canais preferidos.	• Defina expectativas para o tempo de resposta do cliente a mensagens de texto, e-mail ou outras formas de comunicação. Crie permissões e proibições de comunicação 24/7 para evitar *burnout* e fadiga de comunicação. Torne isso parte do *onboarding* e do treinamento continuado.	• O marketing pode dividir conteúdo em formatos mais curtos e digeríveis e incorporá-los às ferramentas de mídia social. • O marketing pode trabalhar com vendas para adotar o kit como parte do *onboarding* ou do treinamento continuado. • O marketing pode compartilhar as melhores práticas sobre frequência da comunicação para evitar o *burnout*.
Onipresença das mídias sociais: nas mídias sociais é onde você pode encontrar informações do comprador e também se engajar com ele.	• É cada vez mais vital para vendas estar disponível nos canais das mídias sociais. O desafio é que as ferramentas das mídias sociais são atualizadas e renovadas com frequência; Facebook costuma acrescentar novos recursos, o LinkedIn incorpora novas ferramentas para geração de *leads*. As mídias sociais não ficam estáticas. Vendas precisa de educação continuada sobre novos recursos.	• O marketing pode alavancar as ações de mídias sociais deles ou sua própria *expertise* em mídias sociais para aumentar a velocidade de vendas.
Prospecção baseada em análise de dados: use dados e modelagem para encontrar *prospects*.	• Para traduzir dados em ações, as organizações de vendas precisam ter ferramentas estabelecidas e talvez contratar analistas de dados para realizarem análises. • Um fluxo de trabalho e metodologia para prospectar com base em dados precisam ser definidos. A correlação e análise de dados precisa ser otimizada e revisada regularmente.	• O marketing precisa integrar os dados deles ao CRM de vendas. • O marketing pode trabalhar com vendas para criar fluxos de trabalho e painéis de controle. • O marketing pode usar os *prospects* encontrados de baixa prioridade, enviar campanhas de marketing por e-mail para alimentá-los e devolver a vendas quando os *prospects* estiverem prontos.

TENDÊNCIA DE VENDAS	SOLUÇÃO PROPOSTA	FUNÇÕES DE MARKETING
Times de venda e de clientes multigeracionais: *Baby boomers*, geração X e millennials são parte da força de vendas.	• Além de ganhar expertise vertical-específica, o pessoal de vendas precisa estar a par das diferenças comportamentais e das características-chave dessas gerações. Elaborar e incorporar táticas essenciais para trabalhar com eficácia com diferenças geracionais. • Organizações de vendas também vão deparar com os desafios de assimilar e treinar millennials e de ajustar uma organização de vendas coesa que inclua as três gerações.	• O marketing pode tomar a iniciativa de realizar a pesquisa e a segmentação de *personas* que considerar apropriada às diferenças geracionais, contribuindo com insights para o treinamento de vendas.
Globalização dos times e da base de clientes: compradores das empresas multinacionais esperam obter apoio global e local.	• Ao lidar com um comitê de compras global que inclua membros de diferentes países, o time de vendas precisa encontrar o equilíbrio entre global e local ou entre as sedes (QGs) e as geografias (geos). • Como se a verticalização e os clientes multigeracionais não fossem complicação suficiente, os times de venda devem levar em conta diferenças culturais, sociais e de língua para produzir mensagens corretas e profissionais.	• A estrutura de apoio do marketing precisa se alinhar com a organização de vendas. • O marketing pode colaborar com times locais para adaptar insights do público, propostas de valor e conteúdo para cada região.

O dilema do marketing como função de *sales enablement*

TENDÊNCIA DE VENDAS	SOLUÇÃO PROPOSTA	FUNÇÕES DE MARKETING
Uso da análise para obter *learner insights*: use análise para monitorar treinamento e desenvolvimento de vendas.	• Com o digital, tudo é rastreável. Estabeleça um processo para monitorar rastrear downloads de treinamento e de uso. Crie um processo para coletar feedback do time de vendas por meio de entrevistas e questionários on-line. • Use plataformas e ferramentas avançadas para integrar designs intuitivos e fáceis de usar ao treinamento.	• O marketing pode alavancar conteúdo criado para treinamento de vendas. Alguns conteúdos podem ser também usados para que vendas compartilhe com *prospects* ou com contas existentes. • Download e uso de dados permitem ao marketing otimizar e melhorar conteúdos futuros.
Emergência de ambientes de aprendizagem integrados como uma necessidade: use os recursos que o pessoal de vendas adota para promover aprendizagem *just-in-time*.	• Identifique os canais de aprendizagem formal e informal. Mapeie tópicos editoriais e formatos de conteúdo para esses canais. • Incorpore a gamificação para apoiar o desempenho de papéis num mundo virtual. Use tecnologias para propiciar aprendizagem em grupo – uso colaborativo de conhecimento dos pares em tempo real. Otimize a aprendizagem por celular e o uso de vídeo.	• Vendas pode ajudar o marketing a entender seus hábitos de aprendizagem. O marketing pode ajudar vendas a conectar os pontos ao incorporar alguns conteúdos do tipo "como fazer" nos planos de treinamento de vendas e diferentes ferramentas de aprendizagem. • O marketing pode usar seus recursos criativos para tornar o treinamento mais envolvente e eficaz (uma imagem vale por mil palavras).

Alana e eu questionamos: "Por que é assim? O que torna tão difícil para uma pessoa de marketing apoiar vendas?". Francamente, não deveria ser tão difícil assim, certo? Vendas e marketing trabalham na mesma empresa. Compartilhamos as mesmas metas de negócios. Comercializamos e vendemos os mesmos produtos. Em algumas organizações, até nos reportamos ao mesmo gestor ou pertencemos ao mesmo grupo. Deveríamos estar jogando no mesmo time. Bem, o demônio está nos detalhes.

Fundamentalmente, as diferenças entre vendas e marketing são:

- **Diferentes metas de departamento:** Vendas foca em receita, enquanto o marketing foca em geração de demanda e em consciência de marca, ou ambos.

- **Diferentes prioridades de longo e curto prazo:** Vendas fica na trincheira focando em metas mensais e trimestrais, enquanto o marketing precisa focar em consciência de marca junto às massas e em facilitar o caminho dos *prospects* ao longo do funil de compra, o que leva tempo superior a um mês ou um trimestre.

- **Diferentes recursos e alocação de apoio:** O processo e a metodologia de vendas são mais lineares, ao passo que o ciclo de compra de um cliente vai e volta entre o topo e o meio do funil, antes que seja tomada a decisão final de compra. A alocação de recursos de vendas se baseia em processos de vendas, enquanto a divulgação de marketing tende a se basear em canais ou ser impulsionada pela jornada de compra.

Se essas preocupações e diferenças não forem discutidas e acertadas entre vendas e marketing em tempo hábil, o desalinhamento e o atrito continuarão. À medida que a tensão aumenta, a frustração começa a fervilhar, e, então, não importa o que os profissionais de marketing façam, nenhum esforço será bom o suficiente.

> **LEMBRE-SE**
>
> O atrito entre vendas e marketing se origina de:
> - Diferentes metas.
> - Diferentes prioridades.
> - Diferentes abordagens quanto a recursos e alocação de orçamento.

Essa é uma realidade que precisamos reconhecer: não importa o quanto se deseje alinhar, sempre haverá um nível de desalinhamento em razão das diferenças fundamentais nas metas, prioridades e abordagens para chegar ao cliente. Vendas e marketing nunca irão se alinhar *plenamente*, em razão de diferenças nos horizontes de tempos de suas metas. A chave é reconhecer as diferenças e realizar ações específicas para encontrar pontos em comum, usando isso como uma maneira de minimizar os desalinhamentos.

A seguir, expomos os passos recomendados para alcançar sinergia entre marketing e vendas que vamos examinar neste capítulo:

- Encontre pontos em comum nos desalinhamentos.

- Foque em prioridades conjuntas e contas estratégicas.

- Estabeleça um acordo no nível de serviço [*service level agreement*, SLA] com métricas claras.

ENCONTRE PONTOS EM COMUM NOS DESALINHAMENTOS

A preferência do time de vendas seria que o marketing gastasse todo o seu orçamento e seus recursos apenas no fundo do funil de compra. No entanto, a tarefa do marketing é cobrir o funil de compra todo, desde a consciência da marca até o pós-venda. É difícil conseguir novos clientes se os profissionais de marketing não promoverem a consciência de produtos e serviços. No entanto, é muito difícil demonstrar de que maneira a consciência da marca "ajuda a vender". John Wanamaker, um competente comerciante que construiu uma das primeiras lojas de departamentos bem-sucedidas nos EUA no início da década de 1900, lamentava-se: "Metade do dinheiro que eu gasto em publicidade é desperdiçado; o problema é que eu não sei qual é essa metade". É verdade – é difícil associar diretamente a consciência das campanhas a um sólido retorno do investimento (ROI) ou mesmo ao crescimento de longo prazo.

Por exemplo: você seria capaz de associar uma compra que realizou hoje a um comercial ao qual ficou exposto ou a uma peça específica de conteúdo que consumiu on-line, digamos, há quatro ou seis meses atrás? Essa exposição era apenas parte de um mix de atividades e de pontos de contato que acabaram levando a uma compra. Conforme você se aproxima de finalizar a decisão, o conteúdo com o qual se engajou mais no momento da compra, como quadros comparativos, guias de compra e especificações de produto, provavelmente obterá a maior parte dos créditos. Como os tomadores de decisão nos negócios podem, equivocadamente, dar peso excessivo a essas peças de conteúdo do "fundo do funil", é fácil cair na armadilha da realocação de orçamento a algo que você é capaz de mensurar, e então reduzir o orçamento de campanhas baseadas na consciência de marca, que são mais difíceis de medir. Tenha em mente que, mesmo que Wanamaker não tivesse certeza sobre qual das metades do seu marketing funcionava melhor, ele ainda se comprometia a levar adiante suas campanhas com agressividade e consistência. Mas observe essa palavra-chave: consistência.

Com o marketing digital, há uma abundância de dados rastreáveis. O problema é que chegamos a um ponto em que ocorre uma saturação de dados e uma paralisia da análise. Existe uma tendência emergente de ir além do modelo do último clique [*last-click*] e acolher modelos de atribuição mais abrangentes, por exemplo, "não último clique" [*non-last click*] ou "declínio no tempo" [*time decay*]. Dê uma olhada, por exemplo, no *Attribution Modeling Overview* [Visão Geral da Modelagem da Atribuição], publicado pelo Google.[1] Até que esses modelos sejam amplamente adotados, continuaremos enfrentando os mesmos problemas – tentar identificar que metade do orçamento de marketing está funcionando e que metade não está.

Mesmo com novos modelos de atribuição, os resultados são bons apenas para um único ponto do tempo. Pense no seguinte: os anúncios no Facebook podem atrair mais tráfego para um site do que as campanhas de e-mail deste mês. No mês seguinte, pode acontecer o inverso, em razão de um convite à ação diferente, de um desconto ou de um conteúdo criativo que desperte maior interesse e engajamento. Precisamos otimizar constantemente nossa divulgação e nossa alocação de orçamento, mas isso dificulta atribuir um valor definitivo às porções do marketing empreendidas ao longo do tempo. Portanto, de volta à noção de Wanamaker: em razão da constante otimização, continuamos sem ter certeza sobre qual das metades do marketing não está funcionando.

A verdade é que o marketing terá que cuidar do funil de compra inteiro, enquanto vendas coloca foco no fundo do funil para qualificar *prospects* e converter oportunidades. É aqui que a tensão começa a aumentar. Será que o time de marketing deveria focar apenas em investir no fundo do funil para se alinhar ao time de vendas? Isso não vai e não deve acontecer. O que precisamos é encontrar pontos em comum dentro do desalinhamento. A oportunidade aqui é trazer certos elementos de vendas para as campanhas de marketing e criar uma mistura saudável de geração de *leads* num ambiente que também aumente a consciência de marca, permitindo que haja um alcance maior. Isso requer uma boa dose de *brainstorming*, planejamento e colaboração, e certamente é mais difícil de fazer do que simplesmente bombardear e-mails, colocar posts nas mídias sociais, escrever em blogs ou mesmo comprar palavras-chave.

Vejamos um bom exemplo de encontrar pontos em comum dentro de um desalinhamento de metas: quando Alana era diretora de marketing da Oracle, um programa interessante que ela conduziu consistia em um esforço integrado que incluía eventos patrocinados pelo *Wall Street Journal* e pelo Conselho do CMO [*Chief Marketing Officer*, ou diretor de marketing]. De modo geral, o pacote padrão de patrocínio do evento incluía *banners*, presença do logo no local do evento, talvez uma oportunidade de um discurso ou fala, inclusão de conteúdo dentro de um guia de programa e no site, um estande ou uma rápida apresentação de 15 minutos do produto. Tratava-se de uma divulgação de marketing mais do topo do funil. No entanto, esses elementos de patrocínio não seriam suficientes para gerar *leads* de alta qualidade para o time de vendas dela. O desafio de Alana era como achar os pontos em comum para propiciar não só consciência do topo do funil, mas também *leads* de qualidade. Além disso, o produto que a Oracle estava buscando promover, o Oracle CRM, era voltado tanto para times de venda quanto para times de marketing. O time de Alana decidiu que valia a pena construir uma ponte entre esses dois times, que eram assentados em silos. Assim, Alana trabalhou com a equipe do patrocínio para elaborar uma série de oficinas de um dia, em um punhado de cidades ao redor do mundo. Os participantes das oficinas tinham que incluir duas pessoas de vendas/marketing para cada organização – uma pessoa de vendas e outra de marketing juntando forças para aprender uma com a outra e compreender de que modo a tecnologia pode ajudar ambas as partes da organização de maneiras únicas.

As oficinas eram projetadas para entregar valor aos participantes; o conteúdo foi cuidadosamente preparado, instrutores com históricos de alta credibilidade foram selecionados a dedo. Foi dada especial atenção também ao ambiente de aprendizagem: todas as oficinas eram realizadas em universidades ou instituições acadêmicas, e não em hotéis ou centros de negócios. E embora a Oracle fosse um "patrocinador de peso", na realidade havia pouca infusão do Oracle CRM em qualquer parte do dia. Era imperativo que os participantes saíssem do evento sentindo que entendiam melhor suas contrapartes de vendas ou marketing e que podiam criar um vínculo melhor dentro da sua organização para futuro crescimento.

Claro que não se resumia a isso. O time de Alana digeriu todos os diálogos de cada sessão, extraindo insights a respeito de como ou por que pessoas de vendas e os profissionais de marketing empacavam em obstáculos. Tomaram nota das discussões a respeito dos desafios de lançar nova tecnologia ou de tomar decisões financeiras. Esses insights e comentários foram finalmente usados para produzir várias peças de conteúdo, e todas elas contribuíram para campanhas de anúncios maiores e mais abrangentes – o que trouxe ainda maior escala e alcance.

> Para criar um elemento de patrocínio customizado, como a oficina da Oracle, é preciso considerar uma série de passos cruciais:
>
> - Faça um *brainstorming* prévio e pense em alguma maneira única de agregar valor não só ao evento, mas também à sua empresa. Trata-se de criar um ganha-ganha.
>
> - Coordene com vendas e marketing a escolha de instrutores e facilitadores.
>
> - Trabalhe com vendas para convidar participantes de contas existentes e identificar outros *prospects*.
>
> - Colabore com o treinamento e com outros membros do time para criar o conteúdo da oficina.
>
> - Elabore material promocional para uso dos patrocinadores e gestores do evento (pode ser em diferentes formatos).
>
> - Prepare os apresentadores com material e forneça apoio no local.
>
> - Junte e analise feedbacks e insights para futuro planejamento editorial e de conteúdo.
>
> - Faça um acompanhamento pós-evento compartilhando o conteúdo por meio de campanhas de marketing para gerar *leads* adicionais.

É multifacetado e complexo e, no entanto, satisfaz as necessidades tanto de marketing quanto de vendas, e oferece vários benefícios importantes:

- Os eventos propiciaram *leads* quentes a partir de um profissional de marketing e de uma pessoa de vendas que acabaram de formar uma parceria maior dentro da própria organização.

- O conteúdo produzido a partir das oficinas tornou-se conteúdo perene que pode ser utilizado e distribuído para gerar *leads* pelos próximos seis a doze meses.

▸ O patrocínio e a promoção provenientes do WSJ e do Conselho CMO não só propiciaram cobertura de mídia e consciência, mas também validação do conteúdo por terceiros.

Esse patrocínio poderia facilmente ter sido apenas um marketing baseado em consciência, mas a Oracle encontrou uma maneira de criar um novo ângulo, de modo que vendas pudesse participar, e, ao mesmo tempo, de transformar *leads* em *leads* quentes ou até em potenciais *prospects*. Você não precisa fazer isso em todos os patrocínios, mas é útil identificar dois ou três patrocínios de alto desempenho e fazer um *brainstorming* para encontrar ideias interessantes ou criativas que abram portas para a participação do time de vendas, mas que não sejam orientadas demais a vendas.

Esse tipo de patrocínio customizado não é fácil de escalar, especialmente se você se dispõe a fazê-lo direito. Ele também cria trabalho adicional para gestores de marketing. Em geral, o marketing preferiria assumir o pacote padrão de patrocínio por ser fácil e escalável. Gestores de eventos que lidam com mais de dez eventos por ano precisam trabalhar de modo rápido e eficiente. Assim que um evento termina, precisam passar logo para o seguinte. Esse tipo de esforço de customização acrescenta um monte de trabalho para gestores de marketing que já costumam estar com sobrecarga de trabalho e estressados.

FOQUE AS PRIORIDADES EM COMUM

Embora vendas e marketing precisem cumprir os mesmos objetivos de negócios, é provável que suas abordagens para alcançá-los sejam muito diferentes. Portanto, eles têm as próprias prioridades para o ano. Times de venda podem identificar novas contas-alvo, otimizar processos de vendas, implementar novas ferramentas ou acelerar ciclos de vendas. Times de marketing podem focar em lançamentos de produtos, renovação de site, *upgrades* na automação de marketing, e assim por diante. Nós duas acreditamos que alinhar prioridades é outra maneira crucial de construir um relacionamento forte entre vendas e marketing. O alinhamento de prioridades também irá guiar e reduzir a disparidade no orçamento, nos recursos e nos conjuntos de habilidades, e corrigir problemas de desalinhamento de metas. Lembre-se de que você não precisa estar alinhado em todas as prioridades. Sugiro que se concentre em duas ou três prioridades nas quais vendas e marketing possam trabalhar juntos. Por exemplo: a integração *back-end* [de processos internos] da automação de marketing e do CRM, para melhorar a qualidade dos dados e dos *dashboards*, visando verticais e *personas* específicas coletivamente, algo tão simples como concordar em abrigar um número específico de eventos de clientes.

O Google é famoso não só por seu motor de busca, mas também pelo G-suite, Gmail, Google Maps, Google Trends, YouTube, carros autônomos e muito mais. Aí vai um toque de ironia: por mais que o Google crie vários produtos para melhorar nossa experiência digital e on-line, seus times de venda e marketing ainda acreditam que os eventos presenciais são a melhor maneira de criar *leads*, converter *prospects* e propiciar crescimento ao negócio. Mas a estratégia de eventos do Google não valida uma abordagem de marketing restrita a eventos. Deve-se ter em mente que o Google alcança seus públicos-alvo por meio de uma divulgação integrada, que combina tanto mídia on-line quanto off-line. Quando você consegue fazer as pessoas comparecerem aos seus eventos, tem a oportunidade de mostrar a magia; de compartilhar o que é capaz de oferecer e de deleitar seu público com sua marca. Dá a vendas um local físico para socializar, ampliar sua rede [*network*], compartilhar e compreender as necessidades das pessoas que comparecem (potenciais clientes). Não admira que a Amazon, apesar de ser tão grande on-line, tenha começado a abrir pontos físicos. É a mesma abordagem: se compradores entram numa loja da Amazon, há uma boa chance de que comprem alguma coisa.

A seguir, mais dois exemplos do tempo de Alana no Google. Ela e seu time de vendas priorizavam eventos que fossem iniciativas conjuntas, a fim de construir consciência e aumentar *prospects* e *leads*:

> **Eventos de clientes:** O Google Partners Accelerate fez sua estreia na sede europeia do Google em Dublin em 2014, e desde então tem ficado cada vez maior e melhor a cada ano.[2] Esse evento de dois dias foi projetado para 300 parceiros, para apresentação de novos recursos de produtos, educando-os sobre técnicas especializadas e tendências

do setor e, mais importante, oferecendo uma oportunidade de *network* para todos. Foi uma chance para o Google construir conexões mais fortes com clientes importantes, aprender mais mutuamente, e criar um pouco de empolgação a respeito de futuras inovações. Os times de venda estiveram envolvidos, já que *prospects* e clientes importantes foram convidados. Os times de venda ficaram responsáveis por assegurar o bem-estar de seus clientes, e tinham como dever fazer um acompanhamento dos clientes imediatamente após. Enquanto o conteúdo mostrado no palco era projetado para mostrar como os produtos Google podiam ser úteis para crescimento e saúde geral dos seus negócios, os times fizeram o possível para garantir que todas as sessões fossem focadas em educação e aprendizagem, e não em qualquer coisa que pudesse ser sentida como um *pitch* de vendas. Afinal, tratava-se de reunir as pessoas certas no local, oferecer bom conteúdo e alimento para debates, e criar um espaço para ajudar parcerias a crescer. Tudo isso, em última instância, ajuda a aumentar o valor do tempo de vida do negócio, a encontrar oportunidades de vendas *cross-sell* e *upsell*, e gera grandes indicações de clientes.

> **Eventos de prospecção:** Oficinas ou treinamento que ocupem metade de um dia são uma ótima maneira de educar e de estabelecer credibilidade, especialmente hoje em dia, quando a tecnologia se move mais rápido do que a maioria consegue acompanhar. Isso oferece uma oportunidade de aprender, de ver uma apresentação prática do produto e de poder fazer perguntas a especialistas, o que ajuda a desenvolver confiança e uma apreciação mais profunda pela marca e produto. Por exemplo, muitas empresas têm alguma noção do quanto os vídeos podem ser poderosos para fortalecer suas marcas, mas é difícil saber o quê e como produzi-los. As oficinas ajudam os clientes a fazer um *brainstorming* de ideias específicas sobre os tipos de conteúdo de vídeo que poderiam funcionar para uma determinada marca, e também ajudam a entender a nova tecnologia capaz de produzir vídeos rapidamente – sem necessidade de recorrer a uma agência ou empresa de produção. *Prospects* podem sair de tais oficinas com ideias dos próximos passos a seguir, com conhecimento prático das ferramentas e estratégias; e, por sua vez, o time de vendas do

YouTube pode fazer melhores conexões com *prospects* e falar com eles usando uma linguagem comum. Eventos desse tipo são na verdade *sales enablement*, pois ajudam a educar os *prospects* em um nível que permite uma discussão maior a respeito de crescimento de negócios.

Usar eventos para fomentar *prospects* não é nenhuma novidade. Você pode ver táticas similares em outras empresas de tecnologia como IBM, Microsoft, eBay, Salesforce.com, LinkedIn e Amazon. *Startups* bem estabelecidas como Airbnb, Shopify e outros estão usando também a mesma tática para fazer *network* com clientes existentes e alcançar potenciais *leads*. A chave é fazer disso uma prioridade *conjunta* entre vendas e marketing.

Mike Weir, diretor de vertical para o setor de tecnologia do LinkedIn, contou-me que o LinkedIn tem uma série de eventos de "conexão", como conexão financeira, conexão de vendas, conexão de talentos, até de conexão executiva. Esses eventos da série conexão são imperativos para vendas e marketing. O marketing trabalha em tema, local, logística, elementos do evento e conteúdo, para assegurar uma grande experiência presencial. O time de vendas dá feedbacks sobre as direções gerais do evento e a lista de convidados a participar. O recrutamento de pessoas para participarem do evento é uma responsabilidade conjunta de vendas e marketing. Para um grande evento, o marketing fica concentrado em esforços baseados em consciência e em esforços de aquisição de base ampla, enquanto o pessoal de vendas se concentra em convidar clientes específicos e *prospects*. Para eventos de conexão para altos executivos, times de venda e de marketing indicam os nomes e o executivo de vendas dá suas sugestões na lista final.

Quem desenvolve o conteúdo para eventos e oficinas? Isso pode variar – mas, de novo, a questão principal é haver colaboração. Nesses dois cenários, a maior parte do conteúdo foi criado pelo marketing e pelo time de *sales enablement*. Vendas cuida de trabalhar diligentemente em todos os esforços de acompanhamento e de coordenar o pós-evento com o marketing. Todo mundo investe algo no assunto; todos os times se alinharam nessa iniciativa conjunta. Cada um assumiu o controle das áreas que iriam produzir maior impacto em seus resultados.

Criar uma oportunidade de patrocínio customizado para que o marketing trabalhe de perto com o time de vendas (como no patrocínio da Oracle com o *Wall Street Journal*) e de planejamento conjunto de evento (Google's Partner Accelerate) são apenas dois exemplos de como encontrar pontos em comum dentro dos desalinhamentos. Mas não para por aqui. Outra maneira de encontrar uma prioridade conjunta é alinhar vendas e marketing para visar *prospects* estratégicos, o que permite formar uma parceria entre vendas e marketing baseada em conta. Vendas identifica as contas-chave que quer adquirir. Marketing cria campanhas com alvo específico e personalizadas, direcionando-as a essas contas. O marketing também trabalha com vendas para criar conteúdo e propostas de valor personalizadas com base em firmográficos e tecnográficos de contas. Dados firmográficos referem-se a atributos a respeito da empresa, enquanto os tecnográficos relacionam-se com a tecnologia e o ambiente organizacional das potenciais contas. Conquistar contas é a meta comum.

ESTABELEÇA UM ACORDO DE NÍVEL DE SERVIÇO COM MÉTRICAS CLARAS

A Hubspot publica a *State of the Inbound*, um questionário anual dos últimos desafios de vendas e marketing que os negócios estão enfrentando. Em 2017, a *State of the Inbound* entrevistou 6.399 profissionais em 141 países. E uma das principais perguntas era: "Como você definiria o relacionamento entre vendas e marketing de sua empresa?". A resposta mostrou que 44% dos respondentes indicaram que vendas e marketing estão *geralmente* alinhados, enquanto apenas 22% indicaram que estão *firmemente* alinhados. A definição de firmemente alinhados sugere que há um SLA [acordo de nível de serviço] formal estabelecido entre os dois grupos. Um SLA é uma documentação (isto é, um contrato) entre vendas e marketing para identificar papéis e responsabilidades, assim como compromissos entregáveis dentro de certo prazo. Para assegurar que o apoio a vendas está no radar do marketing e vice-versa, é essencial montar um SLA. Ambas as partes precisam estar de acordo quanto ao que cada uma irá entregar e quando. Em alguns casos, é necessário indicar não só iniciativas e entregáveis, mas também as medidas do sucesso. Defina primeiro as expectativas e comunique-as claramente a todas as partes.

Uma nota interessante: o questionário *State of the Inbound* de 2017 também descobriu que, entre as empresas com alinhamento vendas/

marketing tenso e com um SLA, os times de venda consideravam que os *leads* fornecidos pelo marketing eram melhores que os fornecidos por vendas. Quando vendas e marketing trabalham em proximidade estreita, a qualidade dos *leads* de marketing melhora.

Há situações em que você precisará trabalhar fora da alçada desse contrato. Por exemplo, se as vendas de uma empresa estão em declínio e a posição é precária, essa empresa pode se voltar para o marketing para ver que novas táticas podem ser empregadas. O marketing deve apoiar essa requisição mesmo que esteja fora do SLA. Situações difíceis pedem ajustes de todo mundo, e o marketing talvez precise lançar uma campanha de última hora, remanejar orçamento para conquistar uma conta específica, ou implementar um plano tático inesperado.

O marketing possui os dados para compreender as perspectivas gerais da empresa. Pode haver situações em que você terá que jogar o SLA pela janela e fazer as mudanças necessárias no marketing para apoiar vendas, quando a receita não estiver indo na direção certa. Tanto vendas quanto marketing nesse caso trabalham juntos para fechar o tipo certo de negócios alinhados aos objetivos da empresa.

◢ Exemplo de SLA: acordo na definição de *leads*

Pergunte a qualquer pessoa de vendas qual é a solicitação número um que ela faz ao marketing. Todos os times de venda lhe dirão: é que o marketing forneça *leads* de alta qualidade. *Leads* de qualidade sempre foram um tópico controverso e que sempre contribuiu muito para a constante batalha entre marketing e vendas. É importante que os dois times definam o que é um *lead* de vendas de alta qualidade.

> **LEMBRE-SE**
>
> Os benefícios de um *lead* de vendas de alta qualidade claramente definido são:
>
> ▶ Evitar confusão entre os times de venda e de marketing;

- Orientar a estratégia e a execução da geração de demanda do marketing;
- Estabelecer uma compreensão comum das características do *lead*;
- Impulsionar a integração de ferramentas entre vendas e marketing;
- Unificar *dashboards* e relatórios.

William Wickey, diretor de conteúdo e estratégia de mídia da LeadGenius, explica que seus times de marketing e de vendas entram em acordo quanto aos diferentes estágios dos *leads*. Isso assegura que não haja discussão sobre como mover os *leads* ao longo do funil:

Leads pré-qualificados:	*Leads* de entrada e de saída que se encaixam no perfil ideal de cliente [*Ideal Customer Profile*, ICP]
Lead qualificado pelo marketing [*Marketing Qualified Lead*, MQL]:	Pré-qualificado + solicita demo ("levantadores de mão")
Lead aceito por vendas [*Sales Accepted Lead*, SAL]:	Os critérios do MQL são validados por representantes de vendas
Prospect:	SAL + avaliação de ICP concluída (processo de qualificação específico da LeadGenius. Equivalente ao SQL)
Demo agendada:	O *prospect* concorda com uma demo
Avaliação:	O *prospect* concluiu a demo
Proposta:	O *prospect* recebeu o contrato
Comprometido:	O *prospect* assinou contrato e recebeu o link
Fechamento:	O cliente pagou

As definições do *lead* são simples, claras e baseadas em ações. Portanto, algo tão objetivo como clicar um botão "Solicite uma demo" no seu site pode ser usado para rastrear o número de *leads* qualificados pelo marketing [*Marketing Qualified Leads*, MQLs]. Para definir os *leads*, Wickey enfatiza que o marketing precisa compreender os processos de vendas, o que faz eco à minha opinião em "Pré-requisitos para profissionais de marketing apoiarem vendas". Depois, o marketing pode trabalhar retroativamente para chegar a metas de *lead* e a projeções de orçamento mais precisas. Obviamente, o time de vendas também tem as próprias metas de *leads* em mente. A partir daí, vendas e marketing podem se reunir para aparar arestas e chegar a um SLA.

A LeadGenius oferece outra prática valiosa: o SLA não deve ser apenas um documento estático sobre papéis e responsabilidades – um acordo conjunto quanto a metas e definições de *leads*. Também é importante que esse SLA em última instância corresponda a campos e dados em seu sistema de automação de marketing [*Marketing Automation System*, MAS] ou CRM.

A fase seguinte é definir um painel de relatório compartilhado. Você precisa desenvolver um painel de alta visibilidade e fácil acesso que rastreie todos os KPIs compartilhados. Você não quer confusão ou discordâncias ao se reportar futuramente. Com muita frequência, o marketing e os times de venda concordam quanto às métricas, mas acabam depois descobrindo que estão, sem querer, "mantendo dois conjuntos de registros". Por exemplo, o marketing pode rastrear novos *leads* na Marketo e depois sincronizá-los com a Salesforce.com, onde vendas poderá usá-los. Se o time de marketing descobre que o estágio de atividade do *lead* não está sendo alimentado de volta para a Marketo do jeito certo e distorcendo seus números, um *dashboard* compartilhado e relatórios feitos de comum acordo desde o início podem mitigar isso.

William sugere levar em conta vários critérios para definir um *lead* de alta qualidade:

FIGURA 3.1

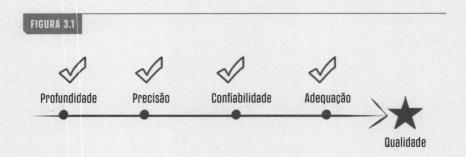

> **Profundidade:** Um *lead* não é um dado isolado. Não é um nome ou número de telefone. É um conjunto de informações relevantes, incluindo demografia, firmografia, sinalizações de compra, informações de contato e atividade qualificada, como um formulário on-line de adesão.

> **Precisão:** É importante revisar dados adquiridos por meio do processo de geração de *leads* para ter certeza de que a informação é precisa e aplicável. A verificação dos dados permite que seu time de vendas aloque tempo e recursos para *prospects* que têm a probabilidade mais alta de serem receptivos à sua mensagem.

> **Confiabilidade:** Trata-se do processo de colher feedbacks de vendas para melhorar a qualidade dos *leads*. Informações precisas não permanecem assim por muito tempo. Funcionários são contratados e despedidos. Empresas passam por fusões e aquisições. "Alguns setores têm uma taxa de evasão de contatos de até 6,5% ao mês. Isso significa que ao final de um ano metade dos contatos em seu CRM podem ser imprecisos."

> **Adequação:** Essa é uma discussão de qualidade versus quantidade. O marketing é pressionado a acumular MQLs que tenham indicado interesse em seus produtos ou serviços, mas que não estavam prontos para um contato de vendas ou para comprar. Um alto volume de *leads* não equivale a mais negócios. Alcançar a meta de MQLs não significa que o time de vendas vai ficar feliz. É importante se concentrar na taxa de conversões. Por exemplo: é melhor ter cinquenta MQLs que gerem dez vendas do que uma centena de MQLs que gerem cinco vendas.[3]

> Embora o marketing tenha uma meta de MQLs, a qualidade é importante.

Definições de *lead* e processos de vendas variam conforme a empresa, com base em setor, produtos, porte da empresa, compradores visados etc. A chave está na consistência no rastreamento, nas definições de funil de vendas e nos cálculos de conversão. Com isso no lugar, você pode efetivamente lidar com *leads* e prever taxas de fechamento de negócios. Uma clara definição dos estágios do ciclo de vida das vendas é crucial para movimentar os *leads* de modo fluente pelo funil de compras e obter bons fluxos de trabalho.

> **LEMBRE-SE**
>
> Esse é o processo que você pode seguir para lidar com definições de *leads* e metas de *leads* com o seu time de vendas:
>
> - Compreender o processo de vendas;
> - Ter acordo quanto às definições de *lead* nos diferentes estágios do processo de vendas;
> - Ter acordo quanto às metas de *leads* e ao orçamento;
> - Estabelecer um SLA;
> - Ligar o SLA a dados e campos de MAS e CRM;
> - Definir painéis conjuntos (ter acordo quanto às fontes de dados).

MARKETING E VENDAS TRABALHANDO JUNTOS PARA MELHORAR O PROCESSO COM OS *LEADS*

Além da discussão sobre a qualidade do *lead*, outro ponto controverso é como medir com precisão o impacto da geração de *leads*. A geração de *leads* exerce impacto quer o pessoal de vendas siga os *leads* de marketing, quer não. E, se eles seguem, será que o marketing consegue associar o contrato assinado aos seus *leads*? Por exemplo, quando Alana era diretora de publicidade na Oracle, o time dela apoiava uma grande organização global de vendas e tinha o desafio de compreender um complexo ecossistema ou roteamento e acompanhamento de *leads*, assim como assegurar que seu time medisse o sucesso de seus esforços de geração de *leads*.

O time de marketing dela não era explicitamente responsável por demonstrar que aquilo que estivesse documentado no papel fosse convertido diretamente em novos clientes líquidos, mas ela, sim, era responsável por demonstrar o impacto dos seus esforços. Milhões de dólares foram gastos em distribuição de conteúdo, com o propósito de gerar um grande volume de *leads* de alta qualidade para vendas, e era imperativo que ela soubesse se esses dólares estavam tendo ou não um impacto positivo no negócio.

Ela buscou garantir que o processo de prospecção e passagem de bastão fosse suave: os métodos de distribuição de conteúdo eram expansivos e eficientes, os ativos eram claramente rotulados, as páginas de destino eram etiquetadas, formulários de registro estavam disponíveis de várias formas em vários formatos em diversos tipos de dispositivos e era fácil identificar que conteúdo e esforços de distribuição produziam o maior número de *leads*. A quantidade não era um problema em si.

A qualidade, porém, era um mistério. Em razão da complexidade da infraestrutura de rastreamento dos *leads*, o time de marketing dela só conseguia avaliar a qualidade pela precisão das informações que vinham por meio do formulário de registro. Em outras palavras, o time dela validava formulários de registro que contivessem nomes completos, organizações de negócios, endereços de e-mail de empresas e outras informações de contato. Essa era a medição de qualidade mais exata que o time conseguia realizar. Mas essa validação não era suficiente para entregar o ROI ou a qualidade dos *leads*. Sem um meio efetivo de reportar a qualidade e a taxa de *deals* ou conversões ["negócios fechados"], ela corria o risco de que os dólares do marketing fossem redirecionados a outros programas.

Essa é uma situação extremamente comum. O marketing batalha para medir o impacto e então líderes de alto escalão tomam a decisão de conter a escalada de esforços, e os orçamentos ficam restritos apenas àquelas situações em que uma clara taxa de conversão pode ser medida ou então para esforços qualitativos "sem os quais vendas não consegue viver". Alana encarou o desafio de frente. Explicou suas necessidades ao time de vendas, iniciou um diálogo, estabeleceu relacionamentos e construiu um processo para medir *leads* mais fundo no funil e otimizar os esforços dela em direção a uma melhor definição de qualidade.

Quando vendas e marketing começaram a conversar, descobriram que havia lacunas nas comunicações e processos. Por exemplo, ela educou suas contrapartes de vendas sobre como identificar melhor os *leads* de marketing em relação a outros *leads* no banco de dados, usando meios específicos de etiquetar e rotular. Também convocou vários gestores de vendas para ajudá-la a difundir conhecimento sobre *leads* de marketing para o resto da organização de vendas. Isso tornou as pessoas de vendas mais capazes de identificar um *lead* de marketing e fazer seu acompanhamento. Como ela sabia que os *leads* estavam sendo trabalhados, ficou mais fácil fazer o acompanhamento e obter feedbacks de vendas em relação à qualidade desses *leads*. Com esses feedbacks, ela conseguiu medir a qualidade dos seus *leads* e rastrear as conversões ao longo do tempo.

Não foi fácil. Levou meses de trabalho com os líderes e representantes de vendas para entender exatamente que partes do processo estavam falhas. Não há passe de mágica – simplesmente uma revisão abrangente feita pelas duas partes e a formulação de várias "perguntas idiotas" que precisam ser examinadas a fim de encontrar as melhores maneiras de avançar. De novo, isso exige um comprometimento de ambas as partes e um ambiente de confiança que permita um diálogo franco e aberto.

Alana reconhece que foi preciso muito trabalho manual, especialmente quando os sistemas não conversavam entre si. Mesmo quando os sistemas estavam conectados, vendas podia não ter atualizado as informações no CRM, e ela então ainda precisaria falar com pessoas de vendas individualmente para obter as atualizações.

A não ser que as ferramentas e processos sejam mantidos atualizados, provar o impacto da geração de *leads* como análise de dados requer trabalho, tempo e esforço. Ao mesmo tempo, existe também um efeito de defasagem do *lead*. Por exemplo: e se um ótimo *lead* expressou forte interesse em conversar com o time de vendas (este *lead* pode ser contado em termos de quantidade), mas, pelo fato de levar um bom tempo para fechar alguma venda com ele, a avaliação da qualidade do *lead* só foi possível bem mais adiante? Esse efeito de defasagem junta-se aos desafios de provar o ROI da geração de *leads*.

Ao conversar com Alana, criei um processo que você pode seguir para corrigir o processo de *leads*:

- Crie conteúdo relevante com uma interface de usuário fluente e um formulário de registro responsivo.

- Valide as informações de contato do *lead*.

- Confirme que os processos de marketing têm bom *fit* com vendas e com os processos de roteamento dos *leads*.

- Rotule e/ou etiquete tudo claramente (algumas ferramentas de automação de marketing têm uma inteligência incorporada, portanto, você talvez não precise fazer uma rotulagem e etiquetagem manual).

- Eduque vendas sobre como usar seus *leads* de marketing com eficácia.

- Convoque os gestores de vendas para divulgarem a notícia.

- Use CRM para monitorar atividade e fazer o acompanhamento com vendas.

- Quantifique os resultados da taxa de conversão.

SOLICITE FEEDBACKS E COMENTÁRIOS DO PESSOAL DE VENDAS

O melhor método para de fato obter feedbacks é simplesmente se colocar sempre no lugar deles. O marketing pode acompanhar de perto uma pessoa de vendas para obter uma visão focada de como é um dia na vida de um representante – para ver em primeira mão como um representante se engaja com os clientes, onde ele se encontra com seus *leads* e como lida com eles, como comunica os benefícios e o valor do produto e como lida com objeções difíceis. Profissionais de marketing devem acompanhar tanto membros altamente talentosos do time de vendas como outros menos experientes para ver as ferramentas que cada representante utiliza. Isso dá aos profissionais de marketing um insight valioso sobre a realidade do negócio. Embora essa atitude possa parecer invasiva, se o representante de vendas compreender as razões por trás desse acompanhamento tão próximo e confiar nos motivos por trás desse processo de coleta de feedbacks ficará aberto a compartilhar ainda mais dores.

Se essa abordagem não parecer factível, ou se houver o desejo de obter mais dados, vendas pode fornecer feedbacks ao marketing por meio de questionários ou grupos de foco – tudo isso com a colaboração do marketing desde o primeiro momento. É importante ressaltar o seguinte: há o risco de que vendas simplesmente peça mais eventos, mais *leads* e mais apoio para apresentações. Esses pedidos não devem ser menosprezados, mas são pedidos de curto prazo e não expõem as verdadeiras áreas de futura parceria para os esforços de *sales enablement*.

Algumas perguntas adequadas para questionários ou grupos de foco:

- Quais foram os últimos cinco *pitches* de vendas que você fez?

- Quais foram as cinco principais perguntas que lhe foram feitas a respeito dos principais concorrentes?

- Como você se atualiza em relação às ofertas de produtos da empresa?

- Onde você encontra e rastreia oportunidades de alto potencial (em seguida: como você sabe se uma oportunidade tem alto potencial)?

- Quantas interações você tem com um cliente antes de fechar um negócio?

- Quando você não conseguiu fechar um negócio, quais foram as razões?

- É fácil explicar seus produtos a um *prospect*? Que referências ou material você utiliza para ajudar nisso?

Esses feedbacks dão ao marketing uma compreensão de:

- O quanto seus representantes conhecem bem o produto.

- Quais modelos de *pitches* e estratégias funcionam melhor.

- De que maneira os representantes comunicam o valor da oferta, especialmente em comparação com a concorrência.

- Quanto tempo os representantes gastam em buscar, etiquetar, atualizar e dispensar *leads*.

- Se os representantes gastam ou não algum tempo elaborando mensagens externas ou outros elementos colaterais.

As respostas a essas perguntas esclarecem todas as diferentes táticas e estratégias que o marketing pode implantar. Comentários como "os *leads* do marketing são um lixo" ou "o marketing precisa pagar por mais eventos" ou "os representantes de vendas estão apanhando da concorrência" não são construtivas no sentido de fazer melhorar o relacionamento. O melhor é receber feedbacks específicos relacionados a processos, ferramentas, comunicações, conteúdo, conjuntos de habilidades ou estruturas de organização. Isso dá ao marketing ideias a respeito das necessidades que podem ser mais bem atendidas. Um feedback só é útil se quem o recebe consegue identificar com clareza áreas realistas a serem melhoradas.

É UM GRANDE NEGÓCIO DAR SUPORTE AO PESSOAL DE VENDAS

Você notou que há uma tendência neste capítulo? Sim, apoiar vendas como profissional de marketing é um trabalho difícil, e é ainda mais difícil fazê-lo do jeito certo. Na Oracle, os esforços para encontrar uma maneira de customizar uma oportunidade de patrocínio que transformasse *leads* em potenciais clientes durante um *workshop* de um dia foi um ótimo exemplo da quantidade de trabalho exigida para capacitar vendas de modo adequado. Também houve tremendo esforço para alinhar prioridades ao se planejar um evento que criasse uma experiência fluente e incentivasse clientes e parceiros a fazerem *network*.

A questão central não é o que fazer. Acredito que os profissionais de marketing, em geral, sabem o que precisa ser feito. Não se trata de fazer a coisa certa, trata-se de fazer as coisas do jeito certo, e isso exige tempo e esforço. Vendas precisa encontrar o marketing na metade do caminho para apoiar seus esforços.

Os profissionais de marketing entendem que as pessoas de vendas são aliadas e por essa razão querem provar a elas seu valor. Para isso, profissionais de marketing precisam buscar outras maneiras de ficar próximos dos times de venda e de suas atividades. Mas só isso não basta. Os times de venda devem dar aos times de marketing feedbacks e contribuições. Precisam fazer mais do que apenas "obter algo" das estratégias – também precisam retribuir. Trata-se de trabalhar junto para se engajar, comunicar e otimizar. É uma questão de "ajude-me a ajudar você".

Em seu livro *Achieve Sales Excellence*, Howard Stevens apresentou as Sete Regras dos Clientes: "Você deve ser responsável pessoalmente por nossos resultados".[4] No final das contas, não se trata de vendas ou marketing. Trata-se de assumir responsabilidade por "servir os clientes" pessoalmente. A principal preocupação do pessoal de vendas, diz Stevens, "é que o cliente consiga as melhores soluções, os resultados que eles esperam e pelos quais pagaram". Isso me lembra de minhas experiências na loja da Apple e na Nordstrom. Os vendedores assumem suas responsabilidades pessoalmente. Essa é a mentalidade necessária para trabalhar de forma eficaz com o time de vendas.

O QUE VOCÊ PODE FAZER

❶ Liste três possíveis iniciativas que você poderia promover para descobrir "pontos em comum no desalinhamento".

❷ Acompanhe seu pessoal de vendas durante um dia inteiro ou leve-os para almoçar ou tomar um café e procure conhecê-los melhor.

❸ Comece a conversar sobre:

➤ A definição de *lead* de vendas de alta qualidade;

➤ O ROI da geração de *leads*;

➤ Qualquer coisa sobre a qual você queira conversar com seu time de vendas – o assunto não é o mais importante, mas sim ter uma conversa fluente.

REFERÊNCIAS

[1] Google. Attribution modeling overview. https://support.google.com/analytics/answer/1662518?hl=en.

[2] Ver o vídeo geral de Google Partners Accelerate. https://youtu.be/d3s-Qqs8-bU.

[3] William Wickey. The 4 pillars of lead quality: What is a high quality sales lead? Mobile Marketing Match, 14 de agosto de 2016. https://mobilemarketingwatch.com/the-4-pillars-of-lead-quality-what-is-a-high-quality-sales-lead-66360.

[4] Bill Hart. 7 rules your customers expect you to follow. 28 de setembro de 2017. http://info.billhartbizgrowth.com/7-rules-of-the-customer.

CAPÍTULO 4

Branding e *messaging* também se aplicam a vendas

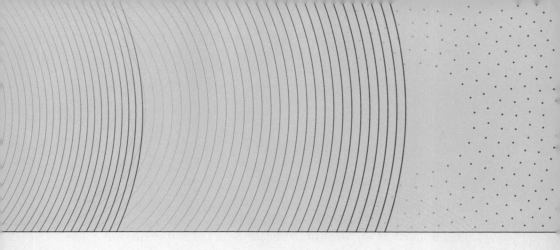

> *Uma marca é um resultado, não uma tática.*
> Lucas Conley, Fast Company

> Branding *é a arte de alinhar o que você quer que as pessoas pensem a respeito de sua empresa àquilo que as pessoas de fato pensam dela. E vice-versa.*
> Jay Baer, autor de *Talk Triggers*

Quando comecei no marketing há vários anos, meu gestor na época comentou que a mesma mensagem precisa ser enviada aos clientes pelo menos sete vezes até se fixar. Em marketing, o *messaging*, isto é, a comunicação por mensagens, refere-se a como articulamos nossa marca e o posicionamento do produto no mercado. Posicionamento refere-se ao motivo pelo qual os clientes devem usar nossos produtos em vez dos da concorrência, e àquilo que nosso produto promete. *Messaging* é o que devemos dizer a respeito de nossa empresa, marca e produtos. O *messaging* de marketing fornece direção aos criadores de conteúdo para a elaboração de textos, de modo que pontos de conversa similar possam ser usados de modo consistente nos diferentes canais, enquanto a marca oferece os *guardrails* a respeito do aspecto geral de como ela é vista e sentida. Para uma marca se fixar na mente do *prospect*, a chave é a consistência.

Meu marido, Michael, tem uma discoteca imensa. Ele ouve diferentes gêneros, desde música erudita, ópera, jazz e rock a música underground e alternativa. Também está em dia com o hip-hop porque nossos filhos muitas vezes compartilham suas *playlists* conosco. Mesmo quando ouve uma canção ou peça de música clássica que não conhece, costuma identificar corretamente o cantor, a banda ou o compositor. Mesmo quando erra em alguma identificação, sabe explicar por que achou que fosse como imaginou. Ele explica que todo cantor ou compositor tem certo estilo. Se você ouvir com atenção, saberá detectar que há uma consistência na maneira pela qual a maioria dos artistas usa suas técnicas ou recursos favoritos.

Embora eu não tenha um conhecimento tão amplo quanto o dele, nem um ouvido treinado para perceber as distinções entre os vários estilos de canto ou técnicas de composição, entendo bem o que ele diz sobre a consistência dos estilos. Era esse exatamente o ponto que meu primeiro gestor de marketing sustentava. Manter um *messaging* consistente para uma marca por longo tempo aumenta a consciência dela e pode render dividendos quando um potencial cliente tem uma necessidade relevante. Para usar outra metáfora, o marketing é como a jardinagem. Você precisa cultivar *leads*, e, mesmo que sempre dedique a eles alguma atenção, uns irão murchar, enquanto outros amadurecem e podem ser colhidos e encaminhados a vendas. Você precisa ser consistente em todo o espectro de atividades de marketing e vendas relacionados à marca, desde o cuidado com a edição final dos textos, a criatividade, o alcance e a frequência dos engajamentos de vendas. Afinal, vendas e marketing são um processo contínuo que precisa ser bem planejado e adequadamente entregue para ser eficaz.

CONSISTÊNCIA É A CHAVE

Consistência não quer dizer comunicar a mesma coisa em todos os canais todos os dias. Como marca, você pode comunicar diferentes tópicos e usar diferentes leiautes criativos, mas certos designs ou regras de comunicação devem permanecer intactos, de modo que seus clientes instantaneamente façam a associação com a sua marca ao verem seus anúncios ou mensagens de marketing. Esse diferencial único pode ser transmitido de diferentes maneiras: por meio de *taglines*, porta-vozes, logos, cores, sons, slogans, imagens, tons e modos, ou uma combinação disso tudo.

Quando assisto aos primeiros cinco segundos de um comercial de TV, há marcas que logo me vêm à mente. O DNA da marca ou seu estilo de comunicação fica gravado bem fundo no desenvolvimento e na criatividade das mensagens. Eu sempre sei dizer quando um comercial de TV é da Target. Ela é uma das maiores lojas de varejo popular dos Estados Unidos. O logo deles é um alvo em vermelho-vivo e branco, com três círculos. Eles costumam exibir o logo apenas no final dos comerciais, mas lançam mão de recursos criativos para usar a forma do alvo como um adereço ou como parte da história contada. E as cores vermelho e branco têm sempre destaque. Os espectadores conseguem facilmente captar dicas sutis de que estão assistindo a um comercial da Target. Outro bom exemplo é a Apple. Os comerciais dela não só seguem rigorosamente as linhas gerais de estilo, como o material de comarketing de vários provedores de telecomunicações mantêm as mesmas qualidades, portanto, são também rapidamente reconhecíveis como "da Apple". Mesmo com conteúdo novo de seus parceiros, sou capaz de identificar a marca com base nessa sutil consistência de estilo à qual meu marido se referia. Tenho certeza de que você é capaz de nomear várias marcas que têm essa aparência e passam essa sensação única em seus comerciais de TV ou cujos materiais de marketing sempre trazem a marca deles imediatamente à sua consciência. Releia as citações de Conley e Baer no início deste capítulo: a maneira pela qual essas empresas executam suas estratégias de marca comunica de modo claro e vívido quem elas são, pelo caráter distinto de suas marcas em personalidade e estilo.

Consistência também quer dizer que você precisa estar presente regularmente. Não é que você tenha que estar em todos os canais de marketing o tempo todo. Alguns canais exigem presença constante, outros não. Se você posta no blog uma vez por semana, então poste uma vez por semana. Se você se compromete a colocar conteúdo nos canais de mídias sociais duas a cinco vezes por semana, então faça esse esforço de publicar de duas a cinco vezes por semana. Lançamentos de produtos, campanhas pagas ou patrocinadas não acontecem com ritmo cadenciado, mas os destaques e as chamadas desses esforços podem certamente fazer parte de uma divulgação consistente por blogs ou mídias sociais.

Entretanto, é importante também que a quantidade não supere sua capacidade de entregar conteúdo relevante com qualidade consistente. Você precisa perguntar a si mesmo: temos mesmo algo de novo ou útil para compartilhar? Nosso conteúdo é relevante aos nossos clientes? Não blogue simplesmente por blogar. Não use as mídias sociais apenas por fazer uso delas. Não seja consistente apenas por querer ser consistente.

> **LEMBRE-SE**
>
> Ser ou não ser consistente, eis a questão. Embora profissionais de marketing precisem tomar essa decisão, a meta última é definir uma experiência do cliente ideal, que seu time queira transmitir. Se você usa um conceito criativo específico ou escreve com certo estilo, será que isso comunica a consistência de marca que você está buscando? A questão é entender o que sua marca representa e como seus clientes percebem os produtos.

Trata-se sem dúvida de uma *arte*: alinhar o que você quer que as pessoas pensem a respeito de sua empresa com o que as pessoas realmente pensam dela. Fácil de dizer, mas difícil de conseguir, e é por isso que elaborar um manual de marca é tão importante.

O CATALISADOR PARA UM *BRANDING* E UM *MESSAGING* CONSISTENTES

A maneira pela qual marcas ou produtos são apresentados ou comunicados causa uma impressão nos potenciais clientes. Em geral, isso se deve ao uso criativo de vários elementos de marketing:

FIGURA 4.1

Para criar as impressões desejadas, esses elementos não podem ser usados aleatoriamente, precisam estar conectados de algum modo para entregar um *continuum* da marca. Seu projeto precisa ser cuidadoso e muito bem pensado.

> **LEMBRE-SE**
>
> Um manual da marca e uma estrutura de *messaging* do produto claros devem orientar as coisas.
>
> ▸ Manual da marca: define a aparência da marca e como deve ser sentida, e também o tom e o estilo geral.
>
> ▸ Estrutura de *messaging*: explica as propostas de valor únicas do produto.

◢ O papel da marca e da estrutura de *messaging* em vendas

Embora os manuais de marca e as estruturas de *messaging* sirvam como base para as comunicações de marketing, são também a fonte e a referência para os times de venda. Esses dois documentos podem ser aplicados a integração de vendas, treinamento e conteúdo, a fim de favorecer processos de vendas, e também ser usados para planejar conversas e reuniões com o cliente.

MANUAL DA MARCA

Toda empresa, pequena ou grande, deve ter um manual da marca. Pode ser tão simples como definir regras gerais sobre logo, cor e uso de tipografia. Pode também ser mais detalhado e especificar o tamanho e a localização do logo em diferentes plataformas de mídia, e dar orientação sobre a paleta de cores e as diferentes tipologias. Para empresas globais, o guia pode ainda conter informações específicas sobre o que *não* fazer, já que muitas pessoas e agências ao redor do mundo usam também o manual de marca. À primeira vista, o propósito de um manual de marca é definir regras e orientações para uso do logo e das fontes e para o desenvolvimento criativo das campanhas de marketing. A verdadeira essência de uma marca deve moldar tanto a aparência quanto a sensação transmitida, o tom e o estilo geral, de modo que seus clientes possam identificar sua empresa e marca toda vez que virem algum conteúdo dela.

Além de proporcionar orientação para membros do time interno e para as agências, algumas empresas globais também precisam fornecer linhas gerais para os vários parceiros com os quais trabalham ao redor do mundo. Mencionei a Apple no início deste capítulo. A empresa faz de tudo para proteger suas marcas e assegurar que não se diluam em razão de esforços de *cobranding* ou comarketing.

A questão se complica ainda mais com tecnologias. Com a ascensão do conteúdo digital 2D e 3D, alguns manuais de marca têm acrescentado novas categorias, como gestos, movimentos, imagens, ícones, coreografia e forma das interfaces de usuário. O melhor exemplo de guia de conteúdo digital é o site de Design de Material [*Material*

Design] do Google.[1] Esse manual de marca on-line foi introduzido para ajudar designers e desenvolvedores a adotarem um mundo em expansão, com muitos recursos e muitas telas. Profissionais de marketing não estão habituados a pensar em comunicações de marketing em formatos 2D ou 3D. Quando você acrescenta outra dimensão, multiplicam-se os elementos que você precisa levar em conta para garantir a consistência da marca. Às vezes, sinto que preciso pensar como um designer de interface de usuário, ou como um produtor de filmes ou um designer de interiores, para entender bem os elementos adicionais que preciso incluir no manual de marca para uma nova era 3D. Em última instância, não importa o formato ou o veículo de mídia, o manual de marca sempre deve apresentar as regras para moldar o design e a experiência.

Alguns manuais de marca incorporam também a visão da empresa, informações sobre o produto e a *persona* da marca (sua personalidade). Uma *brand persona* [a *persona* da marca] é diferente de uma *buyer persona*. Marcas são personificadas por meio de um conjunto de características humanas para ajudar a criar foco para os designers de conteúdo 2D/3D. Uma *buyer persona* é uma representação semificcional de seu cliente ideal, com base em pesquisa de mercado e em dados reais sobre seus clientes atuais. Ambos têm seu lugar nas comunicações de marketing e de vendas.

A seguir, dois exemplos de *brand personas*. Jo Berrington, diretora de marketing da Yotel, grupo hoteleiro de luxo, mas com preços mais acessíveis, baseado em Londres e com presença em Nova York, Boston, Amsterdã, Singapura, Paris e São Francisco, criou o manual de marca da Yotel quando a empresa estava sendo formada. Ela buscou garantir que quem quer que utilizasse o manual de marca compreendesse também a *persona* da marca e incorporasse personalidades no desenvolvimento criativo e na concepção de campanhas. A personalidade Yotel pode ser descrita com cinco palavras, que combinam valores racionais e emocionais:

▶ Inteligente;

▶ Inspiradora;

▶ Honesta;

- Eficiente;

- Empática.

Brian Fravel foi vice-presidente de marketing da Intel e gestor da marca por vários anos. Ele liderou o *rebranding* da logo principal da Intel em 2006, o que envolveu criar e atualizar seus manuais de marca. Seu time elaborou a personalidade da Intel usando quatro palavras:

- Ousada;

- Otimista;

- Apaixonada;

- Inesperada.

Brand personas ajudam designers, criadores de conteúdo e redatores a produzir novos conceitos criativos, selecionar termos específicos e adotar imagens apropriadas. Asseguram que o conteúdo final que concebem tenha de fato a ver com a marca.

Uso do manual da marca no conteúdo de vendas

A jornada de compra que abrange marketing e vendas é um processo contínuo. Os clientes podem ter contato com pessoas e material tanto de vendas quanto de marketing, mas a experiência deve permanecer a mesma. O conteúdo que recebem tanto de vendas quanto de marketing deve ter a mesma aparência e passar a mesma sensação, e ter estilo de texto ou de comunicação similar. O design de estandes também deve se basear no mesmo estilo que o site da empresa, para proporcionar aos clientes uma experiência similar e aumentar sua consciência da marca. Para assegurar consistência e facilitar para o time de vendas, o marketing pode criar modelos da marca para e-mail, para apresentações e outras formas de conteúdo, como testemunhos de clientes, *briefings* de soluções etc. Em algumas empresas, o treinamento e desenvolvimento de vendas deve também estar de acordo com as regras do manual de marca. Minha regra geral: use o manual tanto para o desenvolvimento de treinamento interno quanto para conseguir engajamento externo.

◢ O time de vendas é a marca

Uma marca é muito mais que as regras aplicadas aos processos de vendas e às comunicações. Em algumas empresas, o manual da marca é expandido para cobrir o *dress code* (pense nos uniformes das atendentes de companhias aéreas), o escritório ou o design das lojas, incluindo as cores do interior e a seleção de mobiliário (por exemplo, nas franquias de *fast-food*), e também busca assegurar que a *brand persona* seja considerada também ao recrutar talentos. Num nível macro, o nirvana de uma marca é alcançado quando sua essência e sua promessa estão impregnados em todos os aspectos da empresa, desde a cultura corporativa, as ações dos funcionários, a contratação e recrutamento, até o manual para novos funcionários e as orientações de vendas.

Os times de venda são a linha de frente, a interface de uma marca. O marketing cria o manual da marca, mas os representantes de vendas, os gestores de conta, o serviço ao cliente e os times de apoio moldam a experiência do cliente e dão vida às promessas da marca. Embora um manual de marca seja redigido para *refletir* quem você é e o que defende, ele não chega a *definir* quem você é, mas ajuda a mostrar isso. O reforço da marca e de seu valor às vezes é comprometido pela maneira com que os times de venda são incentivados. "Marcas compassivas não recompensam a ganância", diz Mark Di Somma. "Marcas empolgantes não aceitam bem a complacência."[2] Conquistar vendas é importante, mas é fundamental também deixar claro como o time de vendas faz isso. Para vendas complexas, as pessoas *são* a marca e o único diferencial.

Embora o manual de marca seja elaborado pelo marketing, é essencial que vendas dê uma contribuição significativa e mostre adesão a ele, e também deve ser leitura obrigatória para todos os membros de vendas. Na maior parte das empresas, as linhas gerais da marca não são tão amplamente disseminadas como seria desejável. Geralmente são distribuídas entre o grupo de marketing e seus colaboradores externos, e raramente chegam até vendas e seus parceiros.

> **LEMBRE-SE**
>
> Profissionais de vendas devem estar familiarizados com os manuais de marca de modo a saber como redigir posts nas mídias sociais, selecionar imagens pertinentes ou usar logo e fontes de modo adequado. O mais importante é que o pessoal de vendas entenda a *brand persona*; eles são os embaixadores da marca.

O MODELO DE *MESSAGING*

Todos temos a experiência de passar noites em claro. Antes do lançamento do iPhone e de a Netflix começar seu *streaming* em 2007, o que fazíamos ao perder o sono? Bem, alguns ligavam a TV na esperança de encontrar algo interessante. Infelizmente, nos horários da madrugada e início da manhã os canais de TV ficam cheios de infomerciais [longos anúncios com informações detalhadas sobre os produtos]. Eu sempre mudava de canal quando começava a passar algum. Obviamente, aqueles que reservavam esses horários tinham algum sucesso com esses anúncios, caso contrário não veríamos tantos. Todo mundo com quem falo deles concorda que são uma chatice, mas de um jeito ou de outro muitos de nós acabamos comprando alguma dessas ofertas. Lembram do popular e original cobertor azul Snuggie?* Pois é, eu comprei um.

Eis algumas das razões pelas quais os infomerciais têm a magia de fechar vendas, apesar de tanta gente não gostar deles:

▸ Clareza na mensagem sobre produto e os benefícios ao usuário (*Faz você poupar tempo. É fácil de lavar*);

▸ Persuasivo, "mostra e explica" (*Veja como é fácil de instalar*);

---

* Cobertor macio, com mangas para ser "vestido", sucesso de vendas nos Estados Unidos e anunciado repetidamente por esses infomerciais. (N.T.)

> Desconto no preço e pagamento em pequenas parcelas (*Apenas 9,99 por mês durante três meses!*);

> Gatilho para a ação (*Oferta por tempo limitado! Ligue já!*).

A chave está na mensagem clara do produto e nos benefícios para o usuário. Tais anúncios dramatizam as dores e a frustração dos clientes, e então usam o recurso de "mostrar e explicar" para esclarecer como o produto resolverá nossos problemas. Imediatamente após, mencionam vários dos incríveis benefícios e repetem isso várias vezes com gatilhos de compra, antes que seja tarde demais. Todo infomercial segue o mesmo roteiro e processo de vendas.

Ao contrário do que ocorre nos infomerciais, nas vendas B2B não é fácil identificar mensagens claras sobre o produto e os benefícios para o usuário. As plataformas ou produtos B2B costumam incluir vários atributos do produto e benefícios ao usuário final, que podem variar de valor dependendo do tipo de uso ou do público específico.

> Como profissionais de marketing ou pessoas de vendas, precisamos priorizar aspectos e benefícios do produto e usar declarações curtas, concisas, para transmitir o quanto nossos produtos são incríveis. É aí que a estrutura do *messaging* entra em jogo.

É interessante notar que vendas e marketing costumam focar no conteúdo, mas às vezes negligenciam o *messaging*. O fato é que o desenvolvimento do *messaging* não é empolgante e, além disso, requer um bom trabalho de campo para criar um modelo sólido. Mas é crucial para guiar tudo que tem a ver com o marketing, desde criação de conteúdo, design do site, redação de textos e as chamadas para a ação nas diferentes peças de conteúdo. Um modelo de *messaging* pode também guiar os roteiros de televendas, os *pitches* de vendas e o planejamento de reuniões com o cliente.

> **LEMBRE-SE**
>
> O *messaging* orienta as atividades de marketing e vendas e ajusta a comunicação de modo que o conteúdo visto pelos *prospects* em seu site seja traduzido fielmente em demos e conversas de vendas.
> A chave é produzir uma mensagem que seja relevante para algo que seus *prospects* prezam profundamente: isto é, eles mesmos.

A propriedade de uma estrutura de *messaging*

Em geral, o *messaging* é de propriedade do marketing, mas pode também ser liderado pelo marketing de produto num grupo de produto ou numa unidade de negócios. Não importa quem é o dono, desde que haja alguém capaz de converter atributos do produto em benefícios ao usuário em bom português e de uma maneira que tenha ressonância junto ao público-alvo. Então, profissionais de marketing podem fazer dos benefícios ao usuário uma fonte para seus textos e para a comunicação de marketing, enquanto vendas pode usá-los como fonte para preparar conversas e reuniões com *prospects* e clientes.

Identificar o *messaging* principal

O *messaging* precisa atender a dois critérios:

- Identificar o que seus produtos têm de único;

- Ser relevante para seus clientes.

Erik Peterson, autor de *The Three Value Conversations* [As três conversas sobre valor], chama isso de "*Value Wedge*" [Cunha de Valor][3]. É um ponto exato que atende às necessidades de seus clientes e que diferencia suas ofertas. Para fazer isso, você precisa compreender os recursos de seu produto, as dores do cliente e as ofertas da concorrência. Os gestores de marketing, vendas e produto precisam trabalhar juntos para identificar mensagens principais. A melhor maneira de fazer isso é começar com uma sessão de *brainstorming*. Atuando como um time, refletir sobre os produtos, serviços, processos e organização de sua empresa e redigir qualquer coisa que diferencie vocês da concorrência e tenha ressonância junto aos clientes existentes. Liste *todos* os atributos do produto.

Às vezes, atributos aparentemente menos importantes tornam-se os melhores argumentos de venda. Nunca se sabe. A maioria das mensagens para automóveis foca em como as tecnologias incorporadas tornam mais produtivos os deslocamentos dos motoristas para o trabalho, ou recursos que reconheçam sua voz e o conectem ao seu telefone sem entraves, ou mesmo o desempenho que faça o carro ir de 0 a 100 quilômetros por hora em três segundos. Para mim, no entanto, o que conta é um aspecto menor: o conforto do assento. Se meu corpo consegue se acomodar ao assento do carro confortavelmente, isso se torna um grande ponto para decidir comprar determinado carro. Ao que parece, não sou a única a levar em conta o conforto do assento. Vários amigos comentaram o quanto os assentos do Lexus são confortáveis. Esse pequeno detalhe tornou-se um dos meus principais fatores de decisão para comprar um Lexus. Outro exemplo: Les Schwab, uma loja de pneus dos EUA, oferece serviços de cortesia – rodas e manutenção do carro. Um pequeno serviço que a Schwab oferece é que qualquer pessoa, tenha comprado da loja ou não, pode ligar a qualquer hora e pedir para ter a pressão de seus pneus checada e ajustada, de graça. Trata-se de um recurso bem trivial, mas os ajudou a melhorar de modo significativo a consciência de marca e a lealdade dos clientes.

Peterson recomenda que você liste todos os atributos e então confira valores numéricos a eles, com base nos critérios a seguir, para ajudá-lo a diferenciar rapidamente seus produtos e serviços:

▶ Se for algo que você tem, mas os outros não, marque 2 pontos.

▶ Se for algo que os outros têm, mas você é capaz de provar que a sua empresa faz melhor, marque 1 ponto.

▶ Se for algo que os concorrentes podem fazer quase tão bem quanto você, marque 0.

Livre-se dos zeros, porque eles não oferecem nenhuma diferenciação. Foque nos 2s e 1s. Para manter sua mensagem ágil e sua conversa clara, Peterson sugere identificar as três mensagens mais importantes como seus pontos de conversa.

Peterson cita um artigo de Kurt Carlson da Universidade Georgetown e de Suzanne Shu da UCLA: "Eles descobriram que se os clientes sabem que a mensagem provém de uma fonte com um motivo persuasivo, então o número ótimo de afirmações positivas é três". É interessante que as estruturas de *messaging* com as quais trabalhei na Intel também seguiam essa "regra de três".

Depois de identificar seus três pontos mais fortes na "Curva de Valor", você pode priorizá-los e mapeá-los em relação a desafios existentes de clientes. Para comunicações externas de marketing, é essencial focar em tratar dos desafios conhecidos e existentes dos clientes. Como as dores deles farão com que busquem soluções ativamente, isso aumentará a probabilidade que suas ofertas apareçam enquanto eles procuram.

Os esforços de marketing para geração de *leads* precisam focar em resolver os desafios conhecidos dos clientes com um posicionamento exclusivo e com propostas de valor que diferenciem os seus produtos e a sua empresa.

A abordagem tem que mudar quando os *prospects* se tornam *leads* de vendas qualificados. O time de vendas também pode continuar com a conversa de resolver problemas conhecidos do *prospect*. No entanto, o valor agregado de uma pessoa de vendas aumenta dramaticamente quando ela consegue encontrar necessidades que os *prospects* não haviam detectado nem levado em consideração. Peterson chamou-as de "necessidades não consideradas". Segundo Daniel Pink, autor de *To Sell is Human*, profissionais de vendas precisam confiar na capacidade de descobrir problemas, em vez de apenas resolver problemas. "Seus produtos e serviços são muito mais valiosos quando você é capaz de dizer aos compradores algo que eles não sabiam a respeito de um problema ou de uma oportunidade perdida que desconheciam."

◢ Abordagem do modelo de *messaging*

Se você procurar no Google "modelo de *messaging*", encontrará centenas de *templates* e abordagens – todos os caminhos levam a Roma.

Você precisa encontrar um que funcione para você e seu time. Em geral, o *messaging* é orientado por produto. Sua metodologia de vendas pode ser baseada em soluções. Mas o modelo de *messaging* deve se basear em produtos. Eis como você associa o *messaging* de produto a uma abordagem de vendas baseada em soluções: use os atributos do produto para identificar os benefícios aos usuários, e então associe esses benefícios a situações enfrentadas por seus clientes. Em última instância, uma abordagem baseada em soluções precisa estar ligada ao que o time irá vender e ao que os clientes querem comprar.

FIGURA 4.2

- **Desafios existentes:** Quais são as dores e desafios do seu cliente?

- **Propostas de valor:** Como seu produto se diferencia no mercado? Como é seu produto em comparação aos da concorrência?

- **Posicionamento:** Qual é a promessa do seu produto? Por que o cliente deveria usar o seu produto em vez do produto dos seus concorrentes?

- **Messaging:** Como podemos resolver as dores e os desafios do cliente?

- **Pontos de prova:** Que atributos do produto e argumentos dão sustentação à mensagem principal?

FIGURA 4.3

> **Necessidades do cliente não consideradas:** Quais os desafios desconhecidos, não devidamente valorizados ou não atendidos nos quais seus *prospects* e clientes sequer estão pensando?

> **Messaging:** Quais são nossas principais pautas de conversa para atender às necessidades não consideradas dos clientes que criarão oportunidades de valor até aqui não levadas em conta?

> **Pontos de prova:** Quais atributos do produto e alegações dão sustentação às mensagens centrais?

O *messaging* entre vendas e marketing nem sempre se alinhará 100%. O *messaging* de marketing precisa ser consistente de um canal a outro. Os textos criativos e os chamados à ação podem mudar de acordo com os diferentes tópicos do conteúdo, mas marca, proposta de valor, posicionamento e *messaging* devem permanecer intactos. A chave é manter o *messaging* ágil, limitado e focado. O pessoal de vendas deve estar ciente da estrutura de *messaging* e se esforçar para usá-la sempre que possível. No entanto, o marketing precisa entender que vendas irá customizar seus pontos de conversa dependendo de quando e com quem estiverem falando. Isso é especialmente verdadeiro numa abordagem baseada em contas.

Em empresas, um modelo de *messaging* requer pesquisa de mercado externa com clientes, análise competitiva de produto e feedback interno da gestão e de especialistas no assunto. No caso de empresas de grande e médio porte, costumam ser feitas várias rodadas de discussões e são necessárias reuniões para finalizar o modelo. Pode ser um exercício mais fácil para empresas menores com menos funcionários, mas ainda assim você precisará percorrer o mesmo caminho de análise.

Como um modelo de *messaging* precisa ter a adesão dos *stakeholders* internos (especialistas no assunto, gestores de produto do marketing, membros do jurídico e mais), geralmente não é algo que possa ser mudado a toda hora. De novo, voltamos à questão da consistência. O *messaging* continua o mesmo, mas você pode selecionar que mensagens e pontos de prova irá usar para os diferentes públicos. Além disso, é aceitável testar novas ideias de *messaging* na prática ou mudar o *messaging* quando são lançados novos produtos. Se você quer construir essa consciência de longo prazo consistente sobre seus produtos e sua empresa, precisa ser cuidadoso a respeito de qual posicionamento será mantido igual e quais as necessidades a serem modificadas. Trata-se de buscar equilíbrio. Também tem a ver com o seu roteiro de produto e com os atributos que serão acrescentados ao longo do tempo.

◢ *Fit* mensagem/cliente

Myk Pono, consultor de marketing e crescimento de produto, definiu o *messaging* nos seguintes termos:

> Todos lidamos com o *fit* produto/mercado, que trata essencialmente de encontrar suficiente demanda para o seu produto em um mercado grande ou em crescimento. O que costumamos esquecer é que conseguir um *fit* produto/mercado significa obter também um *fit* mensagem/cliente. Convencer os primeiros clientes a comprar é essencialmente testar não só como um produto resolve as necessidades de um cliente, mas também como o seu valor é comunicado.[4]

Embora vendas possa personalizar os benefícios ao usuário para diferentes *personas*, o *messaging* e os pontos de prova continuam os mesmos. Por exemplo: a mensagem central é "Conduza seu negócio com facilidade". As pessoas de vendas podem posicionar seu produto para gestores de TI destacando que ele é "fácil de instalar" e que permite uma "migração suave", enquanto o mesmo produto pode ser posicionado para o vice-presidente de vendas destacando que você pode "acessar o *dashboard* (painel de controle) a qualquer hora e em qualquer lugar com facilidade". Embora os pontos de conversa sejam diferentes, você notou que tudo se baseia na ideia essencial de "facilidade"?

A essência do *messaging* deve também estar incorporada ao conteúdo do site e com o material de comunicação – anúncios, RP, blogs, e-mail, entre outros. Ao consumirem a informação, os *prospects* formam sua consciência sobre a marca e os produtos antes que sejam qualificados pelo marketing e por vendas internas.

> **LEMBRE-SE**
>
> Para manter essa consistência, as orientações de marca e *messaging* também precisam ser parte do treinamento de vendas, dos materiais e das garantias para processos de vendas. Quando o pessoal de vendas cava fundo para descobrir necessidades não consideradas ou foca em contas específicas, o marketing pode fornecer conteúdo personalizado e customizado para apoiar seus esforços voltados para alvos definidos.

Além de lidar com necessidades não consideradas, o *messaging* pode também mapear processos de vendas ou estágios. Os profissionais de marketing, em vez de começarem com *messaging*, podem trabalhar com o *sales enablement* para identificar os conteúdos e informações necessários para lidar com necessidades não consideradas, a fim de complementar as táticas de vendas. Depois que você identificar a lista, determine que conteúdo você vai adotar do jeito que está, qual irá modificar e que novos materiais precisam ser criados. Se modificar ou criar novo conteúdo, você pode usar o modelo de *messaging* como um documento-fonte para apoiar seus esforços.

Além disso, a maioria dos times de venda também tem seus manuais e procedimentos claros de vendas. Neles são descritas em detalhes coisas como os *pitches* de venda, os cenários competitivos, diferenciação de produto, perfis de clientes-alvo, ofertas e descrições de produtos, *battle cards* (fichas comparativas da concorrência e histórias de sucesso de clientes.

FIGURA 4.4

Elementos principais do *playbook* de vendas:

- Descrição do produto ou solução;
- Informações e análises da concorrência;
- Desafios do cliente;
- Respostas aos desafios dos clientes;
- Proposta de valor;
- *Pitches* de venda "de elevador";
- Modelo de *messaging*;
- Pontos de prova;
- Plano de abordagem;
- Iniciadores de conversa;
- Características do negócio;
- Papéis dos compradores e linhas de negócios;
- Vitórias do cliente;
- Exemplos de apresentações ao cliente;
- Visão geral e ficha da oferta;
- Fatores de compra;
- Conteúdo de marketing que seja relevante para conexão com o cliente;
- Entre outros...

Branding e *messaging* também se aplicam a vendas

Mensagens relevantes precisam ser incorporadas aos *playbooks* de vendas para produzir comunicações coerentes e consistentes.

OUTROS TIPOS DE *MESSAGING*

O modelo de *messaging* que tenho discutido é baseado em produto e pode ser aplicado tanto a vendas quanto a marketing. Há outros tipos de *messaging* que também são utilizados.

> ▶ **Messaging para *thought leadership*:** O *messaging* de marketing não relacionado a produtos ou serviços é mais visionário e aspiracional. Esse tipo de *messaging* costuma ser mais usado em campanhas de marketing que focam nas responsabilidades sociais da empresa para o bem-estar da sociedade, em inovações que criam um futuro melhor para a humanidade ou em capacitação para tecnologias e ecossistemas avançados. Embora seu vínculo com vendas seja menos direto, trata-se de um ótimo ponto de conversa com executivos de empresas e com certeza ajuda a construir e reforçar a marca. Você pode também usar o *messaging* para *thought leadership* para semear "necessidades não consideradas" de *prospects* alvos.

> ▶ **Messaging para parceiro de canal (indireto):** O objetivo com os parceiros de canal é facilitar a atividade de vendas deles. A fim de educá-los a respeito dos produtos, também é possível aplicar a parceiros mensagens específicas sobre produtos e treinamento de vendas direto. Parceiros de canal estão procurando agregar valor para crescer e diferenciar seus negócios. Fornecer treinamento com mensagens de produtos não é suficiente. É importante ir além dessas mensagens e entregar módulos de aprendizagem sobre tópicos que possam ajudar os parceiros a transformar ou melhorar seus negócios. Isso é crucial se os parceiros de canal vendem *software* como serviço [*Software as a Service*, SaaS] ou produtos baseados em tecnologia, pois estes estão sendo constantemente aprimorados, renovados e atualizados. Dependendo dos objetivos estratégicos dos parceiros, você talvez precise modificar seu *messaging* para ajustá-los às suas ofertas de vendas. Ou eles podem pegar seu *messaging* e modificá-lo

para que se ajustem melhor às próprias ofertas e diferenciações. Não se trata de se alinhar ao seu *messaging*, e sim de identificar o *messaging* certo para eles, de modo que possam vender melhor para você. Foque no valor agregado aos seus parceiros de canal.

▶ **Messaging de marca:** Este costuma ser conduzido pelo marketing corporativo e tem foco em mensagens genéricas, não específicas de produto. Muitas empresas promovem tanto a marca corporativa como marcas de produto, em paralelo. Por exemplo: a Microsoft é a marca master, enquanto Windows 10, Bing, Xbox são marcas de produtos. As mensagens enviadas aos clientes ou aos usuários finais podem ser divididas em dois tipos: mensagens de marca e de produto.[5]

▶ **Messaging para papéis de compras específicos:** Em vendas B2B, os compradores de produtos não são necessariamente seus usuários. O marketing segue aumentando a consciência entre usuários, mas os times de venda precisam influenciar o comitê de compras, que provavelmente compreende gestores de TI, especialistas em compras, vice-presidentes de departamentos específicos e outros que, com frequência, não são usuários do produto. Os principais beneficiários de mensagens para compradores técnicos são os membros do time de vendas. As mensagens para o usuário final podem ser sobre produtividade e facilidade de uso, enquanto as mensagens para gestores de TI provavelmente serão a respeito da facilidade de migração e do custo total da propriedade [*Total Cost of Ownership*, TCO], enquanto as mensagens para os departamentos de compras podem focar em preços e termos. De novo, podem soar diferentes, mas todas se assentam em produtividade e facilidade de uso.

JORNADA DIFERENTE, *MESSAGING* CONSISTENTE

Os clientes B2B de hoje em dia realizam mais pesquisa independente e gastam mais tempo e esforço para realizar uma compra. Além disso, a jornada de compra pode diferir de um cliente a outro; nem todos ouvem o mesmo *spot* de rádio ou visitam os mesmos sites para saber mais a respeito de sua empresa. Sequer estão expostos à mesma informação sobre sua marca a partir das mesmas fontes. Alguns podem ter descoberto sua empresa pelas mídias sociais, outros se informaram sobre seus produtos ou serviços por recomendações boca a boca (virtuais). Alguns talvez tenham lido resenhas on-line antes de se engajar com seu time de marketing ou de preencher uma requisição on-line para mais informações. Outros visitaram seu site, leram seu blog e avaliaram sua concorrência antes de se engajar. Portanto, é importante entregar um *messaging* consistente ao longo dos canais que sua empresa usa para os esforços de marketing voltados ao exterior.

CONSISTÊNCIA NÃO SIGNIFICA RIGIDEZ

É importante não confundir consistência com rigidez e chatice. Consistência significa aderir a uma determinada aparência, sensação, tom e estilo. Isso não impede você de exercitar inovação e criatividade dentro desse limite. Retornamos à questão de saber o que você é e o que faz seus clientes vibrarem. Dê prazer aos seus clientes, mas continue fiel à essência de sua marca.

O PODER DO *BRANDING* E DO *MESSAGING* PARA VENDAS

É difícil quantificar os benefícios dos manuais de marca e dos modelos de *messaging* em termos da receita de vendas. O efeito principal é possibilitar outros processos de marketing e táticas de vendas e isso só é eficaz quando plenamente adotado por marketing e vendas. Todos nós, porém, temos a experiência de marcas que conseguimos reconhecer e evocam nossas emoções. Subconscientemente, também valorizamos marcas como boas, ruins e neutras a partir de seu *messaging*, seu visual, texto e sua aparência geral e sensação. Se o marketing é bem-feito e consistente, os públicos-alvo entendem claramente o que os produtos da marca podem fazer por eles. Nesse sentido, não é mais uma questão que envolva logo ou marca, tem a ver com receber uma mensagem clara. O uso desses documentos promove ciclos de vendas mais curtos e mais conversões em seus sites. Mas esteja ciente de que não é fácil ligar diretamente os resultados ao manual de marca e ao modelo de *messaging*.

> **LEMBRE-SE**
>
> O manual de marca não é sua marca. O *messaging* não é seu conteúdo. São meros recursos a serem usados. Você ainda precisa cuidar de ter uma presença on-line e off-line para construir conexões emocionais e essenciais com seus clientes.

Você precisa ainda facilitar a jornada de compra de seus clientes. Temos que provar nosso valor aos nossos clientes. O poder da marca vem de sua capacidade de persuadir seus clientes a comprar de novo de você. O poder do *messaging* ajuda a diferenciar seus produtos e serviços, atrai novos clientes e retém os atuais. *Branding* e *messaging* não só moldam as comunicações de marketing, como são referência para os engajamentos de vendas. Para que propiciem uma experiência consistente ao longo do funil de compra, *branding* e *messaging* devem estar na integração [*onboarding*] e no desenvolvimento do treinamento de vendas. Além disso, não se restringem a grandes corporações. Todas as empresas podem usar *branding* e *messaging* para conquistar um lugar nos corações e mentes de seus clientes.

O QUE VOCÊ PODE FAZER

1. Defina o manual de marca de sua empresa e a estrutura de *messaging* de seu produto.

2. Identifique como o manual de marca e a estrutura de *messaging* podem ser usados no âmbito da sua função e para o time de vendas.

3. Auxilie seu time de vendas a identificar necessidades não consideradas e a criar mensagens para lidar com essas necessidades.

REFERÊNCIAS

[1] Google. Material Design. https://material.io/guidelines.

[2] Mark Di Somma. 4 ways brands should support sales. *Branding Strategy Insider*, 24 de março de 2015. www.brandingstrategyinsider.com/2015/03/ brands-should-support.

[3] Erik Peterson, Tim Riesterer, Conrad Smith e Cheryl Geoffrion. *The Three Value Conversations: How to create, elevate, and capture customer value at every stage of the long-lead sale*. McGraw-Hill Education, Nova York, 2015.

[4] Myk Pono. Strategic communication: How to develop strategic messaging and positioning. *Medium*, 14 de dezembro de 2016. https://medium.com.

[5] Derek Skaletsky. Product vs Marketing Messaging... huh? Knowtify.io. 12 de abril de 2015. http://blog.knowtify.io/product_vs_marketing_messaging.

Para que propiciem uma **experiência consistente** ao longo do **funil de compra**, *branding* e *messaging* devem estar na **integração** [*onboarding*] e no **desenvolvimento** do **treinamento de vendas**.

CAPÍTULO 5

Principais ingredientes do *sales enablement:* treinamento, conteúdo e *coaching*

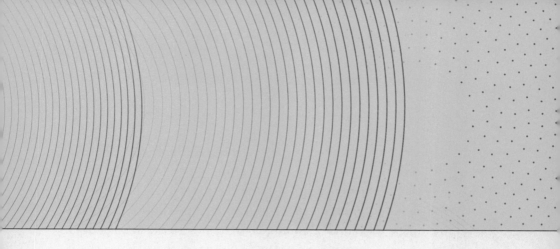

> *O propósito do* sales enablement *é melhorar o conhecimento do pessoal de vendas ou mudar seu comportamento.*
> Lee Levitt, Oracle

Quando conversei com Tamara Schenk, diretora de pesquisa da CSO Insight, a respeito de conteúdo e de treinamento de vendas, ela imediatamente colocou uma questão:

> Como você define conteúdo e treinamento no contexto do *sales enablement*? O treinamento pode ser corporativo, treinamento de produto, treinamento de técnicas de vendas, entre outros. E o treinamento pode vir de diferentes departamentos, como recursos humanos (RH), unidades de negócios, grupos de produto ou marketing etc. E quanto ao conteúdo? Você se refere a conteúdo específico de treinamento ou conteúdo que o time de vendas precisa receber ao longo de seus processos de vendas para se engajar com seus *prospects* e clientes?

Ela tocou num ponto importante.

Antes de definir treinamento e conteúdo, decidi revisar minha própria definição de *sales enablement* eficaz, que apresentei anteriormente neste livro:

> Entregar uma experiência do cliente positiva ao equipar vendas com conhecimento, habilidades, processos e

ferramentas por meio de colaboração multifuncional, a fim de aumentar a velocidade de vendas, a retenção de vendas e a produtividade.

Criei essa definição após minha conversa com Tamara. Examinando essa definição, percebi que não preciso definir conteúdo e treinamento em si. O resultado final é equipar o time de vendas com conhecimento relevante, habilidades essenciais e ferramentas para facilitar a conversa em cada estágio da venda. Conteúdo e treinamento são apenas alguns dos meios, que se somam a fazer *pitches* de vendas, ler, conversar com colegas, *coaching*, entre outros. Em geral, quando times de venda definem treinamento, significa integração [*onboarding*] ou treinamento contínuo relacionado com conhecimentos e habilidades. Conhecimento refere-se a compreensão dos produtos, da concorrência, das tendências do setor, oportunidades, ameaças e uso de diferentes ferramentas. As habilidades giram mais em torno de comunicações, *storytelling*, técnicas de vendas, *pitches* de vendas, pesquisa e posicionamento. O conteúdo cobre não apenas o treinamento de vendas e os materiais, mas também os ativos necessários para apoiar táticas durante os processos de vendas e para alcançar o cliente, tanto on-line quanto off-line. Se o pessoal de vendas precisa de conteúdo para se engajar melhor com clientes ou *prospects* nas mídias sociais, seria ótimo ter conteúdo para escolher e compartilhar, prontamente disponível. Lembre-se que conteúdo e treinamento não são as únicas vias para que vendas ganhe conhecimento e conjuntos de habilidades. *Coaching* e facilitação são igualmente importantes. Portanto, neste capítulo, vou discutir como equipar vendas com conhecimento e habilidades por meio de:

> Treinamento:
- Integração
- Educação continuada

> Conteúdo:
- Criar conteúdo para apoiar táticas de vendas
- Compartilhar material de marketing para fomentar vendas

➤ *Coaching*:
- Preparar pessoal de vendas para discussões sobre descobertas
- Facilitar conversões ao longo dos estágios de vendas

Em geral, não cabe ao marketing criar treinamento e desenvolvimento. Mas o marketing pode facilmente influenciar e entregar valor nessa área. Tenho visto em algumas empresas que o marketing é responsável por treinamento em produto e em ferramentas de vendas; isso é especialmente verdadeiro quando o marketing é responsável pelo *messaging* de produto, ou por relatórios sobre gestão de produto no marketing. Como os profissionais de marketing são responsáveis por criar conteúdo voltado ao exterior, certamente podem entregar contribuições e ajuda no conteúdo focado em vendas. Se o marketing participa de reuniões de revisão de oportunidades de vendas ou é parte de um time de vendas baseado em contas, pode oferecer insights a vendas com relação ao lado de marketing dos engajamentos baseados em contas. O marketing pode contribuir com valor agregado em treinamento, conteúdo e *coaching*.

TREINAMENTO DE VENDAS

A principal função do *sales enablement* se concentra em treinamento e desenvolvimento. Embora haja a tendência de relacionar o treinamento à integração de funcionários [*onboarding*] e ao treinamento regular sobre produto e habilidades, é importante reservar um tempo para criar um plano de treinamento de vendas. Mapeie conhecimento e habilidades relacionados a processos de vendas, táticas de vendas e opções de carreira em vendas. São necessários conhecimentos e habilidades diferentes para as diferentes funções de vendas e alternativas de carreira. O pessoal de vendas interno precisa ter sólidas habilidades de comunicação verbal, com alto nível de conhecimento sobre produtos, para poder agendar reuniões para a equipe de vendas externas ou fechar vendas por telefone, mensagem ou e-mail. Precisam saber avaliar rapidamente oportunidades, realizar pesquisas e apresentar *cases* de negócios para persuadir *prospects* a se reunirem com o pessoal de vendas ou a realizarem uma compra. O pessoal de vendas externo, que lida com contas estratégicas, precisa se aprimorar na construção de relacionamentos pessoais e aprofundar sua compreensão dos dados firmográficos e tecnográficos das contas. Suas habilidades giram em torno de realizar análises de necessidades, oferecer recomendações e soluções e preparar propostas. As funções de vendas tanto internas quanto externas exigem uma grande habilidade de comunicação.

Você pode também dividir os programas de treinamento por produto, função ou mesmo com base no processo e metodologia de vendas. Existem várias maneiras de abordar o treinamento. Elabore uma estratégia de treinamento de vendas e então realize o desenvolvimento do treinamento e defina os objetivos de aprendizagem. Fica complicado quando você começa a elaborar o treinamento. Você precisa levar em conta as alternativas de ambientes para aprendizagem, como treinamento em sala de aula, por multimídia ou microaprendizagem de curto prazo. Devemos também levar em conta os dispositivos (laptop x tablet x celular x relógio digital ou outras formas) que o pessoal de vendas usará para consumir o conteúdo. Projetar um programa de treinamento de vendas eficaz na realidade se resume a uma questão: Será que ele tem como criar uma mudança de longo prazo no comportamento do pessoal de vendas e levar a resultados positivos?[1]

Embora seja difícil fazer uma correlação direta entre treinamento de vendas e receita ou ROI, o treinamento realmente tem um efeito do tipo "uma maré alta que levanta todos os barcos", desde que realizado de modo adequado. Segundo um relatório de pesquisa da CSO Insight, *The Business Case for Sales Training*, apenas 9,6% dos respondentes apontaram que os programas de treinamento de vendas de suas empresas "superaram as expectativas". Os resultados de empresas com programas de treinamento de vendas que "superaram as expectativas" mostraram um aumento de 3% no alcance das metas pelos representantes de vendas, em comparação com empresas cujos programas de treinamento em habilidades de vendas simplesmente atenderam às expectativas; e um aumento de 8% no alcance de metas pelos representantes de vendas em comparação com empresas em que os programas de treinamento em habilidades de vendas foram vistos como "precisando ser melhorados".[2] Mudanças de longo prazo só acontecem a partir de um sistema replicável e de um currículo estruturado.

◢ Integração (*onboarding*)

"Querida filha, estou muito orgulhosa de você; você vai ser paga para capacitar pessoas", foi o que disse a mãe de Amy Pence quando ela lhe contou sobre a nova oferta de emprego que recebera como diretora global de capacitação da Alteryx. Antes de ir para a Alteryx, Amy era uma profissional de vendas, mas também lidava com treinamento, desenvolvimento de negócios e marketing. Ela tem grande afinidade com tudo o que apoie e empodere vendas. Até a mãe dela sabe que ela é uma profissional de capacitação; isso diz algo sobre as habilidades naturais de Amy.

Antes de conversar com Amy, eu nunca ouvira falar da Alteryx, embora ela fosse a vigésima-quarta empresa da lista Cloud 100 da Forbes em 2016.[3] A plataforma da Alteryx torna as análises preditivas mais fáceis. Sua plataforma permite que você monte fluxos de trabalho quando prepara, extrai e combina dados de vários sistemas legados. Então é possível usar os dados na plataforma deles para rodar modelos de regressão ou diferentes análises estatísticas para prever ou prognosticar os resultados de vários cenários. A empresa posiciona-se como plataforma líder de autosserviço em análise de dados. Só compreendi plenamente o valor de seus produtos quando assisti à demo de 20 minutos sobre o produto. Depois de assisti-la, captei na hora como poderia usar a plataforma para auxiliar nas comunicações de marketing. Como a plataforma requer explicações e configurações antes que os clientes consigam tirar todo proveito das ferramentas, a equipe de vendas recém-contratada precisa ser devidamente integrada, treinada e equipada com conteúdo relevante a fim de vender.

A gestão da Alteryx entende que o *sales enablement* desempenha papel crucial no sucesso do time de vendas. Amy foi contratada para a função em março de 2014, quando a empresa era de capital fechado. Depois de abrir o capital em março de 2017, houve uma pressão para aumentar a força de vendas. O sincronismo foi perfeito para alavancar a *expertise* de Amy e sua paixão em capacitar e empoderar seu time de vendas.

Quando Amy entrou na Alteryx, a gestão estava buscando expandir rapidamente sua força de vendas para fomentar o crescimento do negócio. A integração é crucial para deixar os novos contratados prontos para entrar no campo de batalha. A integração de vendas é chamada de *sales bootcamp* ["treinamento de campo em vendas"]. A responsabilidade por esse *sales bootcamp* ficava originalmente com o time de marketing. Isso fazia sentido naquele momento, já que boa parte da integração era focada em treinamento de produto. Em 2015, o *sales bootcamp* foi reorganizado e ficou com o time de vendas, com Amy no comando. Ele mudou seu foco, deixando de se restringir ao produto (o que vender) para englobar não só treinamento sobre o produto (o que vender), mas em técnicas de vendas (como vender). Fez sentido fazer essa transição já que o processo e a metodologia de vendas haviam sido incorporados ao treinamento de vendas.

Quando Amy assumiu o *sales bootcamp*, ele se estendia por dois dias e meio de treinamento, baseado em palestras com longas apresentações de PowerPoint. Era uma comunicação de mão única. A abordagem de Amy foi: vamos inverter isso. Como o treinamento tinha que cobrir produto e técnicas de vendas, ela o estendeu de dois e meio para cinco dias. Também fez um esforço consciente para deixá-lo interativo, com vários exercícios de *role-playing*.

Na prática a realização desse treinamento de cinco dias é gerida por facilitadores do time de Amy e há vários representantes de vendas que tomam a palavra e fazem uma pequena palestra. Para cada tópico, são geralmente quinze a vinte minutos de conteúdo seguido por uma sessão de perguntas e respostas e "*whiteboard discussions*", além de atividades em grupo e de *role-playing*. As atividades dão aos participantes oportunidades para um treino prático. Um bom exemplo de *whiteboard discussions* é uma que foca nas "dez objeções mais comuns com as quais você irá se deparar". Um representante de vendas experiente fala sobre essas objeções (apresentações com duração de quinze a vinte minutos) e pede aos participantes que ofereçam soluções para cada objeção [*whiteboard discussions*]. Em alguns casos, eles também fazem uma prática que simula situações da vida real (com *role-playing*, isto é, simulação de papéis). Por fim, o líder da sessão dá sugestões adicionais sobre como lidar com as diferentes situações.

Quando Amy decidiu reformular a integração, fez um questionário rápido para definir os tópicos que os novos contratados precisavam compreender nos primeiros três meses no emprego. Havia mais de vinte tópicos, como propostas de valor, posicionamento de mercado, informações sobre a concorrência, o modelo de vendas Alteryx e empatia pessoal. Amy trabalhou com o time de vendas para priorizar os resultados. Alguns são incorporados ao "treinamento" de integração, outros são entregues por meio de sessões virtuais, como parte do treinamento contínuo.

A seguir, a agenda típica dela de um dia de integração:

FIGURA 5.1

9h-10h: *storytelling*
10h-10h30: descoberta, depois demo, depois dólares
10h30-11h: pausa
11h-meio-dia: estágio de vendas + *playbook*
Meio-dia: almoço
13h-14h30: oficina de projeto + preparação *whiteboard*
14h30-15h: pausa
15h-16h: canto da concorrência
16h-17h: visão geral do time de vendas

Amy junta um facilitador e um palestrante. O palestrante discute o tópico e faz uma breve apresentação, depois o facilitador ajuda a conduzir exercícios, atividades e *role-playing*. Um ponto importante para novos contratados após a conclusão do treinamento é a certificação do *whiteboard*. Ela obriga novos contratados a internalizarem a mensagem do produto, os *pitches* de vendas e outras informações, e depois solicita que apresentem as próprias versões de histórias de seus *prospects* ou clientes. Durante o treinamento, Amy permite que os participantes criem as próprias versões da apresentação do *whiteboard* sem os tradicionais apoios visuais, como PowerPoints.

Conversei com Amy, e ela contou que levou duas semanas para redesenhar os cursos e fazer essa transição rápida dos dois dias e meio para os cinco dias. Implementou mudanças com base no feedback do time de vendas. A gestão de vendas deixou claro que o treinamento precisava alocar tempo para preparar os novos contratados para a sessão de *whiteboard*. Também queriam uma agenda bem definida e que os novos profissionais de vendas fossem sempre mantidos de prontidão e engajados. Era importante que os novos contratados entendessem a cultura corporativa e a organização de vendas.

Esse treinamento revisado é realizado uma vez por mês desde 2016. No geral, é bem recebido, não só pelos novos contratados, mas também pela gestão de vendas. Os funcionários de vendas sentem-se motivados e prontos para entrar em campo e ajudar a resolver os desafios de seus clientes.

Michael King, CMO da Fundação Open19, compartilhou sua experiência na Limelight Networks. A Limelight vende serviços para redes de distribuição de conteúdo [*Content Delivery Network*, CDN], para clientes como Netflix, HBO, CBS e outros que têm muita mídia para compartilhar. Eles adotaram uma metodologia de "venda de valor". Historicamente, a integração para essa metodologia específica tem levado três dias. Eles adotaram uma abordagem "treine o treinador" e condensaram o treinamento num único dia, de modo que possa ser oferecido a cada novo membro do time de vendas como parte de seu treinamento corporativo. Embora não cubra todos os tópicos em profundidade, a Limelight achou que exigir que seu marketing e pessoal de vendas conduzam o treinamento com base em suas experiências no mundo real cria coesão melhor entre os processos de vendas e marketing e o conteúdo, e faz melhor uso do tempo, dando aos novos contratados base suficiente para trabalhar.

LEMBRE-SE

- Compreenda as expectativas dos times de venda ao projetar a integração.
- Priorize tópicos com base na duração dos dias do treinamento.

- Equilibre o mix entre instrução sobre produtos e táticas de vendas.
- Minimize abordagens baseadas em palestras e foque no *whiteboard* e *role-playing*.
- Junte um palestrante e um facilitador ou alavanque uma abordagem "treinar um treinador", baseada em orçamento e recursos.

Treinamento contínuo

Embora o treinamento de integração seja interativo, ofereça inspiração e seja benéfico, ainda precisamos de treinamento contínuo como um lembrete para a necessidade de manter-se atualizado com as novas técnicas, tendências e produtos. Por quê? Porque esquecemos muito rápido das informações. Segundo a curva de esquecimento de Ebbinghaus, em vinte minutos esquecemos 42% do que aprendemos. No prazo de trinta e um dias, que é a duração típica de uma integração, perdemos 79% do que aprendemos.[4] Portanto, para promover mudanças comportamentais e reforçar mensagens sobre produtos, o treinamento contínuo é a parte *yang* da integração, que é ela mesma associada ao *yin*.

Treinamento contínuo é como levar seu carro à manutenção. Seu carro precisa trocar óleo a intervalos regulares. Seu pessoal de vendas está fora o tempo todo vendendo, mas precisa voltar para ajustes regulares. O cenário de marketing pode ter mudado. Os concorrentes podem ter feito novos lançamentos de produtos e talvez haja uma nova proposta de valor que precise ser comunicada. Novas ferramentas podem estar disponíveis para auxiliar com vendas sociais. Seja o que for, o treinamento contínuo é como uma troca de óleo e manutenção regular. Para que continue eficaz, é importante fazer uma pausa em vender para poder receber novos conhecimentos, revisar aprendizagens prévias, aprimorar habilidades e compreender novas ferramentas e processos.

John Barrows, um gestor de vendas que virou instrutor de vendas, explica como era o processo no seu tempo na Xerox. A empresa investiu pesado em sua força de vendas e treinou muito bem seus membros. Quando ele estava na Xerox no final da década de 1990, qualquer pessoa de vendas da Xerox gozava de bom conceito e era percebida como muito bem treinada. Seguindo os passos da Xerox, a IBM, Microsoft, Intel e várias outras empresas também investiram forte em seus times de venda. No mundo atual, a Salesforce assumiu a liderança em excelência no treinamento de vendas. A Salesforce.com tem um time bem estabelecido de *sales enablement* que foca em desenvolvimento e treinamento de vendas. A empresa também tem um *bootcamp* de quatro dias para seus novos profissionais de vendas contratados. Depois que se registram para o *bootcamp*, todas os profissionais de vendas são instruídos a concluir um trabalho preliminar e são feitas avaliações de conhecimento. Para garantir que os novos profissionais de vendas continuem recebendo o conhecimento e o conjunto de habilidades necessários, Kimberly Miracle, uma gestora de *sales enablement*, compartilhou comigo que o time de *sales enablement* criou um currículo contínuo completo de treinamento estruturado de seis meses, on-line e off-line, que o pessoal de vendas precisa fazer. O time de *sales enablement* trabalha de perto com os novos contratados e seus gestores, para monitorar e rastrear sua jornada contínua de educação. Organizações de vendas bem-sucedidas focam continuamente em treinamento após a integração.

Como parte da minha pesquisa, falei com Charles (Chuck) Steinhauser. Ele está no segmento de tecnologia há mais de três décadas e vivenciou todas as marés altas e baixas do setor. Antes que Apple, Intel e Microsoft ocupassem a linha de frente, havia uma empresa de computadores chamada Digital Equipment Corporation (DEC), da qual Chuck era gestor de vendas. Na década de 1970, a DEC foi uma das pioneiras em computadores de preço relativamente acessível, conhecidos como minicomputadores, que competiam com os *mainframes* da IBM. No seu auge, a DEC era a segunda maior empresa de computação no setor. A DEC foi fundada em 1957, evoluiu e cresceu numa época empolgante da computação, quando numerosas inovações de *software* e *hardware* e tecnologias brotavam como cogumelos. Para a DEC era crucial manter as vendas à altura do veloz desenvolvimento de novos produtos e do cenário de marketing em constante mudança. O departamento de marketing publicava semanalmente atualizações de vendas e atualizações competitivas para informar o time de vendas sobre as movimentações tanto da DEC quando dos concorrentes e sobre os desenvolvimentos de produtos. As pessoas de vendas podiam decidir não assinar, mas, segundo Chuck, essas atualizações semanais eram um fantástico treinamento contínuo informal.

Embora a DEC, como originalmente formada, não exista mais, ela criou um legado duradouro para o setor de computação, abrindo caminho para os atuais computadores, *software* e microchips. A DEC contribuiu até para os primeiros dias da internet com um dos primeiros motores de busca, o AltaVista. Embora haja várias causas para o seu declínio, Chuck nota o quanto a DEC tratava bem seus funcionários e o quanto a gestão se dispunha a investir em seu time de vendas.

Hoje, Steinhauser é diretor de operações de vendas e *enablement* da divisão de Banda Larga, Cabos e Satélites da Amdocs, responsável por implementar treinamento contínuo similar para seu time de vendas, mas com um toque digital moderno. A Amdocs oferece um portfólio abrangente de produtos para apoiar a infraestrutura e tecnologia de processos internos [*back-end*] de provedores de banda larga, cabos e satélites como a Cox Comunicações, AT&T, Verizon e outras empresas de telecomunicações de primeira linha. O setor está mudando com rapidez. A maioria dos millennials são "cortadores de cabo" [*cable cutters*], o que significa que não são mais assinantes de televisão a cabo. São assinantes de canais de conteúdo via internet, como Netflix, Hulu ou Amazon, provedores de *streaming* de programas de TV e filmes. O modelo de negócios passou de cabo para conteúdo. Chuck precisa certificar-se de que seu time de vendas está por dentro dessas tendências e do complicado portfólio da empresa.

Ele instituiu dois programas: *Prime time* e *On demand* ["Horário nobre" e "Sob demanda"]. Adoro os nomes porque têm sinergia com os produtos da empresa! O *Prime time* é uma *live* quinzenal, na qual especialistas em diferentes produtos discutem os atributos do produto, propostas de valor, pautas de conversa com clientes e gatilhos de compra. O *On demand* também é quinzenal e foca na gestão de comunicação em torno de preços, previsões e negócios fechados. É aí que vendas se sintoniza com treinamento contínuo e atualizações.

Para educação contínua, Michael King enfatiza a importância de "treinar" o pessoal de vendas a usar o conteúdo disponível. Quando trabalhou na DataDirect Networks, o time de vendas tinha reuniões trimestrais de revisão de negócios. Gestores de vendas experientes compartilhavam os desafios que encontravam em seus contatos com *prospects* e clientes existentes. Em seguida, compartilhavam as soluções encontradas para lidar com esses problemas e o conteúdo relevante que utilizavam. Por exemplo: "Se os clientes dizem que não precisam de armazenamento centralizado, eis o que você (como pessoa de vendas) deve dizer e que conteúdo deve usar para ilustrar seus pontos...". Ele enfatiza que o fato de saber que conteúdo usar é tão importante quanto compreender os desafios dos clientes. O marketing pode ajudar vendas a contextualizar o conteúdo.

Obviamente, o treinamento contínuo pode ficar complicado quando você leva em conta os dispositivos (aprendizagem por celular) e preferências individuais de aprendizagem dos times de venda (podcasts ou webinários realizados no seu ritmo pessoal ou treinamento presencial). Você não precisa implementar as tecnologias mais recentes ou os canais mais populares. A chave é dar treinamento de qualidade em canais específicos e de modo consistente. Desde que o time de vendas ache benéfico e relevante, ele participa. Um ponto-chave a ser lembrado é focar na qualidade de seu treinamento de conteúdo.

LEMBRE-SE

- O treinamento contínuo é tão importante quanto a integração.
- O treinamento contínuo pode ser entregue com abordagens formais e informais.
- Trabalhe com o time de vendas para definir os melhores formatos para o treinamento contínuo.
- Compreenda as preferências de dispositivos e de aprendizagem individual.

Treinamento vindo de outros departamentos

A maior parte do treinamento vindo de outros departamentos tende a tratar de tópicos que não são de vendas. Mas vendas pode requerer aulas de treinamento específicas – de código de conduta, negociações internas, segurança ou *branding* –, para atender a regulamentações corporativas ou governamentais. A Intel, a fim de organizar melhor a aprendizagem, criou a Intel U. Quando comecei na Intel, a Intel U oferecia vários cursos de "habilidades interpessoais" a funcionários – sobre habilidades de apresentação, escuta ativa, gestão de time virtual, entre outros. Para níveis diferentes de gestores, oferecia também cursos de treinamento para melhorar seu pessoal e as habilidades de gestão. Andy Grove, fundador da Intel, gostava de dizer que os funcionários detêm a própria empregabilidade. É tarefa de cada um determinar de modo proativo as habilidades e o conhecimento que precisa para avançar na carreira. Como pessoa de *sales enablement* focada no treinamento e desenvolvimento de vendas, você pode sugerir algumas dessas aulas como complemento do currículo. Para um profissional de vendas, alguns cursos paralelos ao treinamento de vendas ajudam a definir caminhos futuros.

Outro tipo de treinamento contínuo vem do marketing. Ele dá treinamento de *branding*, de *messaging*, de oferta de novo produto, linha do tempo de campanha e outros, para que os times de venda conheçam os esforços de divulgação do marketing. É crucial manter vendas atualizada sobre os esforços de marketing, pois pode haver potenciais clientes que perguntem à pessoa de vendas sobre uma promoção ou nova oferta em particular. O marketing digital diluiu a linha entre vendas e marketing. Às vezes, o marketing fornece ferramentas voltadas à escuta social e a mídias sociais para os embaixadores da marca da empresa. Tais ferramentas podem também ser usadas por vendas, em vendas sociais ou baseadas em contas, e para alcançar *prospects*. Para capacitar melhor vendas, profissionais de marketing precisam compreender os processos de vendas e a metodologia, ajudar vendas a ligar os pontos e identificar onde é melhor empregar as ferramentas em estágios específicos da jornada de vendas.

> **LEMBRE-SE**
>
> ▶ Conheça as ofertas de treinamento de outros departamentos e incorpore-as ao currículo de vendas, quando apropriado.
>
> ▶ Trabalhe com o marketing para incorporar o esforço de divulgação de atualizações como parte das comunicações habituais a vendas.

CONTEÚDO

Marketing de conteúdo virou uma expressão da moda nos últimos anos. Meu primeiro livro, *Global Content Marketing*, descreve como escalar conteúdo a diferentes regiões por meio de um esforço colaborativo entre as sedes e os times locais. Conteúdo é definido como "tudo que transmita informações significativas a humanos".[5] Conteúdo pode ser um vídeo, um blog, um post, uma imagem, um webinário, um tuíte, um documento técnico, um e-book etc. Compradores e usuários estão muito cientes de seus desafios e problemas, mesmo que não saibam necessariamente como enfrentá-los, especialmente quando se trata de soluções de negócios envolvendo tecnologias com as quais talvez não tenham muita familiaridade. Como não sabem o que desconhecem, fazem pesquisa. Querem "aprender". Essa motivação cria uma grande oportunidade para profissionais de marketing e de vendas exercerem a função de "educar".

E a melhor maneira de educar e ser útil aos clientes é por meio de conteúdo relevante. O conteúdo é vital na venda de tecnologia complexa. As pessoas consomem conteúdo o tempo todo em laptops, tablets e telefones, sentadas no sofá ou fazendo buscas. Portanto, por meio de conteúdo útil, o marketing não só mostra o que pensam os *thought leadership* da empresa, mas também sua *expertise* e conhecimento de produtos ou tecnologias. A partir das buscas das pessoas, o Google dá informações relevantes (conteúdo) para responder às suas questões. O conteúdo também é essencial para a otimização de motores de busca [*Search Engine Optimization*, SEO]. Para apoiar vendas no *sales enablement*, o conteúdo vem no contexto do treinamento de vendas interno, no material de vendas para táticas e no material externo de marketing compartilhado com *prospects* e clientes.

Determinar tópicos de treinamento de vendas

Perguntei a Chuck Steinhauser como ele determina seus tópicos de conteúdo editorial para o treinamento de vendas contínuo. Ele me contou que os tópicos vêm de profissionais de marketing, dos principais gestores de contas, e de desenvolvedores de produto. Podem ser a respeito de produtos, tecnologias, concorrentes ou até de tendências futuras. Ele conversa com todos eles regularmente para obter seu feedback e planejar os tópicos para o *Prime time*.

A abordagem de Amy Pence na Alteryx é um pouco diferente, mas igualmente eficaz. Ela encara sua missão como a de melhorar o desempenho e a produtividade de vendas por meio de treinamento. Amy foca nos principais indicadores de desempenho em vendas [*Key Performance Indicators,* KPIs]. Os KPIs comuns são a duração média do ciclo de vendas, crescimento do funil, dimensão do negócio etc. Ela pega um KPI e trabalha retroativamente para identificar as atividades e conhecimento específicos necessários para determinar o foco da aprendizagem contínua. Por exemplo: um dos KPIs é o "multiplicador do funil". Ela faz uma revisão das atividades de qualificação para compreender as possíveis causas da desqualificação de muitos *leads*. Será que o *messaging* e os pontos de conversa foram fortes o suficiente durante a conversa sobre descoberta? Será que a pessoa de vendas estava bem treinada e informada? Será que o contato e os dados relacionados a um *lead* não eram suficientemente precisos? Ela então usa esses dados para identificar tópicos de treinamento e corrigir essas causas. É uma montanha de trabalho e envolve fazer suposições, mas, a meu ver, é muito inteligente associar aquilo que se oferece num curso de treinamento aos KPIs.

◢ Compreender as necessidades de vendas para criar conteúdo focado

Uma pessoa de marketing que dá suporte a conteúdo de vendas é diferente de outra que cria conteúdo de marketing. Conteúdo de marketing tende a ser amplo e sob medida para comunicações focadas em conhecimento ou no topo do funil. O alcance e a frequência são cruciais no topo do funil. A maior parte do tempo, a tarefa do marketing é concluída depois de capturar *leads* de marketing qualificados e passá-los a vendas internas ou a um representante de desenvolvimento de vendas [*Sales Development Representative*, SDR]. Embora conteúdos de vendas, como *briefings* de produtos, estudos de caso e guias de comparação entre preços e atributos, sejam o padrão à medida que os compradores se movem pelos estágios de vendas, o conteúdo exigido para várias conversas e reuniões ao longo dos estágios é customizado e personalizado.

Apoiar vendas ao entregar conteúdo como uma pessoa de marketing pode ser algo complicado. Você precisa avaliar a melhor hora de usar conteúdo padrão ou de usar conteúdo customizado, a fim de apoiar táticas diversas. Fazer isso bem exige *pensar* e *agir* como uma pessoa de vendas. Diane Walker, ex-gestora de *sales enablement* da SAP e da McAfee, compareceu a uma aula de integração de vendas, participou de todas as demais aulas de treinamento de vendas e fez todos os módulos on-line. Esforçou-se para "andar junto" com o time de vendas, colocando-se no lugar de seus membros. Depois de acompanhar e conversar muito, sentiu-se capaz de ajudar proativamente seus times de venda com apresentações, posicionamento e captação de informações de diversas fontes.

◢ Compartilhar material de marketing para capacitar vendas

O marketing cria muito conteúdo para vários propósitos de comunicações. Dependendo dos estágios de vendas ou das conversas com clientes, é frequente que conteúdo específico de produto seja requisitado pelo time de vendas. O conteúdo que o marketing cria e que pode também ser útil para comunicações de vendas consiste em:

FIGURA 5.2

Esses tipos de conteúdo são apropriados e devem ser parte do *playbook* de vendas ou do portal de vendas, especialmente para dar continuidade a uma conversa ou reunião produtiva. Segundo pesquisas, há um efeito de superioridade da imagem, indicando que, dois dias depois da sua reunião, as pessoas vão lembrar de apenas 10% do que você disse. Significa que num período de tempo muito curto terão esquecido a maior parte do que você tentou transmitir.[6] Portanto, após conversas e reuniões, é importante compartilhar conteúdo para validar, reforçar ou relembrar os clientes de seus pontos-chave. Parte desse conteúdo pode também ser usado por pessoas de vendas para suas próprias minicampanhas de divulgação por e-mail. Mesmo que os representantes de vendas estejam aguardando uma resposta dos *prospects* ou tentando voltar a se engajar com clientes existentes, usar algumas dessas peças de conteúdo é uma tática não invasiva que ajuda a manter esses relacionamentos ativos. O conteúdo, em ambos os casos, mantém a marca bem presente na mente de seus clientes e *prospects*.

Como profissional de marketing apoiando vendas, é essencial ter uma visão geral do conteúdo mais usual disponível, de modo que você possa extrair as melhores recomendações de seu tesouro de conteúdo durante revisões de oportunidades, reuniões para atualização do funil de vendas, ou conversas informais com suas pessoas de vendas.

> **LEMBRE-SE**
>
> - Compreenda as necessidades que vendas tem de conteúdo acompanhando integração, treinamento contínuo e participando ativamente de discussões cruciais de vendas sobre clientes.
>
> - Descubra novos tópicos de treinamento de vendas por meio de entrevistas com partes interessadas ou de análises de KPIs.
>
> - Incorpore conteúdo relevante ao *playbook* de vendas ou ao portal de vendas de modo que os times de venda tenham fácil acesso.

COACHING

Tive uma conversa com Lee Levitt, gestor de excelência de vendas da Oracle, que trabalha em vendas há mais de vinte anos. Um dos papéis principais em sua função é prestar *coaching* e facilitação. Ele acredita que o treinamento tem seu lugar, mas às vezes o que vendas precisa é de uma pessoa com a qual possa conversar a respeito dos desafios que encontra. É falar sobre as coisas, a fim de cristalizar seus processos de pensamento e determinar os próximos passos ou ações para fazer uma venda avançar. É uma sessão que mistura *coaching*, terapia e *brainstorming*. É o que Levitt faz.

Preparar o pessoal de vendas para discussões sobre descobertas

Coaching e facilitação podem ter um papel crucial no estágio de descoberta de uma conta-alvo. Um exemplo que Levitt usa é quando o time da conta identifica o principal tomador de decisão de um grande negócio. Eles estavam planejando a primeira reunião com o tomador de decisão, mas precisavam encontrar um ponto de mensagem essencial para ancorar a conversa inicial. Com base na pesquisa do time, descobriram que essa pessoa trabalhava na empresa há doze anos. Era piloto privado e adorava mergulho. O que podemos pressupor de sua personalidade? Qual seria sua visão de mundo? É alguém que prefere assumir riscos ou evitá-los? O que poderíamos dizer que apelaria à sua visão de mundo específica? À primeira vista, essa pessoa – piloto e mergulhador – parece encarar riscos de frente. Mas pilotos e mergulhadores procuram certificar-se muito bem de contar com sólido apoio para minimizar riscos. Ele provavelmente faz uma boa revisão de tudo antes de voar ou mergulhar. Portanto, a suposição feita era que não se tratava de um "cara da receita" (mais agressivo que contido) –, ele é um "gestor de riscos". Com base nesse insight, o time de vendas criou um plano para a primeira conversa com o tomador de decisão, focada em minimizar seu risco. A pesquisa e o insight do time de vendas se revelaram muito úteis e levaram à construção de um bom relacionamento já no primeiro encontro. Parte da função do *sales enablement* é equipar o time de vendas com a habilidade de descobrir o que cria sintonia com um *prospect* e colocar isso no ciclo de vendas.

◢ Melhorar as conversões durante os estágios de vendas

Um dos objetivos centrais do *coaching* de vendas é ajudar os representantes de vendas a superar impasses, e esse foi mais um exemplo que extraí da minha conversa com Levitt. Um dos times de venda que ele apoiava vendia *data centers* para departamentos de TI. Um *prospect* relatara ao gestor de vendas que a capacidade de seu *data center* estava no limite. Obviamente, ele precisava adquirir capacidade adicional; no entanto, o time de vendas não fora capaz de fechar a compra com o gestor de TI, apesar de o gestor de vendas saber que o gestor de TI dispunha de orçamento.

Lee se reuniu com o gestor de vendas e começou a fazer uma série de perguntas (como se fosse um terapeuta). Por exemplo: quanto tempo fazia que o *data center* estava no limite da sua capacidade? Alcançara o limite há seis meses ou há dois anos? De que maneira o gestor de TI havia se virado esse tempo todo? Será que conseguiria ir levando assim por mais dois anos? E por quê? Quais eram as principais iniciativas de negócio que poderiam impactar o uso do *data center* nos próximos três a seis meses? E o mais importante: quais seriam os prejuízos ao gestor de TI se ele não agisse agora com base em sua necessidade?

Seria possível levar a conversa ao ponto de mostrar que um acréscimo ao *data center* era algo urgente e transformar isso no evento convincente? Lee define um evento convincente como um gatilho sobre o qual o gestor de TI precisa agir para evitar um futuro e provável desastre. Em outras palavras, se nada for feito agora, haverá um grave impacto negativo no negócio. O trabalho de Levitt foi continuar fazendo perguntas para ajudar o gestor de vendas a identificar um evento convincente específico que pudesse fazer a conversa com o gestor de TI avançar.

A abordagem de Levitt é muito similar à de Erik Peterson. Em seu livro *The Three Value Conversations*, ele compartilha o conceito de "tornar o *status quo* inseguro". Peterson afirma que os compradores estão insatisfeitos com o *status quo*, mas acham que ainda é seguro. Os compradores sabem que há problemas, mas podem ainda ir contemporizando no dia a dia. Ou seja, não veem razão para chacoalhar o barco. Os compradores só reagem se o *status quo* fica inseguro. "Mostrar a eles de modo convincente o quanto perderão se não fizerem algo lhes dá uma sensação de urgência – especialmente quando você é capaz de mostrar que o problema é maior e pior do que eles imaginam". Usar um evento convincente para impulsionar uma decisão é também uma das táticas da metodologia de vendas do NEAT – *Need, Economic impact, Access to authority, Timeline*, isto é, necessidade, impacto econômico, acesso a autoridade, linha do tempo.

Então fiz a Levitt a seguinte pergunta: de que maneira ele dimensiona *coaching* e facilitação? *Coaching* e facilitação são coisas ótimas, mas funcionam melhor em situações pessoais. Ele mencionou que podia escalar convocando um grupo de gestores de vendas para uma revisão de oportunidade. De novo, trata-se de ajudar representantes de vendas a encontrar seus próprios gatilhos de um evento convincente, para fazer avançar seus *prospects* ao estágio seguinte. Durante uma dessas convocações, uma mulher de vendas mencionou que o aliado interno dela tinha uma gestão por objetivo [*Management By Objective*, MBO], que recomendava ter o sistema funcionando por volta de janeiro. Bingo! Esse é o evento convincente! O *prospect* dela tem uma ação específica que precisa ser feita até janeiro. O representante de vendas pode facilmente usar isso como uma âncora! A resposta dela forçou outros membros do time de vendas a pensar em quais poderiam ser seus eventos convincentes. Promover uma revisão de oportunidades com vários gestores de vendas é uma maneira de escalar o *coaching*.

Do ponto de vista de Levitt, o *coaching* por meio de conversas é uma aprendizagem experiencial. É um estilo diferente de aprender. Por meio de conversas, ele orienta os gestores de vendas a pensar de modo diferente ao deparar com desafios similares no futuro. Trata-se de mudar o pensamento e o comportamento deles ao longo do tempo. A capacidade de resolver um problema de modo diferente vem do *coaching* e da facilitação, não de treinamento feito por meio de palestras. Trata-se de ajudar os times de venda a rever as próprias táticas de vendas e ajudá-los a desempacar.

Levitt reconhece que o *coaching* não é algo que possa ser escalado massivamente. Mas que começa, como tudo, com pequenos passos. Suas conversas com membros do time de vendas são úteis para que compreendam como superar seus obstáculos e, depois de trabalhar várias questões desse jeito, eles começam a saber fazer isso sozinhos. Dessa maneira, ele os ajudou a mudar seu comportamento. Pessoas de vendas sabem como vender, mas de vez em quando precisam de alguém que ajude a ajustar suas técnicas. Como no mundo dos esportes, em que os maiores tenistas do mundo ainda necessitam ter técnicos – eles sabem jogar tênis muito bem, mas às vezes precisam de um ponto de vista novo para derivar dele novas estratégias e continuar melhorando seus resultados.

LEMBRE-SE

- Embora nem toda organização de vendas tenha "*coaches*", gestores de vendas experientes podem agir como mentores de vendas ou *coaches* e ajudar colegas a se "destravarem" de impasses de vendas.

- Como profissional de vendas que avalia oportunidades, é bom buscar proativamente orientação e apoio para superar potenciais obstáculos.

- Se necessário, escale e busque apoio da gestão.

INTEGRE TREINAMENTO, CONTEÚDO E *COACHING*

Emma Hitzke é gestor de marketing sênior da divisão de IoT da Intel. Seus maiores desafios são capacitar vendas na organização. "Silos! Silos são o obstáculo subjacente que impede que vendas, marketing e outras funções trabalhem juntos com eficiência." A pura verdade! Os silos são um obstáculo para mudar as estruturas organizacionais, dificultam conciliar vendas e metas de marketing, ou mesmo eliminar políticas de escritório ou contornar uma cultura corporativa precária. Uma maneira de desmontar silos é alinhar marketing e vendas desde o início, a fim de lidar com potenciais contas-chave.

Vender com base em contas é algo que existe há muito tempo. O marketing pode apoiar vendas baseadas em contas ao conduzir uma série de campanhas tendo como alvo contas específicas. Vendas e marketing trabalham lado a lado para entregar conteúdo oportuno e se engajar com as pessoas certas no contexto certo.

Um conceito popular é o de marketing baseado em contas [*Account-Based Marketing*, ABM], uma abordagem estratégica que combina marketing direcionado, conduzido por insights com vendas, a fim de aumentar o compartilhamento de ideias, fortalecer relacionamentos e promover crescimento em contas específicas, sejam novas ou já existentes. A IT Services Marketing Association identificou três tipos de ABM:

- **ABM estratégico** de uma pessoa a outra;

- **ABM leve** de uma pessoa a algumas poucas;

- **ABM programático** de uma pessoa a muitas.

Em qualquer um desses tipos de esforços de ABM, o time precisará de uma ferramenta para reorquestrar e colaborar com todos os *players* relevantes internos e externos. Essa ferramenta também precisa captar dados de diferentes fontes e portais para ajudá-lo a tomar decisões a respeito de contas-alvo. O desafio é saber quais dados extrair e como alavancar dados para definir as contas-chave.

Iris Chan, CMO da Fusion Grove, recomenda que os times que trabalham juntos em ABM façam sua lição de casa para compreender suas contas-alvo antes de iniciar os esforços de marketing customizado. Ela enfatiza que a propensão de um cliente a comprar se articula em três atributos: adequação, intenção e engajamento.

▲ Adequação: O conjunto de fatores e atributos ambientais de uma empresa que torna provável que ela precise da sua oferta

São geralmente identificados por dois tipos de dados – firmográficos e tecnográficos. Como já descrevemos, dados firmográficos referem-se a atributos da empresa, por exemplo, o número de funcionários, a receita anual, a vertical do setor e o número de filiais. Se sua oferta está projetada para negócios de pequeno/médio porte, você não vai querer visar empresas com 80 mil funcionários! Se a sua solução tem casos bem-sucedidos principalmente de assistência médica, então você vai querer aplicar o filtro de setor e focar seus esforços em empresas dessa vertical. Tecnográfico refere-se à tecnologia e ambiente organizacional de contas potenciais. Essas contas vão querer se certificar que suas ofertas se integrem e sejam adequadas às suas infraestruturas e aplicações existentes. O aspecto tecnográfico traça um perfil das tecnologias e atributos relacionados, instalados ou sendo usados pelas empresas – em outras palavras, o seu *stack* de tecnologia.

▲ Intenção: Indicadores comportamentais que mostrem uma intenção de comprar

Exemplos básicos de intenção podem ser perguntas ou comentários nas mídias sociais sobre um assunto relacionado com a sua oferta, anúncios de expansão nas operações de negócios para novos mercados ou de um projeto em seu início ou em andamento, uma requisição de proposta [*Request For Proposal*, RFP] ou a criação de novos cargos ou times.

▲ Engajamento: Atividade de todas as pessoas que estão interagindo com sua empresa no nível da conta

Por exemplo, se há três indivíduos da mesma empresa que passam um bom tempo nas páginas de seu produto na internet, isso é indicação clara de que estão se informando sobre suas soluções.

Essas alavancas de análise ajudarão você a decidir qual a melhor maneira de começar a criar esforços de marketing e de vendas baseados em conta. Iris destaca especificamente a importância de entender plenamente o *stack* de tecnologia da empresa:

FIGURA 5.3

Capacitar o time de vendas
a demonstrar relevância no contexto dos atuais investimentos em tecnologia

Poupar tempo
e esforço capacitando o time de vendas a focar em contas de alto valor

Alavancar insights
e fazer interseção com a base de dados de seu cliente

- **Capacitar** o time de vendas a demonstrar maiores níveis de relevância nos negócios ao falar com os clientes e posicionar sua solução no contexto dos atuais investimentos de tecnologia da conta. Você pode personalizar ainda mais o *messaging* em sua campanha ou engajamento.

- **Poupar** tempo e esforço ao time de vendas capacitando-o para focar naquelas contas de alta propensão e alto valor que têm maior probabilidade de conversão. Ao combinar isso com detalhes firmográficos, você pode priorizar e visar essas contas de alto valor, criando maior predisposição de que elas comprem suas soluções, o que significa obter melhores taxas de conversão para suas campanhas e uma aceleração no funil.

- **Alavancar** esses insights aprimorados e fazer interseção com a base de dados de seu cliente para identificar diferentes tipos de oportunidades – como *cross-sell*, *upsell*, vendas competitivas, de soluções complementares, expansão, renovação etc.

Em razão do forte foco em contas específicas, o sucesso do ABM é sustentado por um forte alinhamento entre vendas e marketing, o que cria uma oportunidade para colaboração com o *sales enablement*.

> **LEMBRE-SE**
>
> ▶ O marketing baseado em contas é uma das abordagens para romper silos entre *sales enablement*, operações de vendas, marketing e vendas.
>
> ▶ Esforce-se para compreender as necessidades dos clientes por meio de três atributos: adequação, intenção e engajamento.
>
> ▶ É crucial compreender dados firmográficos e tecnográficos.
>
> ▶ Customize o *messaging* e as campanhas de marketing no nível da conta.

A recomendação de Iris é criar um conjunto de guias passo a passo, com detalhes sobre como o vendedor deve se engajar com o cliente, iniciadores de conversa, ferramentas de vendas e cálculos, lidar com objeções e outras técnicas ajustadas especificamente para o plano ou as campanhas de ABM. Uma das armadilhas a evitar no ABM é acabar implantando campanhas ricas em conteúdo e mensagens voltadas ao cliente, mas carentes de conteúdo em *sales enablement*. Na realidade, os líderes de ABM precisam trabalhar de perto com seus times de *sales enablement* no planejamento de programas de ABM para integrar o conteúdo e recursos de *enablement* ao longo do processo.

Esforços baseados em contas servem como uma função que possibilita que vendas e marketing trabalhem juntos. Treinamento, conteúdo e *coaching* são usados ao longo das conversas e da colaboração entre os membros do time. Na verdade, o maior impacto do treinamento, conteúdo e *coaching* vem do fato de o time trabalhar junto para garantir que todo mundo aplique seu conhecimento e habilidades com ferramentas e processos adequados.

O caminho para o domínio do *sales enablement* é por meio de trabalho em time, e a jornada nunca termina.

O QUE VOCÊ PODE FAZER

① Como profissional de marketing apoiando vendas, compareça às aulas de integração de vendas e faça os módulos de treinamento.

② Identifique conteúdo de marketing útil para a jornada de vendas.

③ Comece com um pequeno projeto ou conta-alvo (ABM) para romper os silos entre vendas e marketing.

REFERÊNCIAS

[1] David Mattson. Four steps to designing an effective sales training program. www.trainingindustry.com/magazine/issue/four-steps-to-designing-an-effective-sales-training-program.

[2] Norman Behar. Study reveals the importance of sales training. www.salesreadinessgroup.com/blog/study-reveals-the-importance-of-sales-training.

[3] Finsmes. Forbes release first list of top 100 cloud companies + 20 rising stars. www.finsmes.com/2016/09/forbes-releases-first-list-of-top-100-cloud-companies.html.

[4] Aaron Ross. You need a sales system – not just sales training. www.salesforce.com/blog/2016/11/sales-system-sales-training.html.

[5] Erin Kissane. *The Elements of Content Strategy*, A Book Apart, EUA, 2010.

[6] Erik Peterson, Tim Riesterer, Conrad Smith e Cheryl Geoffrion. *The Three Value Conversations: How to create, elevate and capture customer value at every stage of the long-lead sale*, McGraw-Hill Education, Nova York, 2015.

O caminho para o **domínio do *sales enablement*** é por meio de trabalho em **time**, e a jornada **nunca termina**.

CAPÍTULO 6

Todo marketing leva a vendas

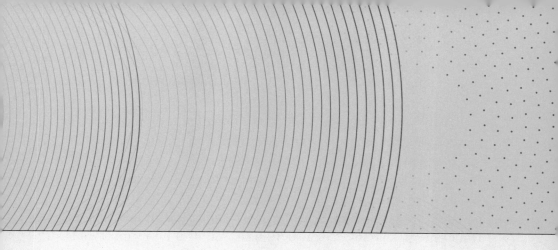

> *Eu realmente acredito que o moderno líder de vendas precisa ser um profissional de marketing.*
> Matt Gorniak, vice-presidente sênior da Salesforce.com

Uma das minhas citações de negócios preferidas é de Peter Drucker, o grande pensador da gestão moderna: "Como o propósito dos negócios é criar um cliente, a empresa tem duas – e apenas duas – funções básicas: marketing e inovação. Marketing e inovação produzem resultados; o resto são custos".[1] Sua observação é precisa. A tarefa do marketing é criar e reter clientes para gerar vendas. Portanto, os programas de marketing devem ter um elemento projetado para ser bem-sucedido em conversões de vendas.

Assistir às competições de tênis do US Open vem sendo há anos uma das atividades indispensáveis na nossa família. Meu marido foi criado em Nova York e ia todos os anos ao US Open. Sempre quis nos levar a um dos eventos de Grand Slam. Finalmente, fomos ao US Open em 2015.

O Centro de Tênis USTA em Flushing Meadows é um belíssimo local de 180 mil metros quadrados com 33 quadras e três estádios. Compramos ingressos para o primeiro e segundo dias. Foi um caos na manhã do dia de abertura e levamos meia hora só para passar pelo portão de segurança. Como alguém que ia pela primeira vez, fiquei impressionada ao ver os frequentadores do evento. Pais e avós levam seus filhos e netos, passando o dia inteiro no local. Pessoas de todas as idades, vindas de todos os cantos do mundo. Com exceção do Arthur

Ashe Stadium (a quadra central), você pode ir de uma quadra a outra e ver seus tenistas favoritos competindo e treinando.

Como profissional de marketing, fiquei com minhas lentes de marketing a postos enquanto passeava por ali. Como ocorre com qualquer grande evento esportivo, o local estava cheio de estandes, zonas de experiência, e salas VIP patrocinadas por diferentes marcas. A American Express oferecia um Fan Center AMEX. Todo mundo podia entrar para se refrescar um pouco no primeiro andar de seu Fan Center (fazia um calorão!). Ali havia também no segundo andar um salão apenas para membros, com baterias portáteis para carregar celulares. Uma ótima ideia.

MARKETING NÃO É MAIS SÓ MARKETING

O que esse Fan Center tem a ver com *sales enablement*? À primeira vista, não muita coisa. Essas salas são encaradas como "patrocínio de evento" ou como marketing externo. Sob a superfície, esses salões são na realidade "benefícios do produto" para os que têm cartão de crédito da AMEX, que desfrutam do privilégio de permanecer no salão. De certo modo, esse patrocínio do evento é um esforço de *sales enablement* para oferecer aos membros efetivos um benefício e divulgar os benefícios VIP a *prospects*. Atende bem ao topo do funil (impulsiona a consciência) e também ao fundo do funil (serviços ao cliente). O time de vendas pode também usar isso como um ponto de conversa e um diferencial para vender mais cartões ou incentivar os já clientes a fazer um *upgrade* em seus cartões (*upsell*). Assim, esse patrocínio de muitos milhões de dólares do evento é um programa de marketing com um toque de *sales enablement*! Acerta quatro pássaros com uma estilingada só, ao atuar em várias frentes:

1. Divulgação de marketing e consciência de marca;

2. Destaques e benefícios do produto;

3. Mensagem de vendas única e com alvo definido;

4. Oportunidades de *upsell* e *cross-sell* (*upgrades* e vendas cruzadas).

A maioria dos profissionais de vendas dá grande importância a atividades de marketing que revertam em vendas, isto é, *leads* de marketing qualificados, de alta qualidade [*Marketing Qualified Leads*, MQLs]. Embora as pessoas de vendas possam não colocar foco em saber de onde o *lead* provém, certamente querem saber detalhes da jornada do *lead*. Por exemplo, o *lead* compareceu a uma feira de negócios, parou num estande, participou de uma *live*, baixou três conteúdos. Podem não se interessar em saber o quanto o marketing batalhou para tornar isso possível, mas representantes de vendas dando duro para converter um MQL em um *lead* qualificado de vendas [*Sales Qualified Lead*, SQL] querem, sim, saber que feira de negócios foi essa, qual *live* e quais conteúdos o *lead* viu, a fim de ganhar insights valiosos e iniciar uma conversa personalizada para converter esse MQL num SQL.

Com o crescimento das comunicações digitais, *prospects* e clientes atuais estão lendo, buscando, conversando e pesquisando *o tempo todo*. Representantes de vendas podem precisar fazer pesquisa adicional por sua conta para ter uma noção do que um *lead* vem fazendo a mais, além das atividades rastreadas pelo site da empresa. Essa pesquisa adicional pode incluir uma busca no Google a respeito do *lead*, checar o LinkedIn da pessoa e de outros nas mídias sociais, ver que comentários postou, que coisas compartilhou e quais são seus seguidores. Supondo que a conversa com um *prospect* vá bem, seus times de venda podem precisar fazer um acompanhamento com um estudo de caso customizado por e-mail ou mesmo direcionar o *lead* ao site de comércio eletrônico da empresa para que examine opções ou produtos alternativos. De certo modo, os times de venda são profissionais de marketing usando diferentes táticas de marketing para fazer o acompanhamento dos *prospects*. Os limites entre vendas e marketing continuam sendo difusos.

Além disso, os programas de marketing não são mais tão simples e bem definidos. Podem estar embutidos numa plataforma de serviços ao cliente, num benefício do produto, numa ferramenta de comunicações de vendas etc., como no caso do Fan Center da American Express. Outros programas de marketing, como comarketing, se usados de modo eficaz podem ser moeda de troca para times de venda durante as negociações de contratos. Como pessoa de vendas, você precisa ter uma noção dos diferentes programas de marketing existentes na sua empresa. Alguns deles podem ser vantagens para novos *prospects*, como receber pontos de graça ou recompensas por adesão a programas de lealdade ou parceria. Como representante de vendas, você não precisa saber como os programas são conduzidos, mas precisa compreender o suficiente a respeito deles para saber se podem melhorar suas conversas com *prospects* ou ajudar a fechar um negócio. Ao mesmo tempo, é igualmente crucial que profissionais de marketing apoiando vendas tenham uma visão holística dos programas de marketing da empresa. Com essa compreensão, você pode ajudar vendas a ligar os pontos durante revisões de oportunidades ou discussões sobre vendas.

Neste capítulo, gostaria de explorar alguns programas de marketing. Eles não são por si parte do programa de *sales enablement*, mas se usados criativamente podem ser ferramentas valiosas para ajudar vendas a entregar uma melhor experiência do cliente e aumentar a velocidade da jornada do comprador.

FIGURA 6.1

MARKETING DE PARCERIA OU COMARKETING

Marketing de parceria é quando duas ou mais marcas colaboram em esforços promocionais. A parceria de marketing assume diferentes formas. O Walmart, maior franquia de supermercados dos EUA, fez parceria com a Coca-Cola e criou o comercial "*Stock up on joy*" ["Abasteça-se de alegria"] em 2011.[2] Ele incentivava os compradores do Walmart a consumir Coca durante as férias. Seu duplo propósito era aumentar o tráfego nas lojas do Walmart e impulsionar as vendas da Coca-Cola. É um exemplo clássico de colaboração em parceria de marketing entre duas marcas a fim de aumentar as vendas e a consciência de marca. É uma operação ganha-ganha.

No setor de tecnologia, a parceria de marketing é um canal crucial para aumentar a demanda por novas tecnologias. Para construir o ecossistema do PC e aumentar a demanda por PCs, a Intel criou esforços de comarketing com a Dell, HP, Asus, Microsoft e outras. A Intel não se restringiu a fabricar o microprocessador. Nos primeiros dias, os departamentos de vendas e marketing da Intel trabalharam de modo incansável com fabricantes para ajudá-los a desenhar placas-mães para PCs e laptops e implantar um forte ecossistema de PC. Com os fabricantes de equipamento original [*Original Equipment Manufacturers*, OEMs] e os fabricantes de design original [*Original Design Manufacturers*, ODMs], a empresa não só desenvolveu campanhas de comarketing como negociou para ter adesivos com o logo da Intel colocados nos PCs e laptops. Mas isso não era suficiente para que os consumidores soubessem o que a Intel oferecia. A Intel inteligentemente posicionou o microprocessador como o cérebro do computador. Lançou as massivas campanhas de marketing Intel Inside no início da década de 1990,[3] incentivando consumidores a procurar o rótulo Intel Inside quando comprassem seus PCs. Foi uma jogada brilhante, com forte alinhamento entre vendas e marketing.

FIGURA 6.2

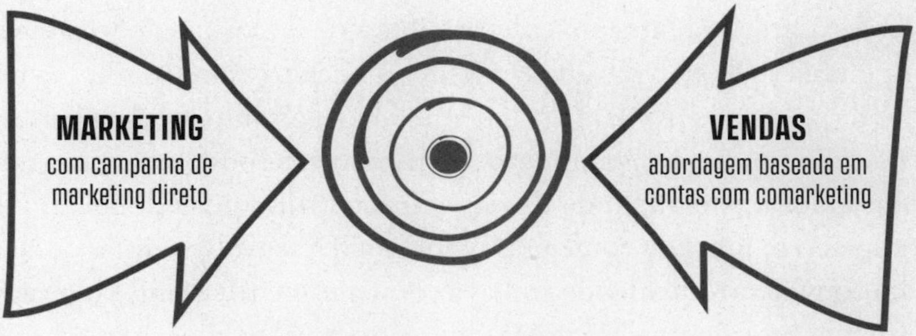

MARKETING
com campanha de marketing direto

VENDAS
abordagem baseada em contas com comarketing

- **No *front* de marketing:** entregou um posicionamento de produto claro e exclusivo, com massivas campanhas de marketing direto.

- **Do lado de vendas:** propiciou uma abordagem estratégica baseada em conta junto com elementos de comarketing para incentivar fornecedores a promoverem PCs.

De certo modo, a Intel dobrou sua cobertura para incluir esforços de marketing tanto direto quanto indireto (comarketing). Por meio de uma divulgação consistente de marketing, a Intel foi capaz de construir sua consciência de marca de maneira constante. Além de uma incessante inovação no *front* tecnológico, acredito firmemente que o enorme crescimento do PC nas décadas de 1980 e 1990 pode ser parcialmente atribuído às várias parcerias entre fornecedores de componentes, empresas de *software* e OEMs e ODMs. Eles trabalharam juntos para fomentar um setor inteiramente novo e fazê-lo prosperar.

A parceria de marketing pode também funcionar bem para empresas menores. Jobi George, VP de desenvolvimento de negócios e operações internacionais da StreamSets, compartilhou comigo sua história de parceria de marketing. Como os dados corporativos geralmente vêm de sistemas diferentes, a StreamSets ajuda empresas a gerir e organizar fluxos de dados em funis. Eles se autodenominam controladores de tráfego aéreo para dados. A StreamSets não tem um grande orçamento de marketing. Para que seus dólares investidos em marketing rendam mais, escolhem parceiros que complementem suas soluções. O esquema "Juntos é melhor" ajuda-os a apresentar uma solução mais poderosa para seus clientes-alvo conjuntamente. A Cloudera, uma plataforma para aprendizagem de máquina e análise otimizada para a nuvem, não oferece a gestão de desempenho no fluxo de dados que a StreamSets disponibiliza. Se eles trabalharem juntos, poderão criar uma solução melhor de ponta a ponta para seus clientes-alvo. Portanto, fizeram parceria para criar um *messaging* conjunto. A StreamSets se posiciona como uma solução ideal para *input* de dados na infraestrutura da Cloudera. Elas comparecem juntas às conferências do setor. Desenvolvem listas de alvos para convidar os clientes de ambas a comparecerem a eventos especiais. Também realizam webinários que incorporam as duas plataformas, e criam conjuntamente artigos técnicos e outros conteúdos. Jobi afirmou claramente: "O propósito da parceria de marketing é fazer com que a soma de um mais um dê mais que dois. No final das contas, trata-se de criar mais clientes para ambas as empresas".

◢ O impacto da parceria de marketing no *sales enablement*

Comarketing ou parceria de marketing costuma ser uma iniciativa estratégica conduzida pela alta gestão com base em recomendações de altos executivos de vendas. É quando duas empresas colaboram para entregar mais valor a elas e seus clientes. Em grandes empresas, ambas as partes podem contribuir com certa porção de orçamento na forma de fundos de desenvolvimento de marketing [*Marketing Development Funds*, MDF] para campanhas conjuntas. Gestores de marketing das duas empresas precisam trabalhar no *messaging* conjunto, em desenvolvimento criativo e no plano de mídia. Empresas menores alavancam os recursos existentes e os esforços de vendas de ambas. Quando os recursos e os orçamentos são restritos, você precisa ser criativo e pensar fora da caixinha. Pode soar fácil, mas envolve muito trabalho, e exige um monte de colaborações e de idas e vindas entre as duas empresas. Uma parceria estratégica pode levar longo tempo para ser montada e concluída, mas, quando bem implantada, gera nova demanda para ambas as empresas. Outro objetivo que você pode alcançar por meio do comarketing é criar soluções conjuntas, o que é mais comum no caso de empresas menores, em geral para oferecer a melhor integração possível usando produtos de várias empresas. A solução resultante resolve um problema de cliente que nenhuma das partes resolveria sozinha. Ao desenvolver uma solução completa por meio do comarketing e resolver os problemas dos clientes, todos saem ganhando.

LEMBRE-SE

▶ Identifique potenciais parceiros de comarketing com base em alinhamentos estratégicos ou de produto.

> - Crie soluções conjuntas para lidar com as necessidades de seus clientes.
> - Para o comarketing, defina objetivos, estratégia, elementos de marketing e métricas de sucesso.
> - Escolha um gerente de marketing para trabalhar na execução dos elementos de marketing. Nota: não subestime a carga de trabalho exigida para fazer um bom comarketing.
> - Avalie os resultados da campanha de comarketing por meio das métricas de sucesso.

MARKETING COM PARCEIROS DE CANAL

Um parceiro de canal é um indivíduo ou empresa que vende produtos ou serviços em nome de provedores de tecnologia ou de serviços, e de fabricantes ou fornecedores de *hardware* ou *software*. Embora façam parte da força de vendas, não estão envolvidos com vendas diretas, pois fazem parte do time de vendas indiretas das empresas. São exemplos de parceiros de canal: distribuidores, revendedores que agregam valor, integradores de sistemas, fornecedores de serviços geridos e até mesmo varejistas. Alguns consideram o marketing de parceiro de canal outra forma de parceria de marketing. Em certa medida, é. Mas a parceria de marketing tende a ser estratégica, com ambos os parceiros em pé de igualdade. O marketing e o *sales enablement* têm uma relação de mão dupla. Parceiros de canal dependem muito de tecnologia ou de provedores de serviços para estender o apoio de marketing e vendas, oferecer MDF, conteúdo de produto relevante e, em alguns casos, compartilhar *leads*. O apoio é mais de via única quando vem de provedores de tecnologia para parceiros de canal.

Tradicionalmente, vendas diretas e vendas indiretas não costumam conversar entre si com frequência. Às vezes, até batem de frente perseguindo as mesmas contas. Nesse caso, com quem deve ficar a conta? Não há uma resposta certa ou errada. A melhor abordagem é lidar previamente com os problemas para minimizar conflitos de canal.

Jonathan Crowe, diretor sênior de conteúdo da Openview, sugere lidar com as principais questões de preço, remuneração, território e processo:[4]

- **Preço:** ofereça descontos ao parceiro de canal e pontos de preço fixo para vendas diretas a fim de evitar subcotação de preços.

- **Remuneração:** remunere o time de vendas interno mesmo que a venda seja indireta.

- **Território:** segmente produtos por verticais de setor ou por territórios geográficos, se for apropriado.

- **Sistema de registro do *lead*:** parceiros de canal podem registrar certo número de *leads* de alta qualidade num sistema que dê acesso a vendas diretas. Se a certa altura um *lead* expirar, eles poderão registrá-lo de novo se ainda quiserem trabalhar ativamente com ele. Permite um *lead* por representante. Sistemas de registro de *lead* e de oportunidades atendem a um propósito similar.

Há outras maneiras de minimizar conflitos de canal e manter o relacionamento. David Skok, membro da diretoria da Hubspot, observa: "Por que você iria reduzir de propósito seu lucro inicial passando o negócio a um parceiro? Simples. Porque é investir em criar um relacionamento de canal que a longo prazo entregará mais valor exponencialmente".

Em geral, engajamentos com parceiros de canal não têm relação direta com as vendas diretas de uma empresa. A Cisco de algum modo construiu sinergia entre vendas diretas e parceiros de canal. Jeff McKittrick, diretor sênior das plataformas de vendas digitais da Cisco, faz parte do time de Liderança Global de Estratégia e Operações de Vendas da empresa. Esse time vê o sucesso de vendas de maneira holística. Colaborando com marketing, engenharia de produto, parceiros de canal, sucesso do cliente, finanças, treinamento de vendas e TI, o time entrega crescimento de vendas, produtividade e satisfação do cliente/parceiro. Ele e seu time criaram uma plataforma de vendas digital, a SalesConnect, para apoiar o time de vendas diretas em março de 2014. Quando os times de venda de parceiros de canal descobriram que o conteúdo do

SalesConnect era útil, a base de usuários cresceu para mais de 150 mil usuários de parceiros de canal da Cisco. Desde então o site expandiu seu conteúdo para incluir demos on-line e testes de produtos onsite.

▲ O impacto do marketing de canal no *sales enablement*

Quando se fala em "*sales enablement*", as pessoas tendem a focar no apoio ao time de vendas diretas. Bob Meindl, diretor de marketing de conteúdo na Cisco, destacou que o *sales enablement* que é dado ao lado direto deve também ser dado ao lado indireto. Ele afirma: "O que quer que façamos para treinar vendas diretas a vender os produtos, temos que fazer também para os parceiros". É importante fornecer apoio similar ao time de vendas indiretas. Treinamento de vendas, colateral de vendas ou materiais de marketing usados pela força de vendas diretas da empresa podem também ser usados para apoiar a força de vendas dos parceiros de canal.

Nos relacionamentos fornecedor-revendedor podem surgir conflitos em razão do desejo de ambas as partes de maximizar vendas. Isso pode ser resolvido em discussões abertas entre os times de venda diretas e indiretas. Para vendas diretas, parceiros de canal podem vir em auxílio quando há um negócio que requer o apoio de uma terceira parte. Nessa situação, vendas diretas pode envolver um parceiro de canal como parte do negócio, para assegurar o sucesso do cliente. Em algumas situações, vendas diretas pode também fazer esse trabalho de encontrar bons encaixes e indicar *leads* a parceiros de canal. Não se trata de vendas diretas *versus* vendas indiretas. Trata-se de motivar as duas forças de vendas e criar um relacionamento mutuamente benéfico que faça crescer as duas empresas.

> **LEMBRE-SE**
>
> ▶ Se você lida com uma força de vendas indiretas, é crucial revisar seu treinamento de vendas diretas, as ferramentas e o conteúdo. Selecione bem o que pode ser aplicado ao time de vendas indiretas.

- Crie um portal de vendas para compartilhar conteúdo entre as forças de venda direta e indireta.
- Monte um processo que cuide de como gerir ou distribuir *leads* a parceiros de canal e como a força direta será recompensada.

E-MAIL MARKETING

Gosto muito de um exemplo de "programa de marketing transformado em diferenciador de vendas", citado por Tom Martin, autor de *The Invisible Sale*.[5] Vários anos atrás, Martin liderava um pessoal de agência que trabalhava com um time de vendas de um hotel para conquistar um negócio com uma associação, para que o hotel hospedasse a conferência anual dela. Para ajudar esse hotel a se diferenciar sem precisar entrar numa guerra de ofertas com outros hotéis, a agência criou um programa de e-mail para "registrar-se para a conferência" sem complicações adicionais. O time de vendas do hotel ofereceu-se para conduzir o programa de e-mail para a associação sem custo adicional, desde que ela agendasse sua conferência no hotel. No final, o hotel não conseguiu o negócio, em razão de outros fatores, mas este certamente foi um ótimo exemplo de uso de e-mail marketing como uma proposta de valor de vendas.

Mesmo que o e-mail não seja usado como ferramenta de vendas, com certeza é a ferramenta mais usada por vendas e pelo marketing. O e-mail "não é uma novidade cintilante, é mais aquele recurso estável que realmente funciona", diz Neeru Paharia, professor assistente de marketing na Escola de Negócios McDonough de Georgetown.[6] A Mailchimp, provedora de serviços de e-mail marketing, foi eleita a empresa do ano pela *Inc. Magazine* em 2017. A Forrester estimou que as empresas nos EUA gastaram 2,8 bilhões de dólares em e-mail marketing em 2017. Na era dos anúncios pagos no Facebook, da busca paga no Google e dos filtros Snapchat, o e-mail marketing ainda é um recurso excelente e necessário. Todos nos queixamos da quantidade de spam que recebemos, mas o e-mail ainda é um canal de marketing direto eficaz, e o elemento central da automação de marketing e do CRM. Como parte das táticas de vendas para qualificar um *lead*, os representantes de desenvolvimento de vendas costumam seguir uma cadência específica, como sete tentativas de alcançar *leads* ao longo de quinze dias com três ligações, três e-mails e uma mensagem de LinkedIn. O e-mail por certo é um canal muito usado pelo marketing baseado em contas para compartilhar conteúdo e se engajar com indivíduos-alvo. Vendas e marketing usam e-mail marketing para comunicar, alimentar, fazer *cross-sell* e *upsell* etc.

Martin também compartilhou um exemplo de campanhas direcionadas a encontrar *leads* quentes e mornos no banco de dados de e-mail da empresa. Martin tem uma abordagem única ao e-mail marketing: usar o e-mail para obter novas informações sobre os *prospects* existentes. Segundo ele, o ROI do e-mail marketing não é apenas de receita, mas de coleta de informações. Ele enfatiza que, para certos esforços de e-mail marketing, você não deve se importar se *prospects* ou clientes compram ou percorrem o caminho todo de geração de *leads*. O propósito dessas campanhas de e-mail marketing é gerar tráfego em seus sites de modo que os *prospects* comecem a clicar e consumir informação — este é um elemento importante da jornada do comprador, especialmente quando os ciclos de vendas são longos e exigem múltiplos pontos de contato. Todo clique tem uma dica comportamental ou sinal correspondente que você pode utilizar para segmentar potenciais clientes dentro de um perfil específico em termos de comportamento. "Construir perfis" é essencial para customizar e personalizar e-mails para os seus públicos.

Martin sugere que profissionais de marketing desenvolvam um diagrama de lógica de comportamento de e-mail [*Behaviour E-mail Logic*, BEL]. Alguns chamam isso de mapa da jornada do cliente ou de *drip campaign* [campanha conta-gotas]. Para criar um BEL, você precisa primeiro definir o conteúdo essencial da mensagem de cada e-mail a ser enviado. O design ou seleção de mensagens essenciais depende de seu objetivo ou da inteligência que quer coletar. Se você quer encontrar *leads* mornos, seu conteúdo precisa seduzir *prospects* que estejam no momento avaliando diferentes soluções ou interessados em explorar várias opções, e criar um evento de compra atraente. Crie hipóteses a respeito daquilo que os padrões de comportamento de *prospects* podem estar dizendo quando clicam em conteúdo e se movimentam pelo BEL. A parte que consome mais tempo é selecionar ou criar conteúdo e construir a sequência lógica de conteúdo de seu e-mail marketing.

FIGURA 6.3

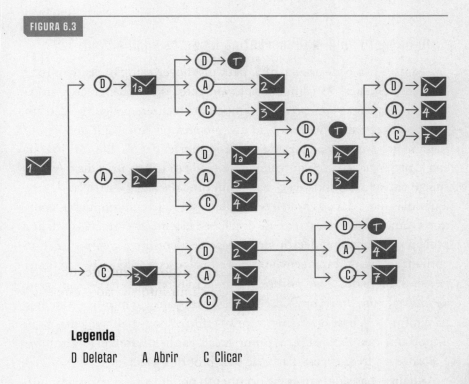

Legenda
D Deletar   A Abrir   C Clicar

Essa é uma amostra de um diagrama de e-mail comportamental baseado nas ações em relação ao e-mail – "Deletou", "Abriu" e "Clicou num link". Martin sugere definir regras: se os *prospects* abrem dois e-mails em seguida sem clicar, recebem uma terceira mensagem específica. Se clicam em dois e-mails consecutivos, recebem uma outra mensagem, diferente. E assim por diante ao longo de todos os padrões possíveis de deletar/abrir/clicar. A meta do BEL é simples: por meio da sequência pré-definida, com conteúdo cuidadosamente elaborado, é possível compreender o que os comportamentos deletar/abrir/clicar comunicam e segmentar *prospects* de acordo. Embora tudo isso possa ser feito usando sofisticadas plataformas de automação de marketing como Marketo, Eloqua, Pardot e outras, é importante refletir sobre a construção e abordagem ao BEL, como exposto por Martin. As ferramentas estão aí para nos ajudar, mas ainda precisamos obter conteúdo apropriado, internalizar os dados, rever as recomendações da plataforma e tirar as próprias conclusões.

◢ O impacto do e-mail marketing no *sales enablement*

Martin usa o diagrama BEL para promover campanhas de e-mail para seus clientes. As campanhas levam cerca de seis semanas, porque você precisa dar aos *prospects* um tempo para realizarem alguma ação em relação aos e-mails. Ele descobriu que *prospects* podem reagir quase imediatamente a um e-mail ou então salvá-lo para ler depois. De acordo com sua experiência, costumam voltar ao e-mail em três a cinco dias. Assim, sugere enviar cada onda de e-mails com uma distância entre elas de sete a dez dias, para dar aos *prospects* tempo de sobra para responder. Depois que a campanha percorreu a base de dados existente de contatos, os dados podem ser analisados. Martin normalmente identifica *leads* mornos, que abriram e-mails, clicaram em links nos e-mails e leram alguns poucos itens nos sites. Além dos *leads* mornos, há também uma pequena porcentagem de *leads* quentes. As recomendações de Martin parecem muito pertinentes para mim, com base nos meus próprios esforços de e-mail. No entanto, é importante que você realize as próprias campanhas de e-mail e customize o alcance e a frequência a partir de seus próprios resultados.

Análises baseadas em comportamento podem ajudar a ressaltar que os contatos não só abriram e-mails, mas também clicaram em mais de um e-mail e/ou leram vários itens nos sites. Em alguns casos, esses *prospects* visitaram uma página-formulário de geração de *leads* no site. *Prospects* frios (que não foram retirados das ondas de remessa de e-mails) podem indicar uma disposição de receber mais um e-mail. No entanto, isso talvez não seja verdade, pois o e-mail pode ter ido para a pasta de spam do contato. Se os *prospects* receberam e-mails muitas vezes e nunca abriram, você pode considerar enviar um e-mail de última tentativa, do tipo "Caro João, ainda tem interesse em receber nossos e-mails? Em caso afirmativo, clique aqui", para um processo de cancelamento automático. Uma observação: se você também identifica que vários contatos da mesma empresa nunca abrem e-mails, isso talvez indique

que seus e-mails de marketing estão sendo bloqueados globalmente no nível do servidor. Se você não tem como descobrir verbalmente se um contato viu seu e-mail, pode ser difícil ter certeza até mesmo de que os e-mails estão sendo recebidos.

Você pode usar o mesmo diagrama para qualificar *leads* de feiras de negócios, de publicidade e *networking* geral. A maior barreira é o tempo que leva para criar, lançar e depois otimizar o programa.

LEMBRE-SE

- O e-mail marketing ainda tem lugar na divulgação geral de marketing.
- Não mande e-mails só por mandar. Seja estratégico e selecione conteúdo com uma boa edição de texto para ajudar a identificar *leads* mornos ou alinhar-se aos objetivos da comunicação por e-mail.
- O e-mail marketing pode ser uma ferramenta sofisticada para induzir comportamento específico com conteúdo e texto cuidadosamente elaborados por meio de uma série de jornadas de e-mail bem concebidas e coerentes.
- O conteúdo da campanha de e-mail deve ser parte da discussão sobre planejamento editorial.

E-COMMERCE

Não sou muito de comprar, e só compro quando preciso mesmo de alguma coisa. Nunca havia tido a experiência de comprar numa Black Friday até 2013 (e foi por causa de um pedido de meu filho adolescente). Nas férias de 2017, quando várias cadeiras da mesa da nossa sala começaram a desmontar, fui fazer compras nas lojas Macy's, JC Penny e Dania Furniture. Achei um estilo do qual gostei, e que por acaso estava em oferta. A vendedora, Odette, contou que eu poderia obter um desconto de 20% da liquidação de Ano Novo e outro adicional de 15% se pagasse com o cartão de crédito da JC Penny. Parecia interessante! Na hora de pagar, ela, como pessoa de vendas, na realidade seguiu todo o processo pelo site de comércio eletrônico da JC Penny. Disse que era mais rápido do que usar o sistema do ponto de venda. Eis a questão: uma pessoa de vendas usa o fluxo de trabalho do *e-commerce* para concluir uma transação de venda da loja física. Quando perguntei se o site do *e-commerce* tinha algum impacto na comissão dela, disse que o *e-commerce* é o seu *showroom* virtual. Muitos de seus clientes acessam o site de comércio eletrônico da JC Penny para ver os produtos e especificações, e então vêm até a loja, fazem perguntas a respeito das suas escolhas e concluem as transações pessoalmente. Disse que algumas pessoas preferem percorrer todo o processo de compra on-line, enquanto outras preferem fazer a pesquisa on-line e concluir as transações presencialmente. Trata-se em grande medida de uma preferência pessoal.

Sempre ouço dizer que o comércio eletrônico está devorando as comissões de vendas. Mas isso não precisa ser necessariamente assim se a remuneração de vendas for adequadamente estruturada. O comércio eletrônico deve ser tratado como outro canal para os times de venda, não como um concorrente direto. "Líderes bem-sucedidos de *e-commerce* B2B na realidade pagam aos vendedores uma alta comissão por negócios feitos on-line em seus territórios", diz o blog Blue Sky Technology Partner. "Isso não só cria um ambiente onde os representantes de vendas e a loja on-line se empoderam mutuamente, como os vendedores podem alcançar metas mais altas de receita já que não gastam tempo captando pedidos."[7]

◢ O impacto do *e-commerce* no *sales enablement*

Outra grande vantagem do *e-commerce* é permitir lidar com a necessidade dos parceiros de canal de acessar informações e especificações de produtos. "Fornecer aos comerciantes as próprias lojas *web* de sua marca, pré-carregadas de informações e conteúdos sobre produtos, permite que você escale ferramentas de *e-commerce* muito poderosas para seus revendedores, que podem não ter os mesmos recursos para investir no próprio canal on-line. De pouco adianta tentar melhorar a experiência de seu cliente se você não faz o mesmo com a experiência do revendedor" (afirma o mesmo blog).

O *e-commerce* é também uma maneira prática de os clientes solicitarem peças de reposição, em oposição a fazer com que vendas pegue os pedidos. Quando clientes pedem peças de reposição no site de *e-commerce* da Caterpillar, ela consegue rastrear e dar o nome do comerciante que cuida desse cliente. A Caterpillar procura garantir que o comerciante receba a devida comissão, mesmo que o pedido não tenha vindo diretamente dele.

O *e-commerce* também funciona bem para SaaS com modelos de negócios "*freemium*" (por meio dos quais um produto ou serviço é fornecido sem que se cobre por ele, embora se cobre dinheiro por recursos, serviços ou bens virtuais adicionais) ou transações autosubscritas. Não se trata de eliminar a força de vendas. Os times de venda devem ver isso como uma oportunidade de aumentar vendas e de construir *prospects* para futuros *upgrades* ou para *cross-sell e upsell*. Isso cria oportunidades para os compradores que estão prontos a comprar, mas é também um esquema ganha-ganha, no qual fica mais simples para o cliente comprar sem exigir recursos do time de vendas.

O sucesso dos projetos de *e-commerce*, especialmente em B2B, requer contribuição do time de vendas. Para montar o fluxo de trabalho de compra, os representantes de vendas que estão em contato com os clientes o tempo todo podem dizer ao time do projeto de que maneira os clientes compram. Além disso, dependendo de sua cultura organizacional, você pode precisar da aprovação do time de vendas ou então arriscar prejudicar o desenvolvimento de seu *e-commerce* com esforços medíocres ou até com tentativas propositais de prejudicar seus projetos. É importante contar com a adesão do time de vendas.

Se seus produtos são complexos e exigem diferentes configurações de customização e/ou diferentes passos para sua implantação, então é provável que você precise de um processo em várias etapas, o que demanda mais tempo. Quando os vendedores fazem vários requisitos e ficam trocando e-mails, por exemplo, isso abre as portas para erros, pontos cegos e insatisfações. Ferramentas on-line podem corrigir isso com precisão bem maior do que os métodos tradicionais de validação automática de pedidos. O marketing deve estar envolvido em montar essas ferramentas, já que há muitas oportunidades de aumentar as vendas com técnicas apropriadas de *upsell/cross-sell* [vendas incrementadas e cruzadas]. Colaterais relevantes e úteis de produto e soluções podem também ser adicionados para educar os vendedores e clientes quando visitam seus sites de *e-commerce*.

> **LEMBRE-SE**
>
> - Sites de *e-commerce* complementam a força de vendas, mas é importante ajustar as compensações de vendas e outras preocupações apresentadas pelo time de vendas.
>
> - Defina com clareza de que modo o *e-commerce* vai ajudar os times de venda. Por exemplo: os clientes podem pedir peças de reposição diretamente on-line.
>
> - Solicite feedbacks e contribuições de vendas ao projetar fluxos de *e-commerce*. É fundamental contar com a adesão de vendas.

MARKETING DE AFILIADOS

Um programa de marketing de afiliados é um acordo comercial por meio do qual uma parte (o comerciante ou o anunciante) concorda em pagar à outra parte (o afiliado ou *publisher*) uma taxa de indicação, recompensa ou comissão para cada ocorrência de uma ação desejável.[8] Exemplos dessas ações são vendas e *leads* ou cliques de clientes no link do afiliado antes da conclusão de uma venda. Em muitos casos isso se manifesta como afiliados ou *publishers* que levam tráfego para seus sites. Recentemente, o marketing de afiliados também se expandiu para cobrir o marketing de influenciadores, como o de blogueiros e celebridades do YouTube/Instagram. Se você pensar bem, os assim chamados influenciadores estão usando seus sites ou canais de mídias sociais para compartilhar e falar a respeito de seus produtos e serviços, e ao fazerem isso levam tráfego para o seu site. Dependendo de como for estruturado, o marketing de afiliado ou influenciadores pode facilmente ser um patrocínio pago, um endosso de celebridade, um esforço de parceria de marketing ou de algum outro canal de entrada. Ocorre de formas diferentes.

O marketing de afiliados está sem dúvida se popularizando. Um estudo sobre tendências de marketing de afiliados feito pela Forrester Consulting descobriu que, em 2016, mais de 80% das marcas reportaram utilizar programas de afiliados, e que eles contribuíam com o que se previa ser um setor de 5,3 bilhões de dólares, por volta de 2017. O estudo previa que o setor cresceria de mais de 10% ao ano até 2020, o que significa que o gasto poderia se elevar a 6,8 bilhões nesse período.[9]

Os times de marketing geralmente trabalham de perto com afiliados para impulsionar *leads* ou vendas. Afiliados ou *publishers* vão usar esforços de marketing típicos como e-mail, busca paga, mídias sociais, vídeo, publicação de conteúdo e emissão de cupons para incrementar vendas.

Eu adoro meu *software* de contabilidade, o Xero. Sua *tagline* é "um *software* de contabilidade bonito". O design e a interface de usuário são simples e intuitivos. Como seu público-alvo é de pequenas e médias empresas nos EUA, Austrália e Reino Unido, a geração de *leads* é crucial para o time de vendas deles. Uma das atividades cruciais de seu marketing é o marketing de afiliados. O gestor de marketing de afiliados da Xero trabalha de perto com os afiliados da empresa para estruturar seus programas, desde o *messaging*, criação de conteúdo, palavras-chave de buscas pagas e e-mail a outros esforços externos. Embora ele não conduza as campanhas de marketing dos afiliados, é importante prepará-los para serem bem-sucedidos. Além disso, também passa um tempo trabalhando em incentivos e pagamentos. Como a remuneração de afiliados é paga com base em desempenho, os incentivos e pagamentos estão intimamente correlacionados com seus comportamentos. Um marketing de afiliados otimizado é tão eficaz quanto o marketing de parceiros de canal ou outros esforços de marketing pagos.

▲ O impacto do marketing de afiliados no *sales enablement*

O marketing de afiliados não costuma estar no radar do time de vendas. Porém, ao terem parceiros afiliados não tradicionais como potenciais motores de desenvolvimento dos negócios, os times de venda podem se interessar em se envolver na identificação de parceiros afiliados. Por exemplo, a Reebok trabalha com as academias CrossFit para que aqueles que a frequentam comprem diretamente por meio da academia, que então recebe uma comissão sobre os produtos vendidos por meio de sua loja Reebok.[10]

Outro aspecto que os times de venda podem achar interessante é como os afiliados posicionam seus produtos e serviços. Para trazer tráfego para os seus sites, os afiliados precisam falar de seus produtos de um jeito um pouco diferente em relação ao *messaging* da sua empresa. Será instrutivo para você ver como eles falam sobre seus produtos e serviços. Além disso, os afiliados ou influenciadores irão fazer resenhas e comparações de produtos. Parte dessas informações pode também ser usada pelos times de venda como pontos de conversa com *prospects*. Como alguns afiliados são também influenciadores, vendas pode ser capaz de encontrar *prospects* em canais de mídias sociais de influenciadores, e nos seus sites ou comunidades.

Muitas empresas cometem o erro de esperar que os afiliados impulsionem as conversões enquanto elas ficam sentadas esperando as receitas irem entrando. A realidade é que programas de afiliados são projetados para trazer tráfego aos seus sites. Não importa como tenham chegado ali, é tarefa *sua* conseguir que os clientes que visitam seu site façam uma compra. Se seu site está bem montado, você trará mais *leads* e vendas, o que por sua vez aumentará os incentivos que você dá aos seus afiliados para melhorarem as próprias contribuições.

O marketing de afiliados não é novo. O conceito circula há muito tempo na forma de endosso de celebridades, mas a revolução digital está dando às pessoas comuns a oportunidade de participar da ação. Encontre influenciadores que sejam bons advogados da marca e ofereça-lhes uma oportunidade de crescer com você.

LEMBRE-SE

> Identifique os principais parceiros de programas afiliados e defina pagamentos estruturados baseados em desempenho, com os quais marketing e vendas concordem. Modifique e otimize quando necessário.

> ‣ Crie uma experiência fluente para trazer tráfego de afiliados para seu site. Compare os desempenhos de cada afiliado e ajuste seu orçamento.
>
> ‣ Trabalhe com afiliados para criar mensagens diferenciadas. Forneça briefings e informações para ajudá-los a ter sucesso.

PROGRAMAS DE LEALDADE

Ter um modelo de negócios saudável é o principal objetivo de toda empresa. De nada irá adiantar ter um time forte de associados de vendas se sua empresa não for capaz de criar clientes recorrentes. Clientes recorrentes tampouco adiantam nada se o custo de mantê-los é maior que a receita que geram para a empresa.[11] Uma tática eficaz é criar um programa de lealdade ou recompensas. Empresas dos EUA gastam 50 bilhões por ano só em programas de lealdade. E, se você acerta, programas de lealdade podem gerar até 20% dos lucros da empresa.[12] Programas de lealdade ou recompensa são muito populares em B2C, especialmente nos segmentos de viagens, restaurantes e varejo. As pessoas entram nesses programas em função das vantagens que oferecem, dos serviços de cortesia, descontos, *cashback*, reembolsos, *status* e outras iniciativas.

Como regra, clientes de empresa constroem relacionamentos de longo prazo e sustentáveis com parceiros e fornecedores. No B2B, o elemento de lealdade pode ficar oculto em outros programas de marketing. Por exemplo: a certa altura, a Intel tinha mais de 200 mil parceiros de canal ao redor do mundo. A fim de apoiar melhor diferentes parceiros de canal, a Intel criou programas de filiação em camadas, oferecendo diferentes benefícios e recompensas aos filiados com base em vários níveis de serviço e valor (*status* platina, ouro, prata etc.). Os benefícios da filiação podem ser apoio de marketing, participação em conferências exclusivas para convidados, suporte técnico de alto nível etc. Intel, Cisco, IBM e Microsoft têm todas elas suas conferências exclusivas para parceiros de canal.

◢ O impacto dos programas de lealdade no *sales enablement*

Dados! O programa de lealdade tem a maior parte das informações demográficas e de compra dos seus atuais clientes. Examinando os dados, você compreende os hábitos de compra e de uso de suas contas. Mesmo que não esteja à procura de clientes específicos, você pode examinar os dados por segmentos ou camadas específicos para ver se surgem padrões consistentes. É outra maneira de buscar conhecer bem seus clientes, o que ajuda a prestar melhores serviços.

A tecnologia tem desempenhado um grande papel na evolução dos programas de lealdade. Por exemplo, os smartphones podem substituir o cartão de lealdade. As mensagens por SMS vêm ocupando o lugar do e-mail para a distribuição de cupons e ofertas digitais. Se a atividade de clicar em e-mails de lealdade for feita por celular, então é muito importante otimizar todas as experiências de marketing digital e *e-commerce* para esse formato. A experiência como um todo precisa ser positiva, não pode ser estorvada por páginas de internet ou aplicativos mal concebidos.

A chave para um esforço de lealdade e recompensas bem-sucedido é certificar-se de que seus clientes se sintam valorizados por apoiar seu negócio. Clientes que não se sentem apreciados acabarão gastando seu dinheiro em outro lugar. Programas de lealdade bem-sucedidos analisam o lucro que os clientes geram e a influência mais abrangente que têm nas vendas. O benefício real dos programas de lealdade vem de reter os clientes que trazem uma lucratividade mais alta.

LEMBRE-SE

▶ Entenda os benefícios dos programas de lealdade de sua empresa e compartilhe as vantagens e benefícios com os *prospects* se este for um ponto de conversa convincente. Note: programas de parceiros de canal podem ter alguns elementos dos programas de lealdade.

▶ Procure compreender melhor as *buyer personas* correlacionando dados de filiação de programas de lealdade e de CRM.

> A tecnologia tem um papel fundamental nos programas de lealdade. Celulares podem substituir o cartão de lealdade. Mensagens de SMS vêm substituindo o e-mail para distribuir atualizações digitais de produtos e ofertas.

PUBLICIDADE PROGRAMÁTICA E *RETARGETING*

O *retargeting*, uma forma de propaganda on-line, é dirigido a pessoas que visitaram seu site (baseado em *pixel*) ou a contatos de sua base de dados (baseado em lista). O *retargeting* baseado em pixel ocorre quando potenciais *leads* vêm ao seu site e um trecho de JavaScript (conhecido como *pixel*) é colocado nos seus navegadores – o que torna esses navegadores "*cookied*" [isto é, marcados por *cookies*]. Quando esses potenciais *leads* saem do seu site para visitar outros, esse *cookie* notifica plataformas de *retargeting* para que alimentem anúncios específicos baseados nas páginas que eles visitaram em seu site. O *retargeting* baseado em listas envolve o *upload* de uma lista de endereços de e-mail a uma campanha de *retargeting* (geralmente em redes sociais como Facebook ou X [Twitter]), e a plataforma então identifica usuários nessa rede que tenham esses endereços e coloca anúncios de *retargeting* apenas para eles.[13]

Para a maioria dos sites, apenas 2% do tráfego *web* é convertido na primeira visita.[14] O *retargeting* é uma ferramenta que ajuda a alcançar esses outros 98% de usuários que não são convertidos imediatamente. Há muitos aspectos positivos quando isso é bem-feito. Ao exibir anúncios em outros sites que seus *leads* visitam, você aumenta a consciência da marca, cria um *follow-up* virtual e acelera conversões. Mas há também aspectos negativos quando não é bem manejado. Todos já tivemos a experiência de anúncios que não param de nos perseguir, o que causa danos à marca e pode até fazer o tiro sair pela culatra, causando uma redução no número de conversões.

◢ O impacto do *retargeting* no *sales enablement*

Na seção acima sobre e-mail marketing, Tom Martin compartilhou exemplos de uso de fluxos de e-mail comportamental para identificar *leads* mornos e frios, usando uma base de dados existente. Da mesma forma, você pode também usar esforços de *retargeting* baseados em listas para identificar potenciais *prospects* em sua base de dados. A chave é segmentar sua base de dados com competência e criar anúncios com um texto sólido e com chamadas à ação ágeis, que tenham sintonia com o contexto daquilo em que seu *target* provavelmente tem interesse.

Se vendas e marketing estão trabalhando em marketing baseado em contas, o *retargeting* pode ser uma opção para construir consciência antes de se engajar com essas contas. De novo, você talvez precise ser cuidadoso ao elaborar sua mensagem e determinar a frequência apropriada. Evite causar incômodo aos seus potenciais *leads*.

Allison Banko, da Marketing Sherpa, publicou um excelente estudo de caso sobre *retargeting*. Recebi permissão especial do diretor da Marketing Sherpa, Daniel Burstein, para compartilhar trechos desse estudo de caso. A Lumension, líder global em *software* de segurança de ponta, concebeu um modelo de pontuação comportamental para descobrir o caminho da jornada de compra que os *prospects* mais provavelmente irão seguir. Com base nisso, o time de marketing focou seu *retargeting* seguindo esse caminho: teste e avaliação, produto e solução, informação e páginas de preços.[15] A Lumension desde então fez uma fusão com a FrontRange e formaram a HEAT Software em 2015.[16]

Quando o orçamento de marketing da empresa sofreu um corte de 30%, o time precisou ajustar a estratégia para manter seus esforços de geração de demanda. A Lumension quis saber se era possível expandir seus esforços de *retargeting* para aumentar os *leads*. Ao mesmo tempo, o time tinha muito claro que não queria implementar um simples plano de *retargeting* do tipo "Vamos apenas colocar anúncios e seguir as pessoas". De início, o time de marketing deu uma olhada na base de *prospects* da Lumension. A partir de pesquisa de *personas*, o time já sabia quem estava fazendo buscas pela Lumension. Eles determinaram que o ciclo de vendas da empresa era de seis meses, e que havia de três a cinco pessoas envolvidas em seu ciclo de tomada de decisões de compra. Em outras palavras, sabiam que várias pessoas dentro da mesma conta frequentemente pesquisavam o mesmo tópico. O time também percebeu que os *prospects* estavam visitando vários lugares na internet em suas pesquisas. Eles precisavam determinar como a Lumension poderia alcançá-los nos lugares em que estivessem realizando buscas. Com isso em mente, Ed Brice, VP de marketing, colocou seu time trabalhando com os parceiros de mídia da empresa para ajudar a aumentar a consciência da Lumension nesse espaço. O time queria achar uma maneira de usar a informação que já tinham sobre os *prospects* que haviam convertido nos últimos cinco meses para realizar uma campanha personalizada de *retargeting* para capturar outros *prospects* similares que não haviam convertido. A Lumension construiu uma estratégia de *retargeting* em cima de cinco pilares-chave:

1. Nutrição instantânea

2. *Retargeting* de *leads*

3. Influenciadores

4. Semelhanças na intenção comportamental

5. Marketing e *retargeting* de evento integrado on-line e off-line

1 Nutrição instantânea

Este pilar cuida dos *leads* diretos da Lumension, nutrindo *prospects* com anúncios, imediatamente após eles entrarem no funil. Com isso, a Lumension podia "acompanhar" *prospects* enquanto eles prosseguiam sua jornada on-line com base nas informações relevantes que eles forneciam. As metas cruciais para o pilar da nutrição instantânea incluíam aumentar a tração do ciclo de vendas, a lembrança e as conversões.

2 *Retargeting* de *leads*

O *retargeting* de *leads* abrangia contatos dentro da base de dados existente de *prospects* que estavam ou inativos ou haviam previamente saído das campanhas de automação de marketing da Lumension. Com base em visitas anteriores ou ofertas para as quais tinham se registrado, a Lumension fazia o *retargeting* para esse conjunto com anúncios criativos ao longo da internet.

③ Influenciadores

A partir de pesquisa prévia sobre *personas*, a Lumension havia determinado que os times de compras dentro da área de segurança para TI eram formados por três a cinco indivíduos. Com a ajuda de parceiros centrais de mídia, o time conseguiu voltar a visar contatos dentro da mesma empresa do *lead* original. Além disso, a Lumension acessou parceiros de mídia para ver se algum desses *prospects* estava visitando áreas para as quais os parceiros forneciam conteúdo. Em caso positivo, a Lumension perguntava se eles podiam promover uma campanha de *retargeting* de exibição de anúncios elaborados para indivíduos que visitavam esses locais.

④ Semelhanças na intenção comportamental

Trabalhando com portais de mídia, o time voltou a visar contatos que baixavam conteúdo da concorrência, mas não ativos da Lumension. São as pessoas que ainda não estavam plenamente engajadas, mas tinham se envolvido num ciclo de compra dentro da área de segurança para TI. Por meio dessa tática, a Lumension pôde visar empresas que operavam no mercado de *software* de segurança para TI, mas que ainda não estavam no funil da empresa. Alavancar informações de compradores-alvo atuais permitia colocar semelhanças de comportamento no funil de vendas da Lumension.

⑤ Marketing e *retargeting* de evento integrado on-line e off-line

"É um daqueles casos clássicos de como construímos uma ponte entre o mundo off-line e o mundo on-line", declara Brice. "Dentro do nosso setor, como na maioria dos setores... há sempre um punhado de eventos do setor realmente grandes." Uma das abordagens envolvia disparar cobertura de eventos em portais de mídia com anúncios da Lumension para coletar contatos para prospecção que haviam visitado o estande da Lumension. A partir disso, o time combinou visitantes do estande com aqueles que estavam também nas páginas bloqueadas. Esses caras foram alcançados por uma campanha de *retargeting* designada exclusivamente para eles.

Apesar do corte de 30% em seu orçamento, a Lumension alavancou o *retargeting* para aumentar as impressões de publicidade totais (*leads*) em

81% e as visualizações da homepage em 865%. O tráfego total do site da Lumension aumentou 10%, enquanto seu tráfego de visitantes individuais e de visualizações de página tiveram ambos um aumento de 8%.

Este estudo de caso mostra um *retargeting* eficaz e como ele funciona bem como complemento da venda baseada em contas. No entanto, fazer isso direito é complicado. O marketing e seus parceiros de mídia precisam pensar realmente de modo estratégico a respeito dos *leads* que querem visar. A Lumension trabalhou firme para identificar cinco diferentes categorias de *leads* que queria alcançar. Depois, é uma questão de monitorar e otimizar. Use dados para descobrir novos *targets*.

LEMBRE-SE

- O *retargeting* complementa o marketing baseado em contas.
- Os esforços de *retargeting* precisam atentar a quem estão visando de novo, como exemplificado pela decisão da Lumension de focar em contas inativas, influenciadores e clientes semelhantes.
- O marketing precisa estar ativamente envolvido e rastrear o desempenho do *retargeting*, correlacionando os resultados com os do processo de geração de *leads* e com os dados do CRM.

MARKETING DE MÍDIA SOCIAL

Mídias sociais também são algo "obrigatório" para o marketing. As pessoas compartilham muita coisa nas mídias sociais. As plataformas estão se tornando um tesouro para escuta social, para descobrir preferências e necessidades de potenciais *prospects*, no nível pessoal e no profissional. Como quase todo mundo está nas mídias sociais, você pode também usar essas plataformas como um canal para interagir com seus *prospects* e atuais clientes. As pessoas, além de conversarem com familiares e amigos, também recomendam produtos e serviços, transformando a plataforma num boca a boca digital para recomendação de serviços.

Como as pessoas também elogiam e reclamam a respeito de marcas, as plataformas de mídias sociais funcionam igualmente como um ponto de serviço ao cliente. Como profissional de marketing, você não pode ignorar as mídias sociais e excluí-las de sua estratégia ou mix de marketing. Como pessoa de venda, você também precisa compreender de que modo usar as mídias sociais como apoio aos seus esforços de vendas.

A seguir, um ótimo exemplo compartilhado por Tom Martin. O time de vendas de uma marca líder de uísque vinha trabalhando duro para ganhar espaço na prateleira das lojas de bebidas do Texas. Martin e o pessoal de sua agência sugeriram um programa singular de apoio a vendas pelas mídias sociais. A fim de ganhar mais espaço de prateleira nessas lojas, o time de vendas entrou em contato com seus donos e comunicou que a marca iria promover nas mídias sociais degustações gratuitas da sua bebida nessas lojas, por alvos geográficos, em datas a combinar. Esses anúncios eram destinados a direcionar tráfego presencial às lojas, e a meta delas era que os consumidores comprassem esse uísque em particular e qualquer outra bebida ou produtos variados de que tivessem necessidade. Em última instância, com o aumento do tráfego presencial, conseguiram convencer as lojas a ceder-lhes mais espaço nas prateleiras e obtiveram aumento das vendas anuais do uísque dobrando o percentual – em alguns casos, triplicando. É um ótimo exemplo de uso das mídias sociais como ferramentas de vendas para fechar negócios.

◢ O impacto das mídias sociais no *sales enablement*

São muitas as plataformas de mídias sociais disponíveis. Pessoas de vendas precisam gastar um tempo explorando e obtendo uma compreensão de como e quando usar cada uma para que possam determinar as melhores maneiras de usar as mídias sociais como uma ferramenta de vendas criativa que mostre aos seus clientes o que você é capaz de fazer por eles.

> ▶ Mídias sociais são uma ferramenta tanto de vendas quanto de marketing. Como pessoa de vendas, você precisa compreender como usar as mídias sociais para auxiliar seus esforços de vendas.

- Trabalhe de perto com o marketing para elaborar programas de mídias sociais customizados como parte das negociações de vendas.
- O marketing de mídias sociais também pode ser parte do marketing baseado em contas.
- Os times de marketing podem preparar kits de mídias sociais ou montar plataformas com conteúdo relevante em defesa dos funcionários.

PROGRAMAS DE MARKETING COMO FERRAMENTA DE VENDAS

Vários programas de marketing podem ser ferramentas de vendas. O desafio de usar programas de marketing criativamente é que isso requer muito tempo para planejar e depois resolver os problemas que surgem durante a execução, o que a maioria das pessoas de vendas não se interessa em fazer. Elas querem apenas receber *leads* consistentes do marketing e seguir suas rotinas para mover os *leads* pela fase de compra com a qual estão familiarizadas. Essa atitude precisa mudar. Compradores estão ficando mais sofisticados e também esperam mais dos vendedores.

Em seu livro *The Three Value Conversations*, Erik Peterson afirma que os representantes de vendas são treinados e condicionados a atuar como solucionadores de problemas para seus clientes. Ao lidar apenas com problemas "conhecidos", os vendedores estão cedendo o controle da conversação aos compradores. Assim, de certo modo os representantes de vendas colocam-se no que Erik chama de "Caixa de comodidade". A fim de mudar isso, você precisa se tornar um descobridor de problemas, não um solucionador. "O prêmio é sua capacidade de dizer aos compradores algo útil sobre um problema ou uma oportunidade perdida que eles sequer sabiam que tinham." Essas necessidades que os compradores sequer estão levando em conta são o que ele chama de "necessidades não consideradas". Depois que você descobre as necessidades não consideradas, há uma porção de maneiras criativas de conduzir essas conversas. Além de lidar com questões técnicas, outras soluções criativas como identificar parceiros adicionais, trabalhar em comarketing, compartilhar ferramentas ou processos, e até patrocinar eventos de clientes, são abordagens possíveis. Programas de marketing podem ser usados como suas ferramentas de vendas.

MARKETING INTEGRADO

Embora eu tenha abordado cada programa de marketing em separado, o marketing produz seu máximo efeito quando cada elemento está integrado a um todo abrangente. A campanha Intel Inside que expus aqui foi realizada em parceria de marketing com OEMs, ODMs e parceiros de canal. Para afiliados, levar tráfego ao seu site envolve esforços de divulgação multicanal para compartilhar resenhas de clientes, buscas pagas, mídias sociais, vídeo, publicação de conteúdo, divulgação por influenciadores etc. Como profissional de marketing, é importante ter uma visão holística dos canais de marketing de sua empresa para você determinar que canais usar e quando.

Ginger Shimp, diretora de marketing sênior da SAP da América do Norte, tem um emprego desafiador. Ela precisa continuar fortalecendo a posição de *thought leadership* da SAP e ao mesmo tempo entregar *leads*. Em geral, esses dois elementos raramente se sobrepõem. Um está relacionado a atividades do topo do funil, enquanto o outro tem foco em táticas do fundo do funil. Ao mesmo tempo, como a SAP adotou uma estratégia orientada ao setor, ela também precisa gerar demanda para as suas vinte e cinco verticais. O que será que Ginger pode fazer para juntar essas duas extremidades do funil de modo eficiente com uma campanha e cobrir vinte e cinco verticais?

Em sua pesquisa, Ginger descobriu que há entre os profissionais de negócios uma tendência crescente de ouvir podcasts quando estão dirigindo, ou em casa, até mesmo quando fazem uma pausa. Na média, os americanos gastam três horas e cinquenta e oito minutos por dia consumindo áudio.[17] E ouvir podcasts vem crescendo de modo estável – de 18% em 2008 para 36% em 2016.

O time de Ginger decidiu acrescentar podcasts como parte de sua estratégia de influenciadores. Eles contrataram a empresa de tecnologia de podcast SMAC Talk (*Social, Mobile, Analytics, Cloud*, isto é, "Social,

Celular, Análise, Nuvem"), coapresentada por Dan Newman e Brian Fanzo, para criar uma série de podcasts com episódios para cada uma das vinte e cinco verticais apoiadas pela SAP. Ela pediu a Dan e Brian que desafiassem os executivos da SAP. Em alguns episódios, houve discussões acaloradas e apaixonadas a respeito de tendências de tecnologia e produtos, qualquer que fosse o setor. Eles mantiveram a duração em menos de quinze minutos, para produzir algo que as pessoas pudessem consumir rapidamente. Foi uma ótima maneira de construir *thought leadership*, setor por setor, e assim alcançar dois dos principais objetivos de Ginger. Mas não trouxe *leads*.

Ginger usou marketing de conteúdo para lidar com seu objetivo de criar demanda. Tratou cada episódio do podcast como uma peça de conteúdo longo e montou o que ela bem-humoradamente chama de sua "oficina de corte digital". Ao fazer cada episódio passar por um processo sistemático de priorizar o digital, Ginger levou seu time a criar peças de conteúdo de pequena duração, socialmente compartilháveis, digitalmente nativas, que pudessem ser distribuídas a uma multiplicidade de veículos. Foram criados posts de blog para cada episódio, a fim de apoiar o SEO. Para o X [Twitter], produziram um mínimo de três tuítes para cada episódio. Foram a ponto de criar audiogramas para *stream* pelo X. Apresentações de PowerPoint em nível de alta direção para cada episódio foram uma solução perfeita para o SlideShare. Além disso, criaram conteúdo de vídeo. Haviam capturado vídeo ao gravar os podcasts e o utilizaram para criar um *reel* de "destaques" para o YouTube. Naturalmente distribuíram os episódios a vários veículos de podcasts. Completaram com um esforço de mídia paga e uma campanha de e-mail.

Um esforço promocional bem planejado e bem pensado é na realidade uma campanha de geração de demanda. Mais de 16.124 pessoas ouviram os episódios. Entregaram 96 mil visualizações em blogs com 5.300 encaminhamentos ao longo de vinte e cinco setores e duas linhas de negócios, e geraram 43.078 contatos únicos de 14.200 diferentes empresas, 3.600 , 125 *leads* de vendas qualificados e 23 milhões em duto a partir de 107 oportunidades.

Ginger não tratou esse podcast específico como se fosse um programa "único e pronto". Trabalhou para assegurar que todos os esforços promocionais fossem integrados para dar a esse programa 125% de impulso. Embora seja um programa de influenciadores, de certo modo é também uma forma de patrocínio pago. E ela integrou ainda marketing de conteúdo, e-mail marketing, marketing de mídias sociais e mídia paga para alcançar o máximo impacto. Posicionar o podcast para alcançar profissionais de negócios cumpre o objetivo de *thought leadership*. Isso permitiu aos executivos da SAP compartilhar sua *expertise*, o que atendeu ao objetivo de cobrir todas as 25 verticais do portfólio da SAP e teve o benefício adicional de exercer apelo a ouvintes situados em patamar mais elevado no processo de tomada de decisões. Para gerar demanda, ela usou os episódios como uma introdução para obter informações de contato de pessoas que estavam interessadas em conversar com a SAP, posicionando dois ativos não fechados e um ativo fechado como CTA (*call to action*, isto é, "chamado à ação") para cada episódio. O esforço promocional tornou-se um catalisador de geração de *leads*.

No auge do Império Romano, todos os caminhos levavam a Roma. Quando o marketing é bem-feito, todo marketing leva a vendas.

O QUE VOCÊ PODE FAZER

❶ Identifique os programas de marketing de sua empresa que podem ser usados como ferramentas de vendas.

❷ Encontre uma oportunidade no funil de vendas que possa ser acelerada com programas de marketing.

❸ Trabalhe com pessoal de vendas dedicado a fim de explorar e planejar a iniciativa acima.

REFERÊNCIAS

[1] Jack Trout. Peter Drucker on marketing. Forbes, 3 de março de 2006. www.forbes.com/2006/06/30/jack-trout-on-marketing-cx_jt_0703drucker.html#602ef339555c.

[2] Walmart/Coke commercial *Stock up on joy*. www.youtube.com/watch?v=AXXPIk4v6aw.

[3] Beth Snyder Bulik. Inside the Inside Intel campaign. Business Insider, 21 de setembro de 2009. www.businessinsider.com/inside-the-inside-intel-campaign-2009-9.

4 Jonathan Crowe. How to avoid sales channel conflicts. Openview, 15 de abril de 2018. https://labs.openviewpartners.com/how-to-avoid-saleschannel-conflict/#.WmEptpM-duV.

5 Tom Martin. *The Invisible Sale: How to build a digitally powered marketing and sales system to better, prospect, qualify, and close leads*. Que Publishing, Indianapolis. 2013.

6 Maria Aspan. Mailchimp, Company of the Year. *Inc. Magazine*, Inverno de 2017/2018.

7 Blue Sky Technology Partner. *Sales enablement*: 5 essentials for B2B e-commerce. Blue Sky Technology Partner Blog, 4 de dezembro de 2015. www.blueskytp.com/sales-enablement-e-commerce-roi.

8 Evgenii Geno Prussakov. *Affiliate Program Management: An hour a day*. Sybex, Canadá, 2011.

9 Rhett Power. Increase sales with an affiliate program that works. Inc. 21 de novembro de 2017. www.inc.com/rhett-power/increase-sales-with-an-affiliate-marketing-program-that-works.html.

10 Mike [n.s.]. Strategic partnership for your crossfit gym using affiliate and referral marketing. The Box Business. http://theboxbusiness.com/strategic-partnerships-crossfit-gym-using-affiliat.

11 Liz Bedor. How New York & Company's loyalty program drives 40% of sales. www.bluecore.com/blog/new-york-company-loyalty-programs.

12 Tariq Shaukat e Phil Auerbach. Loyalty: Is it really working for you? www.mckinsey.com/business-functions/marketing-and-sales/our-insights/loyalty-is-it-really-working-for-you.

13 Dan Hecht. A beginner's guide to retargeting ads. Hubspot, 5 de setembro de 2017. https://blog.hubspot.com/marketing/retargetingcampaigns-beginner-guide.

14 ReTargeter.com. What is retargeting and how does it work? https://retargeter.com/what-is-retargeting-and-how-does-it-work.

15 Allison Banko. B2B retargeting: How Lumension achieved 865% lift in homepage view. *Marketing Sherpa*, 30 de julho de 2014. www.marketingsherpa.com/article/case-study/b2b-retargeting-increase-homepage-visits.

16 Helen Carroll. FrontRange and Lumension to merge and form HEAT software. Ivanti, 15 de fevereiro de 2015. www.ivanti.com/company/press-releases/2015/frontrange-and-lumension-to-merge-and-form-heat.

17 The Podcast Consumer. www.edisonresearch.com/wp-content/uploads/2016/05/The-Podcast-Consumer-2016.pdf.

CAPÍTULO 7

Design de experiência e experiência do usuário potencializam o sucesso em vendas

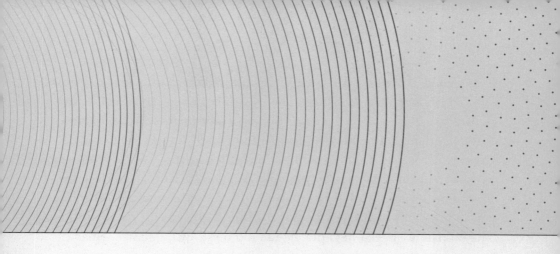

> *Qual a melhor experiência do usuário para uma pá?*
> *Resposta: um buraco.*
> Aza Raskin

O design do tipo "fácil de usar" ganhou força pela prevalência de dispositivos em formato pequeno, como celulares, tablets, relógios digitais e Internet das Coisas [*Internet of Things*, IoT]. Embora o design do *hardware* seja importante, a experiência do usuário oferecida pelo *software* desempenha um papel ainda mais proeminente em influenciar a decisão de compra do usuário final. Em alguns casos, os benefícios do "fácil de usar" são um componente central da proposta de valor que o diferencia de seus concorrentes.

Um amigo meu, Larry, desde o tempo da faculdade no final da década de 1980, era um usuário convicto da Apple. No final da década de 1980, a maioria dos aplicativos, especialmente jogos, era programada para rodar num PC com Microsoft Windows. Para trabalhos universitários, e até no emprego dele, Larry usava um PC, como todo mundo. E também jogava no PC. No entanto, sempre havia um Mac na sua sala. E apesar da necessidade de usar um PC para aplicações mais corriqueiras, Larry tinha um apego grande à Apple. Perguntei por que ficava mudando de um para o outro, apesar do trabalho adicional que isso envolvia. Ou seja, por que ele não ficava de vez só com um sistema e esquecia a Apple? Ainda lembro com clareza da resposta dele: "Com a Apple, tudo..." – e então fez uma pausa e gritou – "...simplesmente funciona! O design é intuitivo".

Como a maioria das pessoas da minha geração, fui usuária do Windows por mais de vinte anos. A Apple nunca havia realmente entrado na minha vida até eu comprar meu primeiro iPhone. Com o iPhone, eu naturalmente quis integrar o conteúdo do meu celular ao do computador. Decidi então comprar um MacBook em 2011. Demorei umas duas ou três semanas para me familiarizar com a interface de usuário da Apple. Mas depois que entendi do que se tratava, concordei com Larry. Simplesmente funciona. Lembro que um dia meu marido pediu para eu baixar algo pra ele usando o seu PC, algumas semanas depois de eu ter comprado meu MacBook. Quando liguei o PC dele, deu um branco na minha mente e por uns cinco minutos fiquei sem saber onde tinha que clicar ou o que devia fazer para baixar um simples arquivo. Como esqueci rápido! Eu ficava olhando o PC como se nunca o tivesse utilizado antes. Não posso dizer que amo meu PC, mas posso dizer que amo meu Mac. O design dele permite uma experiência do usuário excelente. Finalmente entendi o que as pessoas querem dizer quando falam que é intuitivo.

A facilidade de uso e o caráter intuitivo tiveram o aval adicional de bebês e crianças pequenas. Uma equipe de pesquisadores da Universidade de Iowa estudou mais de 200 vídeos do YouTube e concluiu que 90% das crianças nesses vídeos já tinham uma capacidade moderada de usar um tablet por volta dos dois anos de idade.[1] Elas não haviam tido nenhum treinamento em computadores ou teclados, e mesmo assim podiam simplesmente pegar um iPad e fazer a magia acontecer, deslizando, apontando ou tocando nos ícones da tela com seus dedinhos. De novo, o design é tão intuitivo que, de algum modo, elas simplesmente *sabem* o que fazer. Mas tornar o uso fácil envolve um trabalho duro. Por trás da cortina, há um grupo de designers fazendo pesquisa extensiva, testando inúmeros *wireframes* [protótipos de interfaces] e maquetes, fazendo concessões que envolvem escolhas difíceis e vencendo obstáculos e desafios nos processos internos, tudo para poupar os usuários das complexidades. No mundo dos negócios, vivemos falando que os produtos precisam ter uma vantagem competitiva ou um diferencial exclusivo. A essência da vantagem competitiva da Apple ou seu diferencial exclusivo é o design, além de conseguir fazer com que *hardware* e *software* funcionem juntos.

Para o design de *software*, a facilidade de uso é tão importante quanto a funcionalidade. Pessoas acostumadas com designs simples e intuitivos não têm paciência com aplicativos não amigáveis ou difíceis de navegar. O predomínio dos iPhones e iPads valorizou o papel do design e da interface de usuário. As ramificações disso se difundiram para outros produtos eletrônicos e bens de grande consumo, para leiautes de lojas, mobiliário, até para equipamentos de medicina e muito mais. O design está no centro das atenções e é tão importante quanto o conteúdo, o fluxo de trabalho, a funcionalidade, o leiaute e os componentes. O design transforma a experiência. E, na era digital, a experiência é fundamental.

QUANTIFIQUE O ROI DO DESIGN DE EXPERIÊNCIA E DA EXPERIÊNCIA DO USUÁRIO

Todos sabemos que a experiência do usuário é importante, mas é quase impossível associar o design diretamente ao crescimento da receita. Ken Chizinsky, Diretor de Experiência do Usuário no departamento de Estratégia de Vendas Digitais e na Equipe de Design da Cisco, junto com seu time, foram responsáveis por projetar o *software* altamente popular chamado Cisco SalesConnect, usado por times de vendas diretas e por forças de vendas indiretas. A questão com a qual lidou é se era possível associar o design e a experiência do usuário à receita de vendas.

> Quando cuidamos do design do SalesConnect, fizemos um esforço para enfatizar as métricas. Queríamos medir o impacto dessa plataforma. O SalesConnect tem taxa de adoção alta. Podemos medir as peças de conteúdo que são mais consumidas, os usuários que as consumiram, quanto tempo é dedicado ao conteúdo, e até buscas de palavras-chave, entre outras coisas. Mas ainda não conseguimos correlacionar vendas com design.

Ken e seu time, no entanto, estão explorando o uso de *big data* para rodar regressões ou análises estatísticas e determinar se aspectos específicos de personalização na plataforma podem trazer melhor eficiência para o time de vendas em termos de poupar tempo e energia dos usuários. Embora não seja possível quantificar o ROI do design do SalesConnect, a alta gestão da Cisco está comprometida com o aprimoramento contínuo da ferramenta. Afinal, a alta taxa de adoção indica que os times de vendas diretas e indiretas estão usando a ferramenta para descobrir conteúdo relevante e facilitar reuniões e engajamentos com clientes.

O PAPEL DA EXPERIÊNCIA DO USUÁRIO NO AUXÍLIO A VENDAS

A tarefa do designer da experiência do usuário tem se restringido historicamente ao design do produto e do site. Verne Lindner, Arquiteta Sênior da Experiência do Usuário (*User Experience*, UX) da Puppet, tem trabalhado junto com engenheiros de *software* no projeto de produtos da Puppet. Fundada em 2005 e usada por mais de 40 mil empresas, a Puppet fornece ferramentas que ajudam gestores de TI e de sistemas a gerenciar a configuração de sistemas. Como designer de UX, Verne tem trabalhado em demos cruciais para a liderança de produtos e em materiais de apoio para demos e literatura voltada ao cliente. Ela acredita que a UX pode e deve ajudar o time de vendas a projetar demos eficazes e amigáveis ao usuário. Os designers de experiência do usuário precisam começar a focar seus serviços de agregação de valor para auxiliar o time de vendas e não apenas os times de produto. O conhecimento de um designer de UX sobre design de produto e de site pode facilmente ser útil para criar designs de vendas de produto eficazes e amigáveis ao usuário e vincular a experiência geral entre produto, demos de vendas e experiência on-line, juntando todos eles.

Como representante de vendas, você precisa entender que design e experiência desempenham um papel importante para ajudá-lo a vender. Este capítulo irá explorar design e experiência do usuário no contexto dos engajamentos e processos de vendas, focando nos quatro tópicos a seguir:

➤ Incorporar conteúdo interativo nos processos e treinamento de vendas;

- Incluir mensagens de vendas nos produtos baseados em SaaS ou nos apps da empresa;

- Fornecer ferramentas de *sales enablement* fáceis de usar;

- Criar comunicações de marketing intuitivas e focadas no comprador.

INCORPORANDO CONTEÚDO INTERATIVO NOS PROCESSOS E TREINAMENTOS DE VENDAS

A maior parte do conteúdo que vemos hoje é bidimensional (2D). Alguns conteúdos em 2D têm elementos interativos que exigem que os clientes introduzam informações ou respondam a perguntas, completando *surveys*, respondendo a questionários ou engajando-se em calculadoras de ROI ou de economia de custos. Você já deve ter visto homepages, infográficos, e-books, vídeos e outros formatos interativos e animados. Desde que o conteúdo seja digital, você pode trabalhar com seus times técnicos para tornar isso divertido e envolvente. Pode até transformar seu conteúdo num minifilme se for suficientemente criativo e ambicioso, mas essa é uma discussão que envolve o orçamento.

Com a ascensão da realidade aumentada [*Augmented Reality*, AR] e da realidade virtual [*Virtual Reality*, VR], podemos agora tornar o 2D tridimensional e criar uma experiência na qual seus clientes sentem e tocam virtualmente seus produtos. A realidade aumentada permite projetar informação virtual em cima do mundo real.[2] Os exemplos mais conhecidos de AR são o do popular jogo Pokémon Go e o de empresas como a Ikea, varejista sueca de móveis, que fez um ótimo trabalho ao incorporar essa tecnologia em seus apps de celular. Dê uma olhada no vídeo do YouTube "*Place Ikea furniture in your home with augmented reality*" ["Coloque móveis Ikea em sua casa com realidade aumentada"].[3] Realidade virtual envolve uma imersão completa em outro mundo, bloqueando o mundo real. Um bom exemplo é o Google Earth VR. Você pode voar pelo planeta como o Super-Homem, explorando localidades de cima por meio do Oculus Rift ou do *headset* HTC Vive[4] (o Google está explorando ativamente o suporte a outras plataformas).⁵ Você pode descer ao nível do chão para explorar imagens de Street View de 85 países, usando o app Google Earth VR, que eu experimentei usando o HTC Vive de um amigo. É impressionante. Quando tiver oportunidade, experimente. Realidade Combinada [*Mixed Reality*, MR] implica colocar informações artificiais e objetos com posicionamento e rotação correta em um espaço 3D em tempo real. Se os designers gráficos criam personagens animados nos computadores deles, podem instantaneamente projetar a imagem em espaço 3D em tempo real. O exemplo mais famoso é a tecnologia Hololens da Microsoft. Chamamos esse grupo de tecnologias como realidade cruzada [*Cross Reality*, ou xR].

O domínio da xR está em vias de promover grande impacto não apenas nos consumidores, mas também em vendas e marketing. Em vez de mostrar uma imagem ou compartilhar uma ficha técnica [*spec sheet*], que tal dar vida aos produtos e deixar seus clientes tocá-los, senti-los, experimentá-los virtualmente? A Caterpillar vende equipamento de grande porte a setores como mineração, construção, energia e transportes. É um desafio levar o equipamento físico ao local de um cliente para fazer uma demo.⁶ Segundo Terri Lewis, diretora Digital e de Tecnologia da Caterpillar, sua equipe está trabalhando firme para alavancar AR e VR em todos os aspectos de vendas, operações e aplicativos de serviço.

> A empresa já criou um trator num app de realidade virtual que contém 6 mil peças. Uma pessoa de vendas pode usar um iPhone ou iPad para deslizar sobre um ícone de uma folha de especificações e ter uma renderização virtual do produto na forma de um elemento visual. Ou então, no local de trabalho, pode fazer uma simulação de cavar valas para ver se isso viola algum requisito de controle rodoviário, por exemplo.

É esse o aspecto que as demos de vendas devem ter; isto é, a capacidade de demonstrar produtos em tempo real e deixar os clientes verem os benefícios ali na hora. As demos podem também ajudar as pessoas de vendas a identificarem "necessidades não consideradas", permitindo que os clientes experimentem os produtos e vejam o design ou as especificações em 3D. Uma experiência bem-feita de xR em 3D pode estimular um surto de adrenalina e desencadear um impulso de compra que acelere o ciclo de compras de seus clientes.

Aplicar tecnologias xR a vendas e a outros aspectos do negócio é algo novo para todos. Lewis compartilhou as lições que aprendeu:

FIGURA 7.1

➤ Talento em xR é difícil de encontrar. Você precisa de alguém que entenda de sistemas de controle e saiba como introduzir os dados em formato 3D para que as pessoas possam interagir. Esse alguém precisa ser ao mesmo tempo criativo e técnico.

➤ Identifique áreas para pilotar tecnologias xR. Em última instância, a meta de qualquer implementação de xR é ganhar dinheiro. Use tecnologia para resolver os desafios internos ou os problemas do cliente.

➤ O tempo e o investimento exigidos para criar, testar e implantar xR ainda são proibitivos para muitas empresas. O custo precisa baixar tremendamente antes de poder escalar amplamente.

➤ Digitalize equipamento, componentes, desenhos, especificações e outros produtos e informações relacionados. Essa transformação digital demanda tempo. Você também vai precisar incorporar dados de sensor para criar essa experiência realista. Esses são os pré-requisitos fundamentais.

> Algumas ferramentas de visualização não são adaptadas a ambientes difíceis. *Headsets*, celulares e óculos são opções, mas você precisa definir o que funciona bem para você.

Há dois vídeos no YouTube compartilhados pela Caterpillar que podem dar uma boa noção de como as tecnologias xR ajudam a demonstrar produtos para proporcionar uma melhor experiência do usuário: "*Caterpillar augmented and virtual reality*"[7] e "*Caterpillar's CAVE virtual reality system*".[8]

O impacto das tecnologias xR no sales enablement

O desenvolvimento da xR avança em alta velocidade. Assim como ocorreu com a aceleração do telefone, da televisão, computadores pessoais e smartphones, a tecnologia e os preços precisarão alcançar um ponto de inflexão para levar à sua adoção em massa. Vários fabricantes de telefone estão trabalhando duro para acrescentar 3D às capacidades de gravação de vídeo de seus celulares. Talvez esse seja um dos pontos de inflexão que impulsione a adoção de 3D no futuro.

O que profissionais de marketing e times de venda precisam compreender é que o conteúdo 3D se tornará parte do mix geral de conteúdo de vendas e marketing. A chave é entender como os diferentes aspectos da xR podem impactar o *sales enablement*.

Produto

Você pode fornecer simulações de produtos, demonstrar os cenários dos piores casos e realizar análises das causas fundamentais. A xR também oferece aos compradores uma experiência do tipo "teste antes de comprar". Você pode usá-la para testes em grupos de foco e usar o feedback para melhorar tanto o produto quanto a experiência geral de xR. Um ótimo exemplo é o lançamento pela Merrell de seus inovadores calçados para trilhas via TraiScape, uma experiência de caminhada quadridimensional (4D) e multissensorial, que permite aos clientes calçarem os sapatos para testar diferentes superfícies e obstáculos, como deslizamento de rochas.[9] Cheque os destaques no vídeo do YouTube, "*Merrell 'Trailscape', Framestore VR Studio*".[10]

Treinamento

A xR pode também ser aplicada a treinamento interativo, *role-playing* e a simulações de conversação situacional. Pode ser um auxílio valioso para ensinar pessoas de vendas a usar produtos, especialmente produtos complexos. Um treinamento realizado no próprio ritmo e baseado em xR e em "manuais ao vivo" 3D constitui um método mais rico e eficaz de educar pessoas a respeito de novos produtos e processos.

Manutenção e operações

A xR também pode apoiar a automação de processos de fabricação, e apoiar serviços de campo, de manutenção e reparos. Ao usar sobreposições de realidade aumentada para auxiliar detecção de problemas e operações de equipamentos complexos, é possível guiar um técnico de modo mais eficiente pelos passos exigidos. Dados capturados de xR podem então ser usados para auxiliar a otimizar manutenção e operações. Por sua vez, o pessoal de vendas pode compartilhar as lições aprendidas com clientes para auxiliar seus departamentos de manutenção e operações, fortalecendo ainda mais o relacionamento.

Vendas e marketing

A Lowe's, uma grande loja de utilidades e melhorias para o lar nos EUA, criou o Lowe's Holoroom, que é uma ferramenta de realidade para design e visualização, destinada a fazer melhorias na casa e que empodera os donos de residências com uma experiência imersiva, intuitiva, voltada a criar a sala de seus sonhos. Começou como um conceito do laboratório de inovação da Lowe, e então foi aplicada em várias lojas. Como a xR ainda está em evolução, o laboratório de inovação continua a utilizar novas tecnologias e também aproveita o feedback de clientes e funcionários para refinar e melhorar o *holoroom*. Ver "*Lowe's innovation labs – the next-generation Lowe's holoroom*".[11]

A BMW oferece *test drives* virtuais para seus novos modelos i8 e i3. Usando um app de celular, você pode configurar seu veículo ideal, e então realizar um *test-drive* virtual. Não é 100% xR, mas a BMW fez um esforço para criar uma experiência imersiva. Veja "*BMW, become electric – a virtual reality experience*".[12]

Outro exemplo é da Villeroy & Boch, fabricante europeia de primeira linha de porcelana, cerâmica, produtos de bem-estar e jogos de mesa, que criou um app de realidade aumentada para ajudar clientes em sua compra de móveis, louças e metais para banheiro. O app projeta os produtos da Villeroy & Boch no banheiro do usuário e permite uma visualização realista de como ficam os produtos, antes da compra, de vários ângulos. Você consegue até ver seu efeito com diferentes graus de iluminação solar. Uma visão geral do app pode ser encontrada no vídeo "*Augmented reality app (EN) – Villeroy & Boch*".[13]

Várias marcas de automóveis têm usado a xR para permitir que seus potenciais compradores façam *test drives* usando seu celular junto com óculos especiais [*goggles*] e outros dispositivos. À medida que a tecnologia amadurecer e os custos de produção se reduzirem, mais marcas irão testar esses recursos usando tecnologias xR para ajudar seus clientes a "experimentarem" seus produtos, fundindo o mundo real e o virtual.

No domínio da xR, as comunicações de vendas e marketing precisam ser sutis. Ninguém quer ser bombardeado com anúncios gritantes e repetitivos em VR ou AR. Profissionais de marketing precisam detectar as preferências do usuário e introduzir objetos discretos, bem pensados, na experiência geral. A xR tem o potencial de transformar as táticas, o treinamento e até as organizações de vendas, oferecendo a experiência de vendas definitiva. A gestão de vendas precisa determinar qual a melhor maneira de alavancar a xR no futuro para fomentar o crescimento e a produtividade do time.

LEMBRE-SE

> Entenda as diferenças entre as tecnologias AR, VR e MR.

- Esteja ciente dos desafios de pilotar e implementar tecnologias xR. Talvez você não veja o ROI imediatamente.
- Compreenda o impacto das tecnologias xR no desenvolvimento do produto, manutenção, operação, vendas e marketing. Estamos limitados apenas por nossa imaginação.

INCLUINDO MENSAGENS DE VENDAS NOS PRODUTOS BASEADOS EM SAAS OU NOS APPS DA EMPRESA

O *software* percorreu um longo caminho. No passado, comprávamos *software* numa caixa, e então usávamos o CD (ou disquete) que vinha nessa caixa para instalá-lo num computador. Hoje, muitos aplicativos são vendidos como um serviço que você paga ao se tornar assinante, o que é chamado de *software* como serviço [*Software as a Service*, SaaS]. O *software* fica hospedado na nuvem e nós os acessamos principalmente via internet, ou às vezes baixamos aplicativos ou *plugins* localmente para o dispositivo que estivermos usando. Há um número cada vez maior de exemplos de SaaS, como Google Gmail, Microsoft Office 365, Adobe Creative Cloud, GoToMeeting, Salesforce.com, DocuSign, Dropbox, Slack e muitos outros.

Como as empresas de SaaS são donas de seus designs de *software* e interfaces de usuário, podem facilmente incorporar a geração de demanda e componentes de vendas em seus produtos SaaS como parte da experiência geral. O Zoom é uma plataforma de comunicações popular, baseada em SaaS, usada para conferências de áudio e vídeo, chat, webinários e compartilhamento de telas. Depois que você faz a assinatura e antes de começar a usar o Zoom, ele exibe discretamente a opção "convide colegas", com um texto inteligente que diz "Não faça zoom sozinho" [*"Don't zoom alone"*]. Num esforço para aumentar sua base de usuários, o Zoom incentiva você a ajudar seus amigos e colegas sugerindo-lhes suas ferramentas. Trata-se de uma forma de boca a boca digital.

O Uberconference, outra ferramenta de conferência baseada em SaaS, acrescenta um texto de marketing no final do menu de configuração da conta. "Você gostou do Uberconference? Experimente o Dialpad – uma moderna ferramenta de negócios para voz, vídeo e mensagens." Esse texto incentiva *cross-sell* de outros produtos da empresa. Obviamente, por ser uma plataforma digital/on-line ela pode enviar suas mensagens a qualquer momento.

A Norton Internet Security, que produz pacotes de *software* antivírus e de segurança baseados em SaaS, tem a opção de menu "mensagem" em seu *software* baseado na nuvem. Entre outros usos, serve para enviar mensagens a seus assinantes sobre novos recursos, dicas e ofertas. Logo no início do ano, recebi uma mensagem: "Verifique as 5 principais dicas de segurança para 2018". Quando o Meltdown e o Spectre – duas vulnerabilidades baseadas em processador que afetam quase todo sistema operacional e dispositivo – chegaram à grande mídia, a Norton Security usou o recurso de mensagem para notificar os clientes com um "Alerta de segurança: Meltdown e Spectre". Além de explicar em que consistiam o Meltdown e o Spectre, também lembrava aos usuários: "certifique-se de que todos os *patches* do sistema estejam instalados e que seu Norton esteja atualizado em todos os PCs, Macs, e dispositivos móveis", e fazia isso com um forte chamado à ação que sugeria "Proteja mais dispositivos", o que certamente gerava compras adicionais. Na realidade, é como um e-mail marketing embutido no próprio produto, e um ótimo exemplo de incorporação de um mecanismo de divulgação de marketing ao produto baseado em SaaS da Norton, usado para atender às necessidades dos clientes e maximizar as oportunidades de marketing.

Outro serviço de colaboração baseado em SaaS, o Podio, oferece uma plataforma baseada na web para organizar comunicações internas entre times, processos de negócios, dados e conteúdo, em espaços de trabalho de gestão de projetos. Para incentivar os usuários a testarem diferentes atributos do Podio, eles projetaram um espaço tipo mural de notícias chamado "Há coisas a serem exploradas...". Ele sugere recursos e dicas que você pode testar.

Se você grava muito vídeo em seu laptop, dê uma olhada no Loom, uma plataforma de gravação de vídeo baseada na nuvem. Embora o design seja amigável ao usuário e intuitivo, os usuários ainda precisam de um pouco de tempo para se familiarizar com a ferramenta. Então eles criaram uma lista de verificação voltada a integrar novos usuários.

Ela conduz você virtualmente pelos estágios de "grave seu vídeo", "personalize o vídeo", "compartilhe o vídeo" e "consiga sua primeira visualização". Depois que você completa a lista de verificação, sabe como fazer uma gravação básica de vídeo usando o Loom. Como ele acrescenta sempre novos recursos, inclui na ferramenta um "Roteiro do produto", para que você possa ver os últimos atributos acrescentados. É interessante notar que a integração do cliente é digitalizada, o que tem um impacto na jornada de compra como um todo.

Experiência do usuário e design também têm papel importante no comércio eletrônico. A Amazon é um dos principais exemplos de empresa de *e-commerce*. O design e a experiência da Amazon não são os mais bonitos, mas são os mais funcionais. Eles compreenderam que os usuários querem navegar, e facilitam isso mostrando itens similares. Toda vez que você acrescenta um item ao seu carrinho de compras virtual, a Amazon mostra outros itens "comprados juntos com frequência". Além disso, a chave do sucesso deles é combinar a experiência de compras on-line com retornos off-line perfeitos. A Amazon procura deixar o fluxo de trabalho simples e esconder de seus clientes a tecnologia complexa que há por trás. Nesse sentido, assume uma abordagem similar à da Apple.

Há muitos outros exemplos de produtos baseados em SaaS que incorporam de modo inteligente comunicações de marketing, serviços ao cliente e elementos de vendas. Treinamento, integração do cliente, pós-vendas, *cross-sell* e até *surveys* com o cliente podem ser também incorporados aos produtos de maneira fluida. Acrescentar esses recursos às plataformas de empresas baseadas em SaaS tem ramificações nas táticas e processos de vendas gerais.

A fim de continuar a crescer, essas empresas acrescentam constantemente novos recursos para manter vantagens exclusivas em cenários de alta competitividade. Com frequência, esses recursos se tornam também diferenciais para faixas de preços e segmentação de clientes, que variam de indivíduos, pequenas empresas, pequenos negócios e empresas de porte médio a grandes companhias. É interessante notar como tais atributos definem preços, segmentação de clientes e, em última instância, táticas de vendas e engajamento. Vender produtos baseados em SaaS também difere de vender tecnologia tradicional. A Winning by Design especializou-se em transformar grupos de vendas de empresas SaaS. Seu fundador, Jacco van der Kooij, escreveu um livro muito útil, *Blueprint: SaaS methodology*.[14] Nele, discute processos de vendas, modelos de vendas, estrutura de times e, o mais importante, preços e análise de custos para produtos SaaS. É uma ótima leitura se você está interessado em vendas SaaS, segmentação de vendas, preços e análise de custos.

> **LEMBRE-SE**
>
> ➤ Experiência do usuário e design vêm em primeiro lugar.
>
> ➤ Compreenda como elementos de vendas e de marketing podem ser incorporados a plataformas SaaS, comércio eletrônico, comunidades, sites de empresas ou apps de celular.

DISPONIBILIZANDO FERRAMENTAS *USER-FRIENDLY* (AMIGÁVEIS) DE *SALES ENABLEMENT*

Tecnologias novas e em constante aprimoramento oferecem uma grande oportunidade, mas, mesmo que você saiba o que está procurando, às vezes é difícil navegar pelo grande número de ofertas e ferramentas disponíveis. Scott Brinker, chefe de programa da Martech Conference, compilou um infográfico do "cenário da tecnologia de marketing" em 2017 (tecnologias relacionadas a vendas foram também incluídas) para rastrear o número de empresas no setor de tecnologia de marketing desde 2011. Incluiu apenas 150 empresas em 2011. Em 2017, registrou 4.891 empresas com 5.381 soluções em seis categorias: propaganda e promoção, conteúdo e experiências, social e relacionamentos, comércio e vendas, dados e gestão.[15] Chamou a lista de "*martech* 5000". Brinker notou uma interessante distribuição do porte e do tipo de financiamento dessas empresas:

➤ 6,9% são empresas com mais de 1.000 funcionários ou de capital aberto;

- 44,2% são empresas de capital fechado com menos de 1.000 funcionários ou sem dados sobre financiamento;

- 48,8% são *startups* bancadas por investidores em qualquer estágio de pré-saída.

"Essencialmente, esse mercado é uma distribuição de 'cauda longa' de empresas de tecnologia de marketing (*martech*): umas poucas são gigantes de mais de $1 bilhão, dezenas são líderes com $100 milhões ou mais de receita, e depois há MILHARES de empresas menores – microempresas SaaS de 1 a 3 pessoas em contraposição a empresas de porte substancial com milhões em receita."

Enquanto a Intel, a Microsoft e outras fabricantes de equipamento original trabalham incansavelmente para construir o ecossistema PC, a maioria dos grandes *players martech* como Salesforce.com e Amazon participam do ecossistema facilitando para outros vendedores de tecnologia a criação de *plug-ins* para suas soluções em verticais mais especializadas. Usuários finais podem integrar *plug-ins* conforme a necessidade. Embora empresas *martech* construam *plug-ins* para facilitar a integração, elas se esforçam para minimizar isso e se posicionarem como "solução completa" ou como fornecedoras de "soluções de ponta a ponta".

Numa extremidade do espectro, a maioria das empresas de *stacks* de tecnologia de vendas e marketing estão centradas em torno de CRMs, plataformas de automação de marketing e sistemas de gestão de conteúdo. São repositórios centrais de dados e serviços, aos quais outras soluções se conectam. Na outra extremidade do espectro dos repositórios centrais fica a plataforma de integração como serviço [*integration Platform as a Service,* iPaaS]. Ela se conecta a todos os diversos serviços de nuvem (como Salesforce.com, Hubspot etc.) e coleta dados de cada um desses sistemas. Os dados são então normalizados e entregues numa interface única, abrangente.[16] Por exemplo, profissionais de marketing podem precisar recorrer a várias ferramentas para coletar, armazenar, analisar e reportar seus esforços de geração de *leads*, pesquisas de satisfação do cliente, análise de sites e assim por diante. Uma iPaaS pega os dados de todas essas diferentes soluções, baseadas em nuvem e locais, e as integra num único conjunto de dados. Os dados podem então ser acessados por meio de uma única interface.

Não importa se sua empresa usa uma abordagem mais centralizada ou mais descentralizada; você precisará de ferramentas de *"sales enablement"* de algum tipo para apoiá-lo na era digital. Se você lidera um time de *sales enablement* ou gerencia um time virtual, precisa considerar o *"sales enablement"* como um todo para determinar um *stack* de ferramentas que seja o mais adequado aos seus times. Se você é um colaborador individual de *sales enablement*, deve determinar quais ferramentas precisa para fazer seu trabalho. A maioria das ferramentas de *sales enablement* disponíveis no mercado foca em vendas. Além do CRM, há ferramentas para produtividade, rastreamento de e-mail, vendas sociais, informações sobre vendas, construção de relacionamentos, gestão de conteúdo, colaboração, treinamento e muito mais.

Como profissional de marketing apoiando o time de vendas, você pode escolher usar as ferramentas deles ou adquirir uma nova. Se a ferramenta é para o seu próprio uso e o time de vendas não precisa aprender a manejar outra, selecione e adote as ferramentas que funcionem melhor para você. Se o time de vendas tiver a necessidade de usar a ferramenta, você deve se certificar de que há uma sólida razão para justificar que precisam aprender a usar essa nova ferramenta, e saber de que maneira ela irá ajudá-los. Você também tem que garantir apoio executivo para se certificar de que ela será utilizada. Você sabe o quanto as pessoas de vendas podem ficar empolgadas (ou frustradas) quando precisam gastar tempo aprendendo novas ferramentas. Além das ferramentas de automação de marketing e de CRM, cada vez um número maior de times de venda estão implementando plataformas de *sales enablement* como Highspot, Engagio, Fusion Grove, Azaleads, Veelo e outras. A fim de persuadir o time de vendas a usá-las, as ferramentas escolhidas precisam ser intuitivas e atender às necessidades deles. Uma boa ferramenta de *sales enablement* deve ser capaz de dar eficácia à comunicação vendedor-comprador e melhorar a conexão entre eles durante o ciclo de vendas. Com múltiplas plataformas à escolha, as organizações têm dificuldades para decidir que ferramenta de *sales enablement* é a melhor para o seu negócio. No entanto, há vários fatores centrais a considerar ao analisar em que solução investir.[17]

FIGURA 7.2

> **Facilidade de uso:** Em primeiro lugar, a ferramenta que você escolher deve ser relativamente fácil de usar e de compreender. Claro que qualquer novo *software* requer treinamento, e ele deve ser ministrado ao time inteiro por alguém competente no uso dele. No entanto, a plataforma como um todo deve ser direta. Felizmente, muitas ferramentas de *sales enablement* oferecem versões de teste, portanto, você pode ter uma boa noção de sua adequação para o uso que pretende dar.

> **Integração:** Acima de tudo, qualquer que seja a plataforma que você escolher ela deve ter uma perfeita integração com as ferramentas de vendas que você usa no dia a dia. A gestão do relacionamento com o cliente é a espinha dorsal de vendas, portanto, a ferramenta que você escolher precisa se integrar bem a ela, sem comprometer a segurança de dados, o armazenamento de dados e outros aspectos importantes. Ao realizar sua pesquisa, certifique-se de comparar como cada ferramenta trabalha com seu CRM, com as ferramentas de vendas sociais, a nuvem e seu provedor de e-mail. O ideal é que isso seja conseguido num único local. Se a integração não é rápida e prática, seu time de vendas pode não usá-la.

> **Gestão de conteúdo:** Segundo o Chief Marketing Officer Council, 40% do tempo de um representante de vendas B2B é gasto

buscando ou criando conteúdo para novos *prospects*, portanto, ele desperdiça um tempo valioso. Superar esse problema é fácil quando o time tem acesso a uma ferramenta de *sales enablement* que lhe permita criar uma base e arquivo de conhecimentos com conteúdo forte. Sem acesso ao conteúdo certo na hora adequada, um time de vendas quase sempre falha. Assim, qualquer boa ferramenta de *sales enablement* deve ser capaz de entregar conteúdo relevante quando necessário. Isso inclui conteúdo de geração de *leads*, como estudos de caso e documentos técnicos; e também conteúdo de apoio a vendas internas, como fichas de produtos, análise da concorrência e roteiros de vendas; e conteúdo sobre conversão de vendas, como modelos de e-mail e sequências de slides.

▶ **Adequação à mobilidade:** Num mundo que preza tanto a mobilidade, qualquer *software* que você escolher deve com certeza ser capaz de entregar conteúdo de vendas de maneira fácil a qualquer dispositivo móvel. Times de venda estão sempre em movimento e precisarão usar a toda hora o smartphone para acessar seu CRM e outras ferramentas essenciais, portanto, os *softwares* devem ter um app para smartphone.

▶ **Análise de dados:** Simplesmente não faz sentido investir em *software* se você não consegue ver se ele está agregando valor ao seu negócio e o ajudando a alcançar suas metas. Certifique-se sempre de buscar plataformas que sejam capazes de prover dados e relatórios tanto sobre insights de clientes quanto sobre seu uso pelo pessoal interno. Por exemplo, uma boa ferramenta de *sales enablement* será capaz de prover relatórios sobre que conteúdo está sendo mais visto, como o time de vendas está usando esse conteúdo e qual é o ROI.

Eis alguns passos que você pode considerar ao adotar ferramentas de *sales enablement*.

▶ **Defina as metas da empresa:** Há inúmeras ferramentas no mercado e cada uma tem seus pontos fortes. Algumas podem ser melhores para gestão de conteúdo, enquanto outras serão melhores para guiar o time em cada estágio do processo de vendas. Você precisa pensar em quais são suas metas e o que você pretende melhorar dentro de sua estratégia atual – só então será capaz de encontrar a melhor solução para suas necessidades de negócios específicas.

▶ **Faça análises de necessidades:** Determine o que você quer que o *software* faça. Por que você precisa dele? O que quer conseguir? O que está sendo um obstáculo ao desempenho de vendas? É possível comprar novos módulos ou recursos de seu atual *software* para lidar com o mesmo problema?

▶ **Verifique as ferramentas de vendas existentes:** Você deve ter uma lista das ferramentas que já estão em uso. Faça um inventário dessas ferramentas e procure feedbacks sobre o que está funcionando e o que não está. Além disso, talvez novos módulos ou recursos para algumas das ferramentas que você já tem possam ser acrescentados para atender às suas necessidades. Você deve ainda avaliar que ferramentas podem ser removidas, e o quanto isso pode representar em redução de custos.

Existem centenas de plataformas de *sales enablement* no mercado. Todas têm seus nichos e resolvem desafios de vendas diferentes. Saber o que você está procurando guiará sua escolha de ferramentas.

▶ **Identifique potenciais ferramentas:** Faça pesquisas para reduzir sua lista de opções de ferramentas. Dependendo da complexidade das ferramentas, você talvez possa fazer testes gratuitos. Dependendo da abrangência, talvez seja uma boa ideia contratar uma empresa de consultoria para ajudá-lo na seleção.

▶ **Selecione a ferramenta e rastreie seu uso:** Depois que ficar definida a ferramenta, é importante treinar os usuários e certificar-se de que a ferramenta esteja sendo usada. Afinal, as ferramentas servem para tornar seu trabalho mais fácil.

É útil ter uma visão holística de onde as ferramentas que você pretende utilizar se encaixam no *stack* geral de tecnologia *martech*.

A seguir, dois links que remetem a exemplos da Microsoft e Cisco, procurando mostrar como as suas tecnologias e plataformas e as dos outros se encaixam na jornada de vendas:

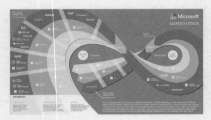

bit.ly/koganpagedidner1

bit.ly/koganpagedidner2

As duas imagens mostram uma visão holística de várias tecnologias de marketing e vendas necessárias aos estágios de pré-vendas, vendas e pós-vendas da jornada de compra. Se você ficar perdido diante de tantos tipos de fornecedores ou tecnologias de cada estágio, essas duas imagens oferecem uma boa visão geral que pode ajudá-lo em sua pesquisa preliminar de ferramentas específicas.

> **LEMBRE-SE**
>
> ▸ Tenha uma visão holística de onde as ferramentas que você está avaliando se encaixam no *stack* geral de tecnologia *martech*.
>
> ▸ Identifique os principais critérios de seleção antes de escolher as ferramentas: facilidade de uso, integração, gestão de conteúdo, adequação à mobilidade, análises.

USANDO A COMUNICAÇÃO DE MARKETING DE FORMA INTUITIVA E FOCADA NO COMPRADOR

Tive uma conversa com um diretor de marketing digital que liderava a reformulação do site e do *e-commerce* de uma empresa de equipamento eletrônico. A empresa fabrica dispositivos de teste e medição para diferentes setores. Quando conversei com ele, acabava de sair de uma reunião de revisão com seu CEO sobre o design do site de *e-commerce* e sobre prazos. Estava frustrado e desanimado. Quando apresentou os prazos para o *e-commerce*, da fase de design até a implementação, seu CEO não conseguiu compreender por que levaria tanto tempo. Na visão do CEO, um site de comércio eletrônico é apenas um site de internet, com todas as imagens e descrições de produtos, ao qual você acrescenta botões "Comprar" para cada produto e define uma sistemática de pagamentos. E pronto. Qual é a dificuldade? Não deve levar mais de três meses para isso. O diretor de marketing teve dificuldades para convencer seu CEO de que não era bem assim.

À primeira vista, podemos achar que o CEO está certo. Quando você visita um site de *e-commerce*, vê produtos, suas descrições, depois coloca os itens no seu carrinho e paga. É assim que compramos na Amazon. Procuramos o que precisamos, encontramos e então fazemos a compra. Não deveríamos seguir o mesmo fluxo para transações B2B? O que o CEO não conseguiu compreender é que compradores profissionais não tomam decisões rapidamente. Compradores de negócios fazem suas buscas, mas não compram imediatamente. Precisam coletar informações, fazer pesquisas, comparações, montar um comitê, ver resenhas de fornecedores... São muitas as considerações que os compradores levam em conta antes de apertar o botão "comprar". Quando um site de *e-commerce* é construído, o designer precisa levar em conta os diferentes estágios da jornada de compra em que os clientes podem estar, depois distribuir conteúdo relevante em diferentes áreas para incentivar cliques e visualizações. Belas imagens de produtos, descrições de produto ágeis e uma sistemática de pagamento amigável ao usuário são coisas relativamente fáceis de montar. A parte desafiadora é colocar informações e conteúdo relevantes no seu design e leiaute, prevendo quais serão as necessidades e as perguntas dos clientes. Construir essa "experiência" no seu site demanda tempo e esforço para ficar bem elaborada.

A REI (Recreational Equipment, Inc.) é um varejista americano de equipamentos para acampar, viajar, artigos esportivos e roupas e calçados para atividades ao ar livre. Quando redesenharam seu site de *e-commerce*, definiram os objetivos do site como: "Recriar on-line a experiência de compra off-line". É essa a mentalidade que você deve ter quando explora design e experiência do usuário on-line. Isto é, que tipo de experiência você quer compartilhar com seus usuários?

O design precisa impulsionar vendas. Certos elementos focados em vendas precisam ser incorporados de modo natural nas várias páginas e locais. "Entre em contato" ou "Ligação gratuita" precisam aparecer com destaque, em geral no canto superior direito (para usuários ocidentais). Muitos sites incorporam janelas para chat, que são similares aos serviços de resposta automática usados por empresas de cartões de crédito e companhias aéreas. Algumas dessas janelas de chat são geridas por *bots*, outras por humanos com horários de atendimento específicos. Quando usuários veem uma demo, talvez caiba colocar um botão "entre em contato conosco" bem próximo à demo. Avalie as razões pelas quais clientes veem tipos de conteúdo específicos. Se visualizam conteúdo baseado em consciência de marca, não seria o caso de colocar mais conteúdo que ajude a compreender melhor seus produtos? Se assistem a uma demo, será que você deveria perguntar se gostariam de "entrar em contato conosco"? Tente prever o que os clientes vão fazer numa página específica e incentive-os a dar o próximo passo do ciclo de compra.

Seu site geral ou de *e-commerce* é seu centro, seu destino e sua base. É sua ferramenta de *sales enablement*. As comunicações externas estão voltadas a trazer tráfego para o seu site. Além disso, o site é também onde você irá coletar *leads*. Portanto, criar um site intuitivo e focado no comprador é essencial. Um site com bom design é a arma secreta do time de marketing para gerar mais *leads* qualificados para os seus times de venda.

No livro *The Heart of Change*, John Kotter e Dan Cohen afirmam que a maioria das pessoas acredita que a mudança acontece nessa ordem: Analisar → Pensar → Mudar. "Mas, na realidade", dizem eles, "a sequência em quase todos os esforços de mudança bem-sucedidos parece ser mais Ver → Sentir → Mudar."[18] O design e a experiência do usuário têm a intenção de ajudar o cliente a ligar o lado direito do cérebro dele para ver, sentir e, então, comprar.

A Apple deixou todos mal-acostumados com a mentalidade do "Simplesmente funciona". Todo mundo espera que tudo "simplesmente funcione". Pessoas de vendas esperam que as ferramentas simplesmente funcionem e sejam intuitivas. Clientes esperam que seus produtos simplesmente funcionem. A otimização do design e da experiência do usuário é uma jornada sem fim.

LEMBRE-SE

- O design pode impulsionar vendas. Certos elementos focados em vendas precisam ser incorporados de modo fluente nas várias páginas e locais para aumentar as conversões.

- O design e a experiência do usuário, se bem-feitos, ajudam seus clientes a ligar o lado direito do cérebro para ver, sentir e, então, comprar.

O QUE VOCÊ PODE FAZER

1. Explore trabalhar com o designer responsável pela experiência do usuário para criar ou refinar a demo de vendas e torná-la mais interativa, talvez até alavancando VR ou AR.

2. Identifique quaisquer oportunidades de incorporar mensagens de vendas e marketing inteligentes e sutis em seu site, apps ou produtos SaaS.

3. Reavalie suas ferramentas de *sales enablement* para explicar a experiência do usuário ao seu time de vendas e como ela pode ser melhorada, por recursos adicionais ou por uma nova ferramenta.

REFERÊNCIAS

[1] Mark Prigg. The iPad really is child's play: More than half of toddlers can use Apple tablet when they are just one. Dailymail.com, 3 de julho de 2015. www.dailymail.co.uk/sciencetech/article-3149025/The-iPad-really-child-s-play-half-toddlers-use-Apple-s-tablet-just-ONEresearchers-say.html.

[2] Joerg Osarek. *Virtual Reality Analytics: How VR and AR change business intelligence*, Goordon's Arcade, Bad Homburg, Alemanha, 2016.

[3] Ikea furniture in your home with augmented reality. Place www.youtube.com/watch?v=vDNzTasuYEw.

[4] Trevor Mogg. Google Earth VR now lets you explore Street View imagery from 85 countries. Digital Trends, 16 de setembro de 2017. www.digitaltrends.com/virtual-reality/google-earth-vr-street-view.

[5] Adi Robertson. You can now fly around Google Earth in virtual reality. The Verge, 16 de novembro de 2016. www.theverge.com/2016/11/16/13643550/google-earth-vr-htc-vive-release.

[6] Stephanie Neil. Caterpillar's augmented reality. Automation World, 23 de maio de 2017. www.automationworld.com/article/industry-type/all/caterpillars-augmented-reality.

[7] Modernidade Digital. Caterpillar augmented and virtual reality. www.youtube.com/watch?v=lAEOgW_KeQA.

[8] Caterpillar's CAVE virtual reality system. www.youtube.com/watch?v=r9N1w8PmD1E.

[9] Caoimhe Gaskin. 7 examples of successful virtual reality marketing. Digital Marketing Institute, 19 de janeiro de 2018. https://digitalmarketinginstitute.comblog/2018-01-19-7-examples-of-successful-virtual-reality-marketing.

[10] Merrell "Trailscape", Framestore VR Studio. www.youtube.com/watch?v=efd6WhPmTyU.

[11] Lowe's innovation labs – the next-generation Lowe's holoroom. www.youtube.com/watch?time_continue=87&v=DVsEb9vla-I.

[12] BMW, become electric – a virtual reality experience. www.youtube.com/watch?v=3dtY7umPlDY.

[13] Augmented reality app (EN) – Villeroy & Boch. www.youtube.com/watch?v=CWC8aL6UKwE.

[14] Jacco Van der Kooij e Fernando Pizarro. *Blueprint: SaaS methodology*, CreateSpace Independent Publishing Platform, 2017.

[15] Scott Brinker. Marketing technology landscape supergraphic. Chief Martech, 10 de maio de 2017. https://chiefmartec.com/2017/05/marketing-technology-landscape-supergraphic-2017.

[16] Adrian Mott. SaaS vs. iPaaS: Understanding the difference! Bedrock Data. www.bedrockdata.com/blog/saas-versus-ipaas-understanding- the-difference.

[17] Jason Liu. How to choose the right *sales enablement* tool for your business. Sales Pop, 1 de setembro de 2017. https://salespop.pipelinersales.com/sales-management/how-to-choose-the-right-sales-enablement-tool-for-your-business.

[18] John Kotter e Dan Cohen. *The Heart of Change: Real life stories of how people change their organizations*, Harvard Business Review Press, 2012.

Pessoas de vendas esperam que as ferramentas simplesmente **funcionem** e sejam intuitivas. **Clientes** esperam que seus produtos simplesmente **funcionem**. A **otimização do design** e da **experiência do usuário** é uma **jornada sem fim**.

CAPÍTULO 8

Quando é a hora de montar seu time de *sales enablement*

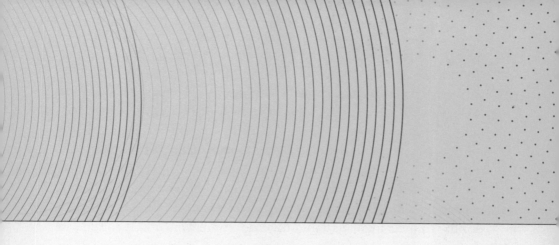

> Sales enablement *diz respeito a*
> *preparar o time de vendas.*
> Boyd Davis, CEO da Kogentix

Embora eu escreva este livro pela perspectiva de um profissional de marketing, o presente capítulo irá tratar da estrutura de um time de *sales enablement* de um ponto de vista mais holístico, não restrito à visão de um profissional de marketing. A estrutura de um time de *sales enablement* é fluida e cada empresa faz isso de um jeito diferente. Algumas não têm um time de *sales enablement* claramente identificável. Mas se você mergulha mais fundo, pode ver que existem funções de *sales enablement*, só que elas ficam dispersas em diferentes departamentos. Usam processos e ferramentas para amarrar tudo isso de modo que os times de venda obtenham o que precisam. Algumas empresas têm um gestor de programa de *sales enablement* que funciona como principal ponto de contato para os times de venda. A tarefa dessa pessoa é trabalhar de perto com outros grupos dentro da empresa para dar melhor apoio a vendas. Algumas empresas têm um time de *sales enablement* formalizado e dedicado, com orçamento, ferramentas e processos estabelecidos, mas ainda precisam trabalhar de perto com outras funções para cuidar da elaboração do treinamento, do conteúdo e de outras táticas relacionadas ao *sales enablement*.

A fim de poder dar recomendações concretas, conversei com vários vice-presidentes ou diretores de vendas e operações de vendas, bem como com gestores de *sales enablement* de várias empresas, pedindo suas opiniões a respeito de como estruturar um time de *sales enablement*.

Apesar de todos eles compartilharem seus pontos de vista com base em sua vasta experiência, a resposta de todos foi: "Depende!". Depende do orçamento, dos prazos, dos talentos à disposição, dos recursos, ferramentas, dos papéis e responsabilidades dos diferentes grupos, do direcionamento da alta gestão e até da maturidade da organização de vendas. Mesmo após levar em conta esses fatores, será preciso ir fazendo ajustes com base num ambiente externo em constante mudança, assim como pelo fato de o próprio *sales enablement* estar ainda em evolução. Embora a meta final seja a mesma, cada empresa estrutura seu suporte a *sales enablement* com base no que funciona, ou no que ela acredita que irá funcionar para ela naquele momento. É provável, então, que elas mudem drasticamente a estrutura do time no decorrer do tempo.

Portanto, não há um método padrão para desenvolver um time de *sales enablement*. Meu marido é um ávido jogador de pôquer, que é outra área na qual você não consegue ensinar uma receita única para o sucesso. No tempo em que estava começando, teve a sorte de deparar com um livro curto chamado *Winning at Poker*, de Jonathan Archer. Nele, o autor, em vez de tentar percorrer todos os diferentes cenários que um jogador de pôquer pode encontrar, explica processos e estratégias de pensamento que podem ser adaptados a várias partidas e situações. Da mesma maneira, minha meta é explicar como analisar as necessidades do time de vendas e os recursos que você tem à disposição, e a partir disso estruturar o melhor time possível para um determinado ponto do tempo.

Você saberá que é preciso pivotar, avaliar ou reavaliar a estrutura de um time de *sales enablement* ao deparar com o seguinte quadro:

FIGURA 8.1

- O **conhecimento tribal** não é mais escalável para apoiar um time de vendas em crescimento;

- O pessoal de vendas passa **tempo excessivo** criando e buscando conteúdo;

- A falta de um **posicionamento** claro do produto inibe as conversões de vendas;

- Novos contratados não estão bem **treinados** e levam tempo demais para alcançar suas metas;

- A colaboração e a comunicação são dificultadas pelos **silos organizacionais**.

A QUESTÃO É O QUE VOCÊ QUER ALCANÇAR

Enquanto refletia sobre este capítulo, concluí que estava fazendo a pergunta errada. Não se trata de "como" estruturar um time. A pergunta que deve ser feita é "o quê" você quer conseguir com um time de *sales enablement*? Definir esse "o quê" guiará sua escolha de "como" montar seu time. A seguir, um processo que você pode usar para definir esse "o quê" e começar a montar seu time:

- Compreenda as e a estratégia de vendas;

- Compreenda a estrutura, a metodologia e os processos da organização de vendas;

- Mapeie a estrutura geral de apoio ao time de vendas;

- Identifique lacunas no apoio ou maneiras mais eficientes de apoiar o time;

- Defina os objetivos do time de *sales enablement* e proponha sua estrutura;

> Busque aprovação da gestão para um plano bem concebido;

> Monte o time e execute o plano.

◢ Compreenda as metas do negócio e a estratégia de vendas

Um time ou um grupo deve ter atribuições específicas relacionadas às metas de negócios e objetivos de uma empresa. Se você quer criar um time, precisa primeiro vincular a missão de seu time às metas da sua empresa. Afinal, qualquer contribuição de um grupo à empresa deve apoiar, direta ou indiretamente as metas gerais do negócio. No caso de um time de *sales enablement*, você precisa não só articular as metas de negócios, mas também entender profundamente como elas se relacionam com a estratégia geral de vendas e com a capacidade de alcançar metas de vendas. As estratégias de vendas da maioria das empresas estão associadas aos seguintes aspectos:

> Penetrar em novos mercados-alvo, geografias, verticais ou uma combinação disso;

> Lançar novos produtos ou serviços;

> Identificar como realizar vendas *upsell* e *cross-sell* em relação a um portfólio de produtos existentes;

> Limitar a rotatividade de clientes e aumentar as vendas nos mercados e contas existentes;

> Melhorar o apoio e os serviços ao cliente (não necessariamente como pós-apoio ao cliente) para manter relacionamentos com clientes e impulsionar uma melhor satisfação do cliente.

Definir suas metas de negócios e estratégias de vendas lhe dará um contexto para discutir a estrutura que você vai propor ao seu time junto à alta gestão, de uma maneira que deixe claros os benefícios.

Compreenda a estrutura, metodologia e os processos da organização de vendas

Não basta simplesmente conhecer as metas do negócio e as estratégias de vendas. Ao longo deste livro, enfatizo a importância de compreender as metodologias e os processos de vendas. Quanto melhor você entender o time de vendas, melhor poderá cuidar da elaboração de seus esforços de *sales enablement* para apoiá-lo. Profissionais de marketing criam *buyer personas* para personificar seus públicos-alvo. Mas não costumam criar uma *persona* para apoiar *stakeholders* internos. Que tal criar uma *sales persona* para apoiar os times de venda? Ao usar essa *persona*, você pode articular o dia típico de um papel de vendas específico, incluindo o papel e as responsabilidades dessa pessoa, sua experiência, pontos fortes, aspirações, desafios e pontos de dor. Pode até acrescentar traços comuns de personalidade como parte da narrativa associada a essa *persona*. Solicite feedback do time de vendas focando naqueles que têm grande desempenho e também nos que têm desempenho abaixo do desejado para obter um insight melhor.

O retrato desta *persona* não só irá formalizar sua compreensão dos diferentes papéis desempenhados no time de vendas; ele também irá priorizar que papéis de vendas você pode apoiar melhor conforme inicia seu trabalho. As *sales personas* também podem ser usadas ao recrutar e contratar. Você pode ser solicitado a apoiar todos eles, mas a recomendação de prioridade que você fizer ajudará a conduzir a conversa com a gestão de vendas e guiará a estrutura do seu time de *sales enablement*.

Entenda a estrutura geral de apoio ao time de vendas

Agora que você já conhece bem seu time de vendas e como o *sales enablement* pode ser mais eficaz, é hora de compreender quem está fazendo o quê para apoiar o time de vendas. Em geral, quase todo grupo de uma empresa apoia vendas, desde recursos humanos (RH), TI, contabilidade, financeiro, manufatura, pesquisa e desenvolvimento, até chegar ao marketing. O RH cuida de contratar, treinar e gerir o desempenho. A TI fornece ferramentas e apoio tecnológico. A contabilidade pode ter um papel na remuneração e no faturamento das contas. O financeiro está envolvido em previsões, rastreamento de metas, planejamento de orçamento, em preços e margens, assim como no apoio às negociações. A fábrica fornece os níveis de estoque do produto [*Available To Promise*, ATP], previsões de produção etc. P&D ajuda a priorizar e trazer para o mercado novas ofertas e capacitações para atender às necessidades do mercado. Você precisará entender como as diferentes funções estão integradas ao *sales enablement* e ao marketing para ter uma boa ideia do papel de seu time na estrutura de apoio geral.

◢ Identifique lacunas no apoio ou maneiras mais eficientes de apoiar o time

A função *sales enablement* pode ter sido criada por uma iniciativa de cima para baixo ou ser um conglomerado de várias funções instaladas em diferentes grupos. Entender como as atuais capacidades são arranjadas ajudará você a ganhar uma sólida compreensão das capacidades de *sales enablement* na sua empresa.

Depois que você compreende quem está fazendo o quê, pode identificar as lacunas ou recomendar ideias para promover melhor eficiência. Isso também fornece orientação para fazer ajustes nos papéis e responsabilidades do *sales enablement*, a fim de minimizar a duplicação de esforços. Ganhar uma clara visão de como seu time se encaixa na grande e complexa máquina corporativa permite que você defina como irá trabalhar com outros times que apoiam o grupo de vendas.

◢ Defina os objetivos do time de *sales enablement* e proponha a sua estrutura

O passo seguinte depois de identificar áreas em que você pode entregar valor é colocar por escrito quais são os objetivos do time. O que você quer que o time de *sales enablement* consiga? Quais são os resultados e impactos desejados? Nesse estágio, você deve ter vários objetivos. Com base neles, pode criar diferentes opções para a estrutura do time. Lembre-se de que a estrutura de um time pode incluir componentes virtuais, ou especialistas de outros grupos para algumas das funções e até recursos de terceiros. Em última instância, não importa o que você sugira, precisará da aprovação da gestão executiva. Pela minha experiência, é bom ter várias opções a respeito dos objetivos do time e de sua estrutura quando você for buscar aprovação da gestão executiva. Esteja pronto para discutir o número de pessoas de que precisa e o orçamento geral, junto com uma boa noção de prazos, com marcos principais. A estrutura de seu time depende muito dos recursos e do orçamento que você for capaz de obter da sua gestão.

Aprovação da gestão

Quando você discute sua proposta com a gestão, precisa ser capaz de expor as diferentes opções destacando os prós e contras de cada uma, assim como os compromissos que estão sendo assumidos. Raramente o marketing consegue tudo o que pede e a maioria dos times de gestão quer saber quais são os compromissos definidos e se foram claramente compreendidos. O mais importante é você ser capaz de explicar o impacto de sua contribuição ao time de vendas. Procure obter a aprovação deles em relação aos objetivos do time e à estrutura proposta. Isso deve incluir apoio à gestão do time de vendas, caso contrário será uma batalha perdida.

Monte o time

Quer você lidere um time virtual ou formal, é importante identificar com clareza os objetivos, metas e iniciativas para fornecer um modelo aos membros do time. Além disso, você pode ter que contratar novos talentos ou mudar os papéis dos membros do time. Depois que o time estiver definido (mesmo que seja um time parcial), promova uma reunião inicial, compartilhe seu plano e solicite feedback. Coloque todo mundo alinhado e certifique-se de resolver quaisquer preocupações que existam. Talvez você não seja capaz de conseguir um alinhamento completo em apenas uma reunião, mas é importante começar de algum lugar. Na minha visão, ter uma reunião regular (semanal ou duas vezes por semana) ajuda a dar sinergia ao time e a manter o impulso. Isso é especialmente eficaz se você consegue arrumar influenciadores no time de vendas e entre os principais líderes da empresa.

Possíveis funções de um time de *sales enablement*

APOIO NOS PROCESSOS INTERNOS	PAPÉIS
Coaching de vendas e desenvolvimento de talentos	*Coach* de vendas ou executivo de vendas
Recrutamento de talento	Recrutador
Integração e treinamento de vendas	Desenvolvedor de talento de vendas; designer de treinamento; desenvolvedor de treinamento; instrutor de treinamento/facilitador; gestor de pesquisa de vendas
Melhoria de ferramentas e de processos de vendas	Gestor de operações de vendas; gestor de tecnologia de vendas; gestor de TI; gestor de aquisições
Incentivos de vendas e remunerações	Gestor de remuneração de vendas; gestor financeiro para vendas; gestor de contabilidade para vendas
Apoio a parceiro de canal	Gestor de *sales enablement* para parceiros de canal
Soluções e posicionamento	Gestor de *messaging*; gestor de marketing
Funil de vendas e gestão de previsões	Executivo de vendas; analista de dados de vendas

LEMBRE-SE

Antes de montar um time, você pode seguir os seguintes passos:

- Compreender as metas e estratégias de vendas do negócio;
- Compreender a estrutura, a metodologia e os processos da organização de vendas;
- Mapear a estrutura de apoio geral ao time de vendas;
- Identificar lacunas de apoio ou maneiras mais eficientes de apoiar o time;
- Definir os objetivos do time de *sales enablement* e propor a estrutura do time;
- Buscar aprovação da gestão executiva.

ONDE DEVE FICAR O *SALES ENABLEMENT*?

Tratei da propriedade do *sales enablement* na Introdução deste livro. O veredito geral de mais de vinte gestores de *sales enablement* é que o *sales enablement* deve ser parte do time de vendas e estar no mesmo nível das operações de vendas, e não como parte de operações de vendas. A razão é que operações de vendas tende a focar em apoio a negociações, metas, funil, remuneração e processos, geralmente com metas de curto prazo (mês a mês). As atividades de *sales enablement* relacionam-se a treinamento, conteúdo, contratação, geração de *leads* e colaboração de marketing. Esses processos têm um ciclo de tempo mais longo e metas que costumam exigir vários trimestres para entregar valor substancial. Portanto, é importante separar *sales enablement* de operações de vendas. No entanto, em algumas empresas, eles se fundem num grupo, o que pode gerar conflitos entre longo prazo e curto prazo que precisarão ser resolvidos.

Já vi o *sales enablement* reportando-se a marketing, vendas, operações de vendas, finanças, RH e até a times de produto. Em algumas empresas, o *sales enablement* pode ser colocado sob o RH, porque uma das responsabilidades mais importantes do *sales enablement* é o treinamento, e o RH é responsável pela contratação e treinamento no âmbito da empresa toda. O time de treinamento de Amy Pence na Alteryx foi transferido de vendas para o RH a fim de escalar as melhores práticas dela pela corporação. Em algumas empresas, o *sales enablement* é responsável por todos os painéis e indicadores de vendas, portanto, é lógico que eles se reportem a finanças. O time de Chuck Steinhauser na Amdocs reportava-se a operações de vendas antes de passar para finanças. Atualmente, estão avaliando um possível retorno para o time de operações de vendas.

Em alguns casos, especialistas em algum assunto ou engenheiros de produto são responsáveis pela criação de treinamento de produto para o time de vendas e, portanto, o *sales enablement* pode ser incorporado aos times de produto. Emma Hitzke, gestora sênior de marketing da divisão de IoT da Intel, comanda o time de *sales enablement*, que se reporta a um dos grupos de produto. Obviamente, como *sales enablement* é responsável por vendas internas e geração de *leads*, algumas empresas o colocam sob o marketing. Um exemplo disso era a Limelight, onde Michael King liderou o time de vendas internas como uma função de marketing. De novo, não existe certo ou errado quanto ao lugar em que o *sales enablement* deve residir e ele pode evoluir ao longo do tempo. Há várias opções, e cada uma tem seus prós e contras. Minha recomendação é que o *sales enablement* seja parte do time de vendas, mas entendo perfeitamente que isso pode ficar por conta da gestão executiva.

> **LEMBRE-SE**
>
> Quando converso com gestores de *sales enablement*, a maioria ainda prefere ser parte do time de vendas e reportar-se diretamente ao vice-presidente de vendas. O time de vendas tem melhor controle sobre as prioridades do *sales enablement* e é capaz de alocar orçamento e recursos para apoiá-lo. Há também a questão de garantir que o time de vendas use as ferramentas do *sales enablement*. A adoção pelo usuário pode ser mais fácil se o pessoal de vendas se encarrega do *sales enablement* e está mais empenhado no sucesso geral.

Quando o *sales enablement* se reporta a outras funções, há sempre o risco de perder a prioridade, dependendo do foco desse outro grupo, privando o *sales enablement* dos recursos necessários. A solução é solicitar atualizações regulares e acertar um nível de serviço com métricas de sucesso.

TALENTO E COMPETÊNCIAS

Todos sabemos que é importante contratar pessoas excelentes que mostrem paixão, dedicação e se encaixem na cultura da empresa. Mas quais as qualidades que uma pessoa de *sales enablement* deve possuir? Ela provavelmente irá atuar como uma ligação entre seus times de venda, de marketing e de produto e outros *stakeholders* internos.

Vários diretores de *sales enablement* me contaram que só contratam gente que já tenha sido de vendas. Representantes de vendas sabem se relacionar melhor e apoiar membros de time que tenham íntima familiaridade com os pontos de dor e os desafios de vendas. É um clichê, mas representantes de vendas têm maior confiança em outros membros do time que tenham trabalhado numa função similar no passado. Seja como for, sempre tenho visto que é importante conquistar o respeito do pessoal de vendas, caso contrário eles podem desafiar, criar obstáculos ou ignorar seus pedidos.

Se você lidera um time virtual, pode não ter muito controle sobre a composição do time, por isso talvez precise encontrar maneiras de trabalhar com os recursos que estiverem disponíveis. Se tiver de fato autoridade para contratar funcionários em tempo integral ou terceirizados, deve ter clareza sobre os seus objetivos e usá-los como uma bússola para definir o mix de talento e conjuntos de habilidades necessários para o seu time.

Já mencionei antes que existem elementos comuns em várias definições de "*sales enablement*":

- Treinamento;

- *Coaching*;

- Conteúdo;

- Multifunções;

- Tecnologia;

- Processo – e, é claro;

- Pessoas

Dependendo de seus objetivos e das iniciativas que planeja implementar, talvez você precise contratar pessoas capazes de cobrir essas áreas.

Em geral, são necessárias as seguintes competências comuns:

FIGURA 8.2

◢ Capacidade de se comunicar de modo eficaz

Com base nas minhas conversas com gestores de *sales enablement*, esse é provavelmente o talento mais importante para trabalhar nessa área. Como o papel de *sales enablement* é multifuncional, os membros do time precisarão se sentir confortáveis em conversar com seus times de venda, assim como com os times de outros departamentos e com clientes. Afinal, vender sua solução pode muitas vezes exigir saber detalhes de vários departamentos e funções, como produto, serviços, apoio e até engenharia. O *sales enablement* precisa ser capaz de se comunicar com eficácia e lidar bem com esses departamentos para garantir que o conhecimento certo esteja sendo colocado diante dos representantes de vendas qualquer que seja a situação de vendas.

Parte da comunicação é saber ouvir. Para melhor apoiar seu time de vendas, o *sales enablement* também precisa buscar contribuições e receber feedbacks do time de vendas e de outros grupos de apoio.[1]

◢ Compreender a mentalidade de vendas dos profissionais de alto desempenho

A mentalidade de um representante de vendas de alto desempenho é diferente daquela da maioria dos funcionários. São pessoas "focadas em realizações" e com certeza não desanimam fácil. Compreender como pensam e do que precisam vai permitir que seu time ajude não apenas aqueles que têm alto desempenho, mas todas as pessoas de vendas. "Por exemplo", diz JJ Fernoni, VP de vendas da Guru, "eles não querem perder tempo e precisam ter acesso imediato a conteúdo verificado, exato, utilizável, consumível, de modo que possam continuar avançando no ciclo de vendas com o mínimo de atrasos. Demoras na busca de informações equivalem a dinheiro perdido." Os traços específicos dos que têm alto desempenho devem também ser incluídos na *sales persona* que mencionei antes.

Diane Walker, ex-gestora de *sales enablement* da SAP, da McAfee e da HP, fazia questão de ficar perto das pessoas de alto desempenho para entender seus processos de pensamento e desafios. Ela não ajustava seu apoio apenas às de alto desempenho, mas observava quais eram os desafios que elas enfrentavam e aplicava essas lições a outros membros do time. Compreendê-las era útil para dar melhor apoio ao time de vendas como um todo. Quando as demais se alinhavam às de melhor desempenho, podiam também ser alavancadas como defensoras diante de outros representantes de vendas. Muitos representantes querem imitar os de melhor desempenho, e contar com seu endosso pode ser um importante catalisador para o seu programa de *sales enablement*.

▲ Experiência de mercado relevante e demonstrável

O *sales enablement* geralmente requer um time com membros que tenham experiência relevante, que seja reconhecida pelos outros times e especialmente pelos representantes de vendas. Experiência relevante pode abranger um ou vários dos seguintes aspectos:

- **Experiência no setor:** Membros do time vêm do setor em que sua empresa está e, portanto, têm conhecimento da área que é relevante para o seu negócio e para seus clientes-alvo.

- **Experiência em vendas:** Membros do time têm experiência em vendas ou em *sales enablement*, obtida por terem trabalhado para a concorrência ou para empresas que tenham um vínculo próximo com a sua, e isso proporciona credibilidade.

▶ **Experiência em marketing de produto:** Membros do time vêm de papéis relacionados a produto ou a marketing de campo e têm experiência em desenvolver conteúdo contextual relevante para seu mercado e clientes.

O ideal é que o time de *sales enablement* tenha o maior número possível dos três atributos acima mencionados. Isso lhes dará maior credibilidade como indivíduos, e, mais importante ainda, dará maior relevância ao trabalho que eles gerarem.

Saber criar e encontrar conteúdo relevante

Conteúdo é um "monstro" interessante e uma parte crucial das atividades de vendas. Segundo um estudo de 2015, "57% dos respondentes de um *survey* citaram o conteúdo de alta qualidade como um tópico que impulsionava vendas".[2] Os times de venda precisam não só de conteúdo, mas também serem capazes de encontrar o conteúdo certo com rapidez. Embora 84% dos respondentes indicaram que a busca e utilização de conteúdo era a área número um que poderia melhorar a produtividade de vendas, apenas 35% das empresas estavam trabalhando ativamente nessa questão. E isso leva compreensivelmente a um desperdício de tempo. Segundo esse estudo, 31% do tempo dos representantes de vendas é gasto buscando ou criando conteúdo, e 20% é gasto com relatórios, burocracia e tarefas relacionadas a CRM. A Cisco está entre os 35% de empresas que trabalham para tornar o conteúdo mais fácil de ser encontrado. Ken Chizinsky, diretor sênior de experiência do usuário (UX) do Time de Estratégia e Design de Vendas Digitais da Cisco, tem plena consciência do problema. Ele e sua equipe destacam não só o conteúdo mais popular de SalesConnect, a biblioteca de gestão de conteúdo para sua força de vendas diretas e indiretas, como também otimizam seu recurso de "busca rápida" para ajudar o pessoal de vendas a poupar tempo em buscas de conteúdo. Oferecer uma ferramenta ou plataforma adequada que o time de vendas possa usar para acessar conteúdo é um elemento importante para ajudar seu time de vendas a encontrar o conteúdo certo.

Pensar em *como* o conteúdo será usado pelos representantes é o primeiro passo. Isso ajuda a ter um quadro claro para produzir conteúdo de modo eficiente. Exige ser capaz de sondar a mentalidade de vendas e compreender os problemas que eles estão tentando resolver. "Ouça os *pitches* de vendas, as ligações, veja os e-mails, para entender como e o que está sendo articulado aos *prospects*" (Feroni de novo).

Se o seu time é responsável pela criação de conteúdo, você precisa de alguém capaz de redigir ou produzir conteúdo em diferentes formatos. O mais importante é que eles também precisam saber como tornar esse conteúdo mais consumível por seu pessoal de vendas, especialmente os de melhor desempenho. A criação de conteúdo é uma colaboração entre *sales enablement*, marketing e às vezes os times de produto e de P&D. O marketing é responsável pelo *messaging*, conteúdo e comunicações externas. O time de *sales enablement* pode pegar o que o marketing cria e modificá-lo para que fique mais adequado às necessidades do time de vendas, criando conteúdo mais específico e relevante, como estudos de caso, resumos de informações sobre a concorrência, modelos de propostas e material informativo voltado ao *prospect*, assim como outros colaterais. Para fazer isso, precisam compreender como criar diferentes tipos de conteúdo que possam ser imediatamente usados e colocados em ação pelo time de vendas. Se criar conteúdo e customizá-lo for responsabilidade do seu time de *sales enablement*, será vital contratar talentos com forte competência de redação. Eles também precisarão ter boa experiência no setor ou no assunto.

◢ Atenção aos detalhes

O *sales enablement* envolve principalmente prestar atenção às necessidades de vendas. Da mesma maneira que um anfitrião cuida das necessidades dos convidados ou um gestor geral de escritório garante a fluência das operações cotidianas, você precisa prestar atenção aos detalhes. Com frequência, alguns dos detalhes que você percebe são na realidade lacunas que precisam ser corrigidas. Anote suas observações e proponha uma recomendação para resolvê-las. Identificar lacunas não significa que seu time tenha que fazer todo o trabalho. Às vezes, sim, é esse o caso. Outras vezes, trata-se de um esforço colaborativo com outros grupos. Eu compreendo que pode haver certa inércia numa grande organização e que ela seja difícil de romper, mas é importante apontar áreas que precisam de melhoria contínua e trabalhar no sentido de resolver isso.

◢ Tenacidade para dominar ferramentas e processos

Ajustar ferramentas e processos para o time de vendas pode ser difícil. Somos criaturas de hábitos. Ninguém gosta de mudar, especialmente pessoas de vendas. Elas gostam de fazer as coisas do mesmo jeito e preferem o caminho de menor resistência. Pensam que o que quer que estejam fazendo funcionou até agora, então, por que mudar? Acho que ajustar novas ferramentas e processos para o time de vendas é particularmente desafiador. Você precisa pensar criativamente para fazê-los mudar e tem que demonstrar de que maneira as novas capacidades irão facilitar as coisas para eles. Tornar as ferramentas fáceis de usar é obrigatório. Criar incentivos ou prêmios financeiros também ajuda. Procure a adesão do VP de vendas a respeito da implementação de ferramentas e certifique-se de que elas ficaram estabelecidas após o primeiro momento de implantação.

O pessoal de vendas, tipicamente, é pago para vender. Reservar um tempo para ajudar a implementar ou testar novas ferramentas e processos costuma ser percebido como um desperdício de tempo, que poderia ser mais bem aplicado vendendo. Além de mostrar a eles como o investimento de seu tempo irá ajudá-los, você precisa do apoio da gestão com algum tipo de compensação ou alívio da meta. De fato: introduzir novas ferramentas e processos para o time de vendas é um esforço desafiador.

◢ Trabalhar bem com tecnologias em constante mudança

Profissionais de negócios precisam ter flexibilidade mental e ser capazes de sair de sua zona de conforto para se adaptar ao ritmo veloz de mudança tecnológica que vivemos hoje. Isso é especialmente desafiador para aqueles que tiveram anos de experiência numa era em que a mudança tinha ritmo bem mais lento. Scott Brinker, chefe do programa da Martech Conference, tentou ter uma noção do número de plataformas e fornecedores que foram lançados a cada ano desde 2011. O cenário da tecnologia de marketing e vendas cresceu de 150 fornecedores a mais de 5 mil soluções e fornecedores.

Conseguir ter uma boa compreensão das tecnologias que estão sendo usadas tanto em marketing quanto em vendas é desafiador.

Pesquisar, ler e aprender são parte de nosso esforço para avançar. Podemos ter os mesmos papéis e responsabilidades, mas, como o trabalho será feito com a ajuda de tecnologia, exigirá de nós uma disposição de aprender e de acolher novas maneiras de trabalhar.

APOIO INTER-REGIONAL AO *SALES ENABLEMENT*

Outro aspecto crucial que terá impacto na estrutura de um time de *sales enablement* é a necessidade de apoiar times de venda em países diferentes. Isso tende a ser um desafio para empresas multinacionais como IBM, Intel, Cisco, Coca-Cola, Toyota etc., e empresas que estão tentando se expandir globalmente. De novo, não há uma resposta que sirva para todos e que ofereça a todos uma estrutura de apoio eficaz. É uma questão de colaboração entre a sede e os times locais e de se chegar a um acordo em relação a quem irá fazer o quê, quem vai liderar e quem vai acompanhar. Essa comunicação é vital para times que trabalhem em diferentes fusos horários.

> **LEMBRE-SE**
>
> A seguir, alguns fatores a levar em conta ao criar uma estrutura para apoiar uma força de venda global:
>
> - Alinhar os objetivos e estratégias do *sales enablement* com a força de vendas de cada região ou país;
> - Compreender as necessidades do time local, que podem ser exclusivas de sua cultura ou prática de negócios;
> - Definir papéis e responsabilidades entre a sede e os times locais (geografias);
> - Realizar reuniões regulares para prover atualizações e fomentar a comunicação em duas mãos;
> - Fornecer ferramentas que possam escalar a outros países e línguas.

É fundamental manter os canais de comunicação abertos. Compreender as necessidades do time local, discutir e definir papéis e responsabilidades. Os times locais querem obter direção e orientação do time corporativo, mas nem sempre aceitam bem que a sede lhes diga o que têm que fazer. O time da sede precisa encontrar um equilíbrio entre orientar e ditar. Há situações em que a sede precisa bater o pé e insistir para que o time local siga certos processos, adote certas ferramentas ou painéis de controle para garantir consistência. Com base nos anos em que trabalhei com times locais ao redor do mundo, estes não costumam ter problemas em seguir a orientação e direção da sede. Os problemas surgem quando essas regras e direções não se alinham às estratégias locais ou colocam um fardo excessivo sobre as costas deles, em razão de restrições de recursos e de orçamento. A tarefa da sede é ouvir e compreender. No passado abri exceções com base nas requisições de times locais. Escalar os esforços de *sales enablement* por várias regiões é uma questão que envolve um toma lá dá cá entre a sede e as regiões geográficas.

Os times de venda de cada região ou território tendem a se preocupar mais com as contas de sua região ou país, a não ser que a conta seja global e tenha presença em várias regiões. Em geral, contas globais costumam ser de empresas multinacionais, geridas diretamente pela sede. Nesses casos, o time de vendas da sede provavelmente irá designar ou contratar pessoas de vendas no próprio país, para terem presença local e apoiar esses clientes. A estratégia de vendas geral para essas contas é mais conduzida pela sede corporativa com um feedback local. Os times locais focam em oferecer o melhor apoio possível.

◢ O conteúdo de vendas "Glocal" requer atenção especial

Dar apoio a conteúdo em vendas globais é complicado, especialmente a customização e localização. Alguns conteúdos podem ser escalados do jeito que são, outros têm que ser "glocalizados", isto é, traduzidos ou customizados para atender às necessidades locais. Sarah Mitchell, estrategista de conteúdo na Lush Media e especialista em localização, chama a atenção para elementos-chave a considerar para a localização:

FIGURA 8.3

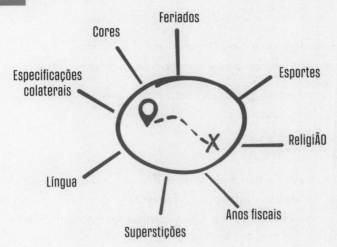

- **Cores:** Em alguns países a cor do vestido de noiva não é branco.

- **Feriados:** Ano Novo Chinês, Ano Novo Judaico, Ano Novo Islâmico.

- **Esportes:** Futebol nos EUA *versus* futebol no resto do mundo.

- **Religião:** Crenças e regras.

- **Anos fiscais:** Na China, um dos maiores dias de compras é o 11 de novembro (Dia dos Solteiros), equivalente à Black Friday dos EUA, que é logo após o Dia de Ação de Graças.

- **Superstições:** Em chinês a palavra para "quatro" tem o mesmo som que a palavra para "morte". Em alguns prédios, a numeração dos andares passa direto do três para o cinco.

- **Uso da língua:** Um exemplo são os falsos cognatos, palavras de grafia idêntica ou similar, mas com sentido diferente em cada língua. "*Rato*" em espanhol significa "momento", "*pastel*" é "bolo", "*cachorro*" é "filhote", "*embarazada*" é "grávida".

- **Especificações colaterais:** Formato Carta *versus* formato A4.

> **LEMBRE-SE**
>
> Fique atento ao uso das palavras. Peça que os times locais revisem o conteúdo traduzido para ver se a localização e customização estão corretas.

Localização criativa

O time da sede pode decidir a direção criativa geral de uma campanha de âmbito mundial. Mas nem todo o trabalho criativo funciona em todas as regiões. Uma campanha popular do Old Spice [um desodorante masculino] pode ser tão específica para os EUA que sua abordagem criativa não funcione em outros países. Dê uma olhada no vídeo do YouTube "*Old Spice – the man your man could smell like*".[3] No entanto, como mostra o vídeo do YouTube "*Apple 'global' ad in different countries*", a abordagem criativa do iPhone da Apple pode facilmente escalar para diferentes línguas.[4] A abordagem criativa para formatos impressos, como *briefings* de produtos, documentos técnicos ou outros conteúdos escritos, é mais fácil de escalar. Isso fica mais desafiador quando se trata de produções de vídeo ou mesmo demos de vendas que incluam VR/AR/MR. É importante que haja uma conversa entre a sede e os locais antes da produção de conteúdo, a respeito do ponto de vista criativo.

> **LEMBRE-SE**
>
> Para a abordagem criativa, a sede assume a liderança e os times locais precisam rever a produção e dar feedbacks. A sede precisa entender que algumas peças criativas podem não funcionar em certos países, e você terá que fazer ajustes.

Localização do *messaging*

O *messaging* do produto e a proposta de valor dependem das customizações do produto e do público-alvo de cada região. A sede pode criar o modelo de *messaging*, mas não pode impô-la ao time local. Há um par de anos, meu time de marketing decidiu dar destaque ao recurso de segurança de dados do próximo produto a ser lançado. No entanto, meu time na China deixou muito claro para mim que eles não podiam usar "segurança de dados", já que o governo chinês é muito sensível em relação à palavra "segurança". Em vez disso, concordamos em usar "confiabilidade" como uma mensagem-chave para o lançamento do produto na China.

> **LEMBRE-SE**
>
> A estrutura do *messaging* costuma ser definida pela sede. Se os produtos são ajustados aos clientes locais, o *messaging* do produto e a proposta de valor talvez precisem ser elaborados pelos times locais. Promova uma discussão aberta sobre propostas de valor, estrutura de *messaging* e pontos-chave da conversa de vendas para garantir a consistência das comunicações.

Localização do tema e do *tagline* da campanha

Em algumas empresas as campanhas são intimamente associadas às ofertas e esforços de vendas. Na maioria dos casos, os temas e taglines de campanha precisam ser localizados. Com base na minha experiência trabalhando com times locais, não peço que façam uma tradução direta do tema e da tagline. Procuro me certificar de que eles compreendem os insights principais e a essência, e então confio que irão customizar isso usando um texto apropriado para que a mensagem essencial ganhe vida.

> **LEMBRE-SE**
>
> É tarefa da sede ajudar os times locais a compreenderem o tema da campanha e a escolha da *tagline*. O time local precisa se esforçar para ficar dentro do espírito do tema e da escolha da *tagline*, bem como seguir o guia da marca.

Localização do conteúdo

O time local deve ser responsável por traduzir e customizar o conteúdo de vendas. Com orçamento e recursos limitados, o time local pode não ser capaz de traduzir tudo. O time da sede precisa planejar seu roteiro de conteúdo previamente para que os times locais saibam o que está por vir e possam estabelecer prioridades. Isso lhes permitirá pensar a respeito de como o time de vendas vai usar o conteúdo, qual será o perfil da campanha e onde o conteúdo será distribuído. Compreender a campanha e os canais de divulgação irá ajudá-los a definir os formatos necessários para as diversas peças de conteúdo.

É importante mapear as campanhas antes de criar o conteúdo e trabalhar com os times locais de modo que se engajem totalmente. Sei que isso é muito desafiador, já que eles estão em modo de execução o tempo inteiro. No entanto, ter uma ideia geral de como uma campanha será conduzida ajuda o time da sede a determinar os requisitos de formato durante o estágio de planejamento.

A globalização é complicada. Alcançar esse equilíbrio entre global e local é, ao mesmo tempo, uma arte e uma ciência. Requer planejamento, colaboração, orçamento e recursos.

SALES ENABLEMENT INTER-REGIONAL

Iris Chan, CMO da Fusion Grove, foi antes gestora de vendas e marketing da IBM e da Cisco para a região da Ásia Pacífico. Como uma pessoa regional trabalhando de perto com a sede, ela experimentou em primeira mão o apoio do marketing e vendas corporativo. Trabalhou de perto com o time corporativo em localização de conteúdo, tanto para esforços de vendas quanto de marketing. Em geral, o esforço de geração de *leads* era atribuição do gestor regional, com ajuda mínima do escritório corporativo. Ela compreendeu que é desafiador para gestores de marketing apoiarem várias regiões e países a partir do escritório corporativo. No entanto, é importante solicitar feedback local, especialmente em ferramentas, processos e criação de conteúdo.

Eis alguns dos desafios que ela consistentemente encontrou ao longo dos anos com várias empresas:

- Abordagem conduzida de cima para baixo sem uma plena compreensão dos desafios locais;

- Conteúdos de vendas e marketing não ajustados às necessidades locais;

- Falta de apoio local para orçamento e recursos;

- Conseguir o delicado equilíbrio entre global e local;

- Ausência de um ciclo formal de feedback entre local e corporativo para lidar com as necessidades locais.

Eis as recomendações dela para profissionais de marketing que sejam responsáveis também por apoiar vendas em outras regiões e países:

- Obter feedbacks de times locais;

- Planejar com uma mentalidade de baixo para cima;

- Envolver os times locais o mais cedo possível no estágio de proposta de valor e criação de conteúdo.

Mesmo que você não consiga fazer nada, às vezes é bom simplesmente "ouvir". As recomendações dela fazem eco aos passos que descrevi para diferentes colaborações de localização e customização de conteúdo.

Trata-se de ouvir, solicitar feedbacks e ter a mente aberta. Afinal, os escritórios corporativo e local são parte do mesmo time.

> **LEMBRE-SE**
>
> Comunicação. Compromisso. Colaboração. Ao elaborar a estrutura de apoio inter-regional de *sales enablement*, você precisa solicitar e ouvir o feedback dos times locais. Às vezes, o time da sede irá liderar. Outras vezes, os times locais tomarão a iniciativa. Mantenha o canal de comunicação aberto – e a mente também.

A ESTRUTURA DO TIME DE *SALES ENABLEMENT* É FLUIDA

O *sales enablement* é necessário, especialmente para vendas complexas. Mas para realizar um bom trabalho de capacitação de vendas você precisa definir o que o time quer realizar, onde o time deve residir e como deve ser organizado. A estrutura organizacional do time de vendas irá mudar à medida que a empresa crescer ou entrar em alguma fusão, e a estrutura do time de *sales enablement* também. O treinamento e desenvolvimento de vendas não devem ser as únicas coisas que o *sales enablement* faz. Os membros do time precisam compreender proativamente os desafios de vendas e identificar áreas que possam se beneficiar de ajuda adicional. É claro que numa grande empresa você precisa ter o cuidado de não invadir as áreas de outros grupos. No entanto, descobri que sempre há algumas lacunas nas quais ninguém está trabalhando. É uma questão de fazer um diagnóstico e descobrir os desafios, e trabalhar com os *stakeholders* relevantes a fim de priorizá-los e corrigi-los. Você não vai ficar necessariamente responsável por resolver o problema, mas, se não couber a você dar uma solução, deverá encontrar a pessoa ou time certos. Com isso, ainda estará agregando valor.

Às vezes você não tem controle sobre e estrutura organizacional ou não conta com o talento certo para apoiar sua missão. Tudo isso faz parte da jornada. Faça o que for possível com o que você tem no lugar em que estiver.

O QUE VOCÊ PODE FAZER

① Avalie o estágio atual da sua estrutura de apoio de *sales enablement*.

② Se você é o líder de *sales enablement*, trace os objetivos de *sales enablement* e documente a estrutura de time exigida.

③ Identifique os talentos e habilidades de que necessita para o seu time.

REFERÊNCIAS

[1] JJ Feroni. 5 skills every *sales enablement* hire must have. Guru, 27 de janeiro de 2016. https://blog.getguru.com/5-skills-every-salesenablement-hire-must-have.

[2] Emma Brudner. Salespeople only spent one-third of their time selling last year. Hubspot, 31 de agosto de 2017. https://blog.hubspot.com/sales/salespeople-only-spent-one-third-of-their-time-selling-last-year.

[3] Old Spice – the man your man could smell like. www.youtube.com/watch?v=owGykVbfgUE.

[4] Jonathon Wilson. Apple 'global' ad in different countries. www.youtube.com/watch?v=MoE9XxXUatA&feature=youtu.be.

CAPÍTULO 9

É complicado: as bênçãos e as maldições da tecnologia

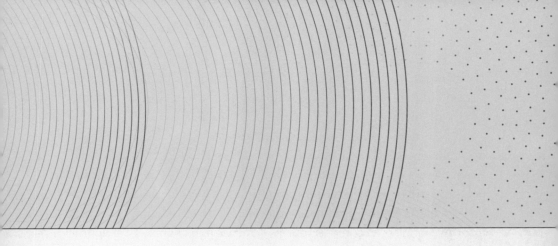

> *O grande e rosnante motor*
> *da mudança – a tecnologia.*
> Alvin Toffler

Costumo dizer que a tecnologia é tanto uma bênção quanto uma maldição. Torna nosso trabalho ao mesmo tempo mais fácil e mais difícil. A tecnologia facilita criar novas tecnologias. A comoditização da tecnologia está democratizando o *stack* de vendas e marketing, nivelando o campo de jogo ao remover barreiras à entrada. À medida que a tecnologia continua a baixar de preço, podemos bancar o acréscimo de numerosos aplicativos ao nosso *stack* de tecnologia de vendas e marketing. Mas se você não tiver cuidado ao lidar com os *stacks* de tecnologia de vendas e marketing, pode acabar usando inúmeros aplicativos, e alguns deles podem impedir a produtividade e a eficiência de vendas e marketing. E é daí que vem a maldição.

Há pouco tempo, enquanto fazia compras, encontrei por acaso com a mãe de um colega de classe de um dos meus dois filhos, da época em que estavam na escola primária. Como mães, começamos na mesma hora a comentar como nossos filhos estavam indo. Ela contou que seu filho tinha feito algo especial no verão. Pesquisou on-line, comprou todos os componentes e montou um computador desktop para ele. As crianças fazem isso atualmente? Pela minha experiência, é algo muito raro. As crianças de hoje são excelentes *consumidoras* de tecnologia, mas raramente entram nos meandros de como tudo isso funciona. E sinto que é assim também que nós, profissionais de negócios, estamos agindo.

A tecnologia tornou as coisas tão fáceis para nós que não perdemos tempo em compreender como tudo isso se conecta e o que podemos fazer para melhorar.

A tecnologia está promovendo uma mudança social daquelas que ocorrem apenas a cada poucas centenas anos. A Pax Romana (Paz Romana) do Império de Roma, a Era Dourada do Islamismo liderada pelos abássidas, a Dinastia Tang na China e a Revolução Industrial na Grã-Bretanha desembocaram na atual transformação digital baseada na informação. Não sei como as futuras gerações irão chamar a era do final do século 20 e início do século 21, mas não me surpreenderia se fosse algo como "Renascimento da Informação", "Idade da Pedra Pré-IA" ou mesmo a era "Pré-Skynet"[1] (dos filmes *Terminator*, para aqueles mais pessimistas entre nós). Seja como for, sou grata por viver no século 21 e poder testemunhar o renascimento da informação, embora esteja profundamente envolvida em tentar ter uma ideia abrangente de tudo isso. Eu ainda fico admirada quando penso que o Google tem apenas 20 anos de idade (fundado em 1998), o Facebook apenas 14 (2004) e o iPhone apenas 11 (2007). No entanto, nós os utilizamos como se tivessem estado aí durante nossa vida inteira, o que para jovens adultos é a pura verdade. Meus filhos não têm memória de como era a vida antes do Google, do Facebook e do iPhone. Francamente, eu tampouco tenho memória dos tempos pré-Google, Facebook e iPhone. Meu marido lembra de uma época na década de 1980 quando ele, como técnico de serviços de campo, carregava uma caixa cheia de mapas no carro para poder localizar seus compromissos agendados. Agora, basta um dos muitos aplicativos de seu celular para dar conta disso. A tecnologia certamente alterou nosso comportamento e nosso estilo de vida. Ela mudou a maneira como nós, profissionais de marketing, chegamos aos nossos clientes-alvo. Para representantes de vendas, acrescentou não apenas novos locais para se engajar e pesquisar, mas também novas abordagens para vender, de modo que precisamos a toda hora aprender e nos adaptar. O mais importante é que a tecnologia deu poder aos compradores para que se autoeduquem, encontrem soluções viáveis e contratem pessoas de vendas eles mesmos.

O outro lado dos compradores autoempoderados é que ficam ativamente procurando, consumindo, compartilhando e comentando o conteúdo on-line, o que deixa traços e pegadas digitais que analistas com conhecimento podem explorar. Mas a quantidade de dados criada por compradores é tão massiva que os profissionais de marketing e as pessoas de vendas têm que fazer grande esforço para analisar e obter insights que gerem ações. Já discuti aqui a complexidade do *stack* de tecnologia de marketing à medida que organizações, empresas privadas e *startups* criam diferentes produtos e plataformas para atender necessidades de marketing e de vendas, conhecidas e desconhecidas. O Martech 5000 de Scott Brinker mostra tudo isso. Em 2017, ele registrou 4.891 empresas com 5.381 soluções em seis categorias: propaganda e promoção, conteúdo e experiências, social e relacionamentos, comércio e vendas, dados, e gestão.[2] É simplesmente avassalador e estonteante (e grande demais para reproduzir aqui neste livro). Embora o grande mapa de Brinker seja mais focado em marketing, Nicolas de Kouchkovsky, fundador da CaCube Consulting, publicou o Sales Tech Landscape 2017, que se concentrou no *stack* de tecnologia focado em vendas. As tecnologias e plataformas de vendas são outra área que lembra o Velho Oeste. De Kouchkovsky identificou mais de 700 fornecedores em cinco categorias relacionadas a vendas: engajamento, produtividade e capacitação, inteligência de vendas, funil e análise de dados, e gestão de pessoas.[3]

Ele fez um bom trabalho adicional ao dividir os fornecedores dessas cinco grandes categorias em trinta e duas subcategorias, dedicadas a ferramentas de e-mail, capacitação em conteúdo, serviços de banco de dados e listas, otimização de preços, território e gestão de metas, incentivos e comissões, até integração e treinamento. A maneira como ele estruturou as plataformas e tecnologias é muito boa e não me perco quando olho o gráfico geral. Posso também usar esse infográfico para que me dê dicas quando estou tentando encontrar soluções e não sei por onde começar.

Com tantos *players* na área, todo mundo está disputando a atenção dos compradores. Portanto, o custo de adquirir clientes continua aumentando em ritmo cada vez mais veloz. Além disso, vendas e marketing precisam não só promover suas propostas de valor exclusivas, mas também dedicar tempo e esforço para educar potenciais clientes sobre os benefícios de suas ofertas e para integrar ou familiarizar novos clientes. Todos esses esforços custam dinheiro. No entanto, o ciclo de compras está ficando mais longo, o que impacta o fluxo de caixa. Tomo a mim mesma como exemplo: levou mais de um ano desde que tive conhecimento do Buffer até finalmente adquirir uma assinatura do serviço de postagem e gestão de mídia social. E o ciclo de compras é ainda mais longo para empresas e vendas de tecnologia complexa. Para aumentar a receita, o mero modelo de assinatura não é mais suficiente para empresas baseadas em SaaS. Muitas também empilham serviços em cima da plataforma para aumentar sua receita.

É difícil prever o futuro. Uma linha de pensamento diz que o número de aplicativos e serviços no *stack* de tecnologia de vendas continuará a crescer à medida que novas tecnologias como xR, impressão 3D e análise avançada continuarem emergindo. Outra linha de pensamento prevê uma série de fusões e de fechamentos, à medida que continuar crescendo o custo de atualizar *software* para se manter competitivo e adquirir clientes. Um CEO de uma empresa de plataforma baseada em SaaS contou-me que 50% de sua receita volta para a aquisição de novos clientes. Manter e controlar o custo de aquisição será um desafio-chave para empresas baseadas em SaaS ou de venda de tecnologia complexa.

Vamos deixar de lado previsões sobre o futuro do *stack* de tecnologia de marketing e vendas e vamos questionar o real propósito da tecnologia. Pawan Deshpande, CEO da Curata, resumiu isso do seguinte modo: "A função da tecnologia é nos ajudar a fazer as coisas melhor, mais rápido e mais barato". É verdade! Melhor, mais rápido e mais barato tem a ver com automação, eficiência e produtividade. Quando conversei com Peter Sandeen, consultor de *messaging* e posicionamento, ele resumiu de modo similar o propósito da tecnologia, mas expandiu um pouco. Disse que a tecnologia tem duas funções. Ela nos permite:

➤ Automatizar nossos processos existentes;

➤ Capacitar um novo uso, para fazermos coisas que não podíamos fazer antes.

As categorias têm muito sentido para mim. No entanto, está ficando cada vez mais difícil traçar o limite entre automação e novos usos, porque as empresas continuam melhorando suas ferramentas com novos recursos. Por exemplo: o sistema inicial de CRM era uma ferramenta para capturar todos os contatos de clientes e registros de engajamentos, e com isso automatizar uma parte específica do engajamento de vendas. À medida que o CRM evoluiu, foram acrescentados mais recursos, como painéis de controle, rastreamento do funil, acesso a apps de celular, e até análise de dados incorporada para prever a propensão dos clientes a comprar. Esses recursos adicionais transformaram o CRM de pura automação em uma plataforma que permite que vendas faça coisas que antes não era capaz de fazer. O CRM moderno serve para automação e para novos usos.

Outro exemplo é a Uber. Embora a Uber seja revolucionária, estritamente falando ela é apenas outra forma de serviço de táxi. Permite chamar um táxi de qualquer lugar em que você esteja, de uma maneira que não éramos capazes de fazer antes. Com isso, a Uber não só automatiza, mas acrescenta novos recursos que não existiam antes. Ela também implanta um modelo de emprego para o serviço de transporte que não existia antes, por meio do uso de ferramentas tanto novas quanto existentes (o app do motorista de Uber e o GPS [*Global Positioning System*] de apps como o Google Maps). Ela nos ajuda a fazer as coisas melhor, mais rápido e mais barato.

Como profissionais de vendas e de marketing, podemos usar e alavancar um mix relevante de tecnologias de vendas e marketing para ficarmos mais produtivos e eficientes. A maior vantagem competitiva oculta está nos insights extraídos por uma análise profunda, por meio da combinação de análise de *big data* e inteligência artificial. A análise de *big data* e a inteligência artificial requerem ambas, para começar, uma massiva quantidade de dados. A análise de *big data* é o processo de examinar conjuntos de dados grandes e variados para descobrir padrões ocultos, correlações desconhecidas, tendências de mercado, preferências de clientes e outras informações úteis que podem ajudar organizações a tomar decisões de negócios mais bem fundamentadas. Tem a ver com descobrir insights antes não vistos para ajudar a tomar melhores decisões. A IA é definida como a inteligência exibida por máquinas.[4] A análise de *big data* nos mostra o que aconteceu, identificando tendências e padrões, o que é definido como "análise descritiva". As empresas podem dar um passo adiante no uso dos padrões e tendências que forem identificados e prever o que pode ocorrer no futuro com base em tendências e padrões anteriores,[5] o que é chamado de "análise preditiva". De novo, você pode dar mais um passo ainda e simular o futuro a partir de vários conjuntos de suposições e de cenários, e então responder à pergunta: "O que as empresas deveriam fazer?". Isso é chamado de "análise prescritiva". As empresas escrevem seu próprio código proprietário para construir seus modelos, ou compram *software* de terceiros ou usam ambas as opções nessas análises. Muitas ferramentas de análise de terceiros incorporam algoritmos baseados em IA para auxiliar a análise. Um dos exemplos mais notáveis para vendas é a IA para CRM, o Salesforce Einstein, da Salesforce.com.

> **LEMBRE-SE**
>
> Usar um conjunto de aplicativos e ferramentas adequado torna vendas e marketing mais produtivos. A maior vantagem competitiva oculta está nos insights extraídos pela análise de dados por meio da combinação de análise de *big data* e de inteligência artificial.
>
> Há três tipos de análise:
>
> ▶ Descritiva: O que aconteceu com base em tendências e padrões passados?
>
> ▶ Preditiva: O que poderia acontecer no futuro com base em tendências e padrões passados?
>
> ▶ Prescritiva: O que as empresas deveriam fazer?

Para compartilhar o papel da tecnologia no *sales enablement*, vou cobrir esse tópico com um foco em três aspectos principais:

▶ Selecionar um mix de *stacks* de vendas e ferramentas de *martech* para estágios diferentes do processo de vendas;

> Identificar insights do cliente por meio de análise descritiva e preditiva;

> Descobrir clientes relevantes e prever seus próximos movimentos por meio de inteligência artificial.

SELECIONE FERRAMENTAS PARA OS DIFERENTES ESTÁGIOS DO PROCESSO DE VENDAS

Já discuti antes os passos de aquisição de ferramentas de *sales enablement*. No entanto, se você está avaliando e adquirindo ferramentas para a organização de vendas inteira, os passos são um pouco diferentes. A principal diferença é certificar-se de que você tem uma visão holística do *stack* de vendas. Além disso, a aquisição para *sales enablement* é mais sobre as necessidades do time de *sales enablement*. A aquisição do *stack* de tecnologia para vendas trata da organização toda de vendas, possivelmente incluindo os grupos de apoio. Você precisa compreender os aplicativos existentes que o time de vendas está usando. Precisa também entender o que o time de vendas quer conseguir nos próximos dois ou três anos. Trata-se de saber o que eles precisam e o que não precisam. Mark Godley, presidente da Lead Genius, sugeriu que é crucial examinar o *stack* de vendas e marketing juntos, e enfatizou a importância de fazer as perguntas certas:[6]

> Tudo que há no *stack* de vendas resolve um problema de negócio?

> Estamos usando as métricas de vaidade (likes, *leads* e engajamento) e deixando de lado a análise de dados necessária para compreender nosso negócio (por exemplo, custos de aquisição de clientes e valor do ciclo de vida de um cliente)?

> O *stack* de tecnologia está atendendo às necessidades de marketing e vendas ao mesmo tempo em que entrega informações direcionadas no tempo certo aos compradores?

> Quais são nossos objetivos estratégicos para o design e desenvolvimento de nossos *stacks* de vendas e marketing? O que precisamos para cumprir essa tarefa?

- Estamos reservando tempo para compreender o cenário das soluções de dados disponíveis? Sabemos pelo menos quais são os elementos de dados essenciais que irão nos dar melhor retorno para o nosso dinheiro? São os dados de intenção? Os tecnográficos? Os firmográficos da empresa? E quais são os dois ou três fornecedores de dados que irão entregar 80% do valor para nossa empresa?

- Conforme começamos a organizar os conjuntos de dados necessários, de que maneira armamos uma estratégia coerente, bem gerenciada? Como integramos dados disparatados e resolvemos dados conflitantes para criar informações acionáveis para o nosso pessoal de vendas?

- Precisamos de ajuda para a nossa difícil tarefa de gerir um *stack* composto por vários fornecedores de dados terceirizados e por dados próprios?

- Estamos colocando a qualidade e os resultados acima da quantidade?

DICAS ÚTEIS

Selecionar as ferramentas certas requer que você faça as perguntas certas:

- Que problemas de negócios queremos resolver?

- Como medimos o sucesso de ferramentas específicas?

- Como a ferramenta ajuda nossos clientes?

- Como a ferramenta se encaixa nos *stacks* gerais de tecnologia de vendas e marketing?

- Como equilibramos qualidade *versus* quantidade sendo que a ferramenta visa impulsionar o volume?

Não são perguntas fáceis de responder, mas fazê-las vai obrigar você e os times a trabalharem para compreender realmente suas próprias necessidades de *stacks* de tecnologia. Trate esse processo como um exame de consciência necessário.

Começando com as perguntas acima, você pode dar os passos a seguir para adquirir seu *stack* de tecnologia. Dependendo de como essa aquisição é feita dentro de sua empresa e do time de vendas, modifique os passos como achar adequado:

> Documente as perguntas: trabalhe com o time para responder às perguntas. Essas perguntas irão guiar a direção da aquisição de seu *stack* de tecnologia;

> Preveja as necessidades do time de vendas: observe e entreviste o time de vendas. Peça que falem o máximo possível sobre suas atuais e futuras necessidades e desafios. Se você tiver um perfil da *persona* de seu time de vendas, ele será útil nesse estágio;

> Mapeie as ferramentas existentes para o processo de vendas: compreenda os processos de vendas e o *stack* de tecnologia de vendas existente e identifique como ele se integra ao processo de vendas como um todo;

> Detecte as lacunas nas ferramentas existentes: compare as necessidades de vendas desde o primeiro item da lista em relação às capacidades das ferramentas existentes. Documente os prós e contras das ferramentas existentes e identifique as lacunas;

> Proponha os requisitos técnicos para corrigir o que detectou na análise de lacunas: com base nessa análise, você pode identificar os requisitos técnicos específicos de que precisa para sanar essas lacunas;

> Pesquise ferramentas potenciais que atendam aos requisitos: pesquise, converse com fornecedores, assista a demos e faça testes gratuitos. O cenário de *stack* de vendas de Nicolas pode ser útil;

> Monte um time de aquisição: defina a pessoa certa que precisa estar envolvida em tomar decisões de aquisição, incluindo o departamento de compras, a TI e outros grupos. Facilite o alinhamento entre os *stakeholders* internos. Dependendo do escopo, a decisão pode ser tomada por executivos de vendas;

> Avalie as recomendações: vá resumindo a lista de fornecedores selecionados e aprofunde a avaliação dos recursos dos produtos e compare com as necessidades;

> Tome uma decisão: o time toma uma decisão com base na seleção criteriosa e no aval da gestão sênior.

O processo dá a impressão de ser linear, mas costuma ser do tipo "um passo à frente, dois para trás", especialmente numa empresa de grande porte. Além disso, pode ser desafiador ter um bom quadro geral do processo de vendas e de todas as ferramentas de vendas dentro de uma grande empresa. A chave é fazer o melhor possível para coletar o máximo de informação. Às vezes, você poderá se sentir um pouco como uma pessoa cega tocando um elefante. Tenho constatado que a compreensão é que molda a decisão sobre que ferramentas é preciso adquirir. É melhor ser paciente e gastar um tempo maior antes, para compreender quais as necessidades e os processos de vendas, a metodologia e as ferramentas existentes. A informação está aí, é questão de dedicar um tempo a desvendar o quebra-cabeça.

Selecionar novas ferramentas para seu *stack* de vendas é importante. Às vezes, sua avaliação pode levar à conclusão de que você deve encerrar o uso de certas ferramentas ou juntar várias numa só para usá-las em toda a organização. Segundo os resultados da pesquisa de 2017 do Martech Industry Council, o *stack* médio inclui dezesseis tecnologias; 25% das empresas têm vinte ou mais ferramentas, e umas poucas têm perto de uma centena de tecnologias. Quando perguntados sobre qual é sua maior frustração, não surpreende que metade admita que é ter tecnologias demais e que 49% reclamem da falta de integração.[7] Você vai precisar corrigir o equilíbrio entre produtividade, qualidade dos *leads* e número de aplicativos para determinar se a tecnologia está impedindo que alcance os resultados desejados. Mark Godley me contou que eles adotaram uma abordagem "menos é mais" em 2017 e diminuíram seu *stack* para cerca de doze fornecedores. Eles estão mais focados, passaram a trabalhar de modo mais eficiente e a fechar mais negócios a partir dessa ação. É fundamental dar um passo para trás e compreender por que você usa uma tecnologia específica.

Outra ressalva a ter em mente é que a tecnologia não vai resolver seus problemas se a qualidade dos dados subjacentes não for boa ou se tiver inconsistências. Limpeza de dados é um elemento crucial da análise de dados e costuma ser negligenciado pela gestão. Antes de embarcar em um *stack* totalmente novo de tecnologia, é importante certificar-se de que os dados estão limpos e obter a concordância de todos os departamentos que irão usar os dados quanto a definições claras de elementos cruciais de dados. Por exemplo, um contato tem alguns atributos que para vendas internas contam muito, e outros atributos que são importantes para vendas externas, e tem ainda atributos adicionais necessários para operações e contabilidade. Obter clareza e concordância a respeito das definições de dados pode trazer grandes benefícios mesmo sem um ajuste da tecnologia.

O ROI nunca decorre apenas de instalar o *software* mais atual ou de ter um *stack* tecnológico "completo". O ROI vem de ter uma estratégia sólida, uma integração ajustada e processos enxutos. Algumas empresas posicionam suas ferramentas e tecnologia como uma solução de ponta a ponta. A realidade é que nenhuma solução de fornecedor é uma panaceia que resolva todos os desafios de vendas. Você irá usar diferentes ferramentas para os vários estágios dos processos de vendas. O fundamental é a integração e promover um jogo de compensações entre as ferramentas. Processos e ferramentas precisam estar muito bem ajustados.

> **LEMBRE-SE**
>
> Identificar as necessidades de um *stack* de tecnologia de vendas é um processo similar a um exame de consciência. Os passos a seguir podem ajudar você a adquirir as ferramentas certas:

> Documente suas necessidades e desafios;

> Mapeie as ferramentas existentes para o processo de vendas;

> Detecte as lacunas nas ferramentas existentes;

> Proponha requisitos técnicos para corrigir os problemas identificados na análise de lacunas;

> Pesquise potenciais ferramentas que atendam a esses requisitos;

> Monte um time para a aquisição;

> Avalie as recomendações;

> Tome uma decisão.

CRIANDO INSIGHTS SOBRE OS CLIENTES POR MEIO DE ANÁLISES DESCRITIVAS E PREDITIVAS

Na era digital, quase tudo o que fazemos on-line pode ser rastreado. Seus cliques em likes ou em compartilhar, suas buscas usando voz e teclados, seus downloads de conteúdo são dicas para o pessoal de vendas e profissionais de marketing. Com base em nosso comportamento, o pessoal de vendas e marketing faz suas "melhores apostas" a respeito de nossas "intenções" e sobre qual pode ser nosso próximo passo. A partir dessa estimativa-palpite, os profissionais de marketing fazem um esforço para produzir conteúdo relevante ou implementar uma ação personalizada ou redirecionada para favorecer um movimento do cliente em direção ao estágio seguinte do ciclo de compra.

Além disso, nós, como consumidores e profissionais de negócios, geramos todos os dias imensa quantidade de dados estruturados e não estruturados. Mandamos mensagens de texto aos nossos amigos e família, compartilhamos fotos em redes sociais, subimos apresentações no SharePoint ou no Dropbox, trocamos e-mails, baixamos música e muitas outras ações. Toda vez que acionamos nossos computadores, tablets e celulares estamos gerando dados e esses movimentos são capturados em algum lugar. Segundo o Quinto Infográfico Anual da Domo:

"Quantos dados são gerados por minuto?", 90% de todos os dados hoje foram criados nos últimos dois anos, o que dá 2,5 quintilhões de bytes de dados por dia. No seu conjunto, a população da internet cresceu 7,5% desde 2016 com um total de mais de 3,7 bilhões de pessoas. Enviamos 3,5 milhões de mensagens de texto por minuto. Entre as atividades que contribuem para esse aumento exponencial em dados estão itens como: "Uber fazendo 45.787 viagens por minuto, Spotify acrescentando 13 novas músicas, nós mesmos tuitando 456 mil vezes, postando 46.740 fotos no Instagram, realizando 3,6 milhões de buscas no Google, e publicando 600 novas páginas editadas por minuto na Wikipedia. A Internet também lida com 103.447.520 e-mails de spam por minuto".[8] Com tantos dados, certamente podemos vislumbrar alguns insights para validar nossas hipóteses que nos ajudem a otimizar nossas vendas, melhorar o alcance de nosso marketing e compreender melhor nossos clientes.

A seguir, um bom exemplo de uso de análise de *big data* para correlacionar informações de várias fontes e encontrar *leads* de alta qualidade. Em 2017, a Curata queria identificar contas-alvo para que o time de vendas fosse atrás delas, usando uma abordagem baseada em conta para um novo produto chamado Curata Content Marketing Platform. O produto deles é integrado a sistemas como Marketo, Eloqua ou Pardot, entre outros, para medir o desempenho de conteúdo de marketing. Com base na compreensão deles de seu perfil ideal de cliente [*Ideal Customer Profile*, ICP], e em anos de interações com seus clientes, concluíram que empresas que usam Marketo, Eloqua ou Pardot para criar grandes volumes de conteúdo de marketing regularmente estariam muito interessadas em seu produto. Para encontrar empresas que se encaixassem nesses critérios, primeiro quiseram descobrir que empresas usavam Marketo, Eloqua e Pardot. Seu CEO, Pawan Deshpande, e o time de engenharia escreveram um aplicativo para vasculhar e analisar os sistemas de automação de marketing usados em mais de 200 mil sites de empresas. A partir dessa análise, construíram uma longa lista de empresas. Depois, foram reduzindo essa lista a partir da análise dos blogs e páginas com recursos de conteúdo nos sites dessas empresas para avaliar a dimensão de seus esforços de marketing de conteúdo. As empresas com muito conteúdo tendiam a ter alta propensão de usar as ferramentas Curata. Portanto, eles reduziram ainda mais a lista a partir desse critério. Com essa lista revisada, fizeram a referência cruzada com mais de 100 mil *leads* em seu banco de dados CRM e LinkedIn para identificar potenciais *prospects* com marketing digital ou com títulos de conteúdo relacionado. Rodaram uma análise descritiva para medir "Qual o nível de esforços de marketing de conteúdo nesses sites?". Então realizaram análises preditivas para determinar "Quais as listas de empresas e contatos que eles acessam e que se baseiam em correlações com os seus bancos de dados existentes?". Depois de analisar o ICP de sua empresa, você pode ser capaz de alavancar análises similares para criar uma lista de *leads* de alta qualidade.

Depois que a Curata teve seus resultados filtrados, o marketing interveio e rodou um marketing direcionado baseado em contas. O time de marketing fez campanhas integradas usando AdWords Customer Match, X [Twitter], anúncios no Facebook, e divulgação por e-mails customizados. Com base no conteúdo consumido pelas suas campanhas, o marketing da Curata deu pontuação e priorizou o interesse dessas contas em se engajar com o time de vendas. Essa lista prioritária se tornou a lista de *leads* de alta qualidade do time de vendas. O time de vendas percorreu a lista e selecionou as principais 30 contas a serem visadas. Trabalhando com o marketing, a empresa enviou a esses *prospects* caixas de brindes. O time de vendas usou a caixa de brindes como um início de conversa para engajar os *prospects*.

Eles construíram algumas hipóteses a respeito dos tipos de clientes que acreditavam ter alta probabilidade de conversão. Então realizaram análise em profundidade e correlacionaram com diferentes fontes de dados para identificar contas-alvo antes de partir para um marketing do topo do funil. Isso foi o oposto da abordagem tradicional de marketing de construir massa de consciência no topo do funil. Não significa que a consciência de marca não seja importante para a Curata. Pawan e seu time de marketing ainda patrocinam eventos selecionados e alavancam marketing de conteúdo para impulsionar tráfego de entrada. Esse é um exemplo fantástico de marketing baseado em conta que se tornou mais inteligente com análise de *big data*.

> **LEMBRE-SE**
>
> Uma abordagem à análise de *big data*:
>
> - Articule o problema específico que você quer resolver;
>
> - Entenda o impacto que a resolução do problema terá;
>
> - Crie hipóteses de propensão a comprar com base na sua compreensão de como seus clientes se comportam ou agem. Se eles fazem tal coisa ou têm tal atributo, então têm tal probabilidade de comprar;
>
> - Identifique as fontes de dados relevantes para realizar análises;
>
> - Construa um modelo de análise escrevendo o próprio código, contratando uma empresa de análise ou usando ferramentas de terceiros;
>
> - Faça uma correlação cruzada com outras fontes externas, se necessário;
>
> - Revise os resultados;
>
> - Otimize e modifique o modelo e a análise;
>
> - Busque concordância com os resultados das partes interessadas relevantes;
>
> - Implemente os achados.

DESCOBRINDO CLIENTES RELEVANTES E PREVENDO SEUS MOVIMENTOS POR MEIO DE IA

A IA já faz parte de nossas vidas, embora sua presença não seja muito visível. O Google usa IA para autocompletar perguntas de busca, prevendo o que você está buscando com grande precisão. O feed de notícias do Facebook e as recomendações de produtos da Amazon são ajustados às suas preferências com base em seu conteúdo de consumo e compras de produtos. Spotify, Pandora e Apple Music têm certos algoritmos de aprendizagem de máquina incorporados a seus aplicativos para tomar decisões a respeito de que novas canções ou artistas devem recomendar, associando as preferências dos ouvintes aos atributos de canções abrigadas em seus bancos de dados. Alexa e Google Home já se tornaram o novo normal em muitas casas. Esses dispositivos "inteligentes" são capazes de reconhecer fala, analisar as informações às quais têm acesso e prover respostas ou soluções lógicas, apropriadas e inteligentes (às vezes).

A meta da IA é criar máquinas inteligentes que funcionem e reajam como humanos. Para que uma máquina "pense" ou "aja" como humanos, precisamos ensiná-la a aprender. Para que máquinas aprendam, o melhor é alimentá-las com massivas quantidades de dados e construir algoritmos para que computadores comecem a aprender eles mesmos. Aprendizagem de máquina significa "Algoritmos que analisem dados, aprendam com dados e depois apliquem o que aprenderam para tomar decisões informadas".[9] A aprendizagem de máquina alimenta todo tipo de tarefas automatizadas em múltiplos setores, desde empresas de segurança de dados que procuram *malware* até profissionais de finanças definindo parâmetros para negócios favoráveis. Exemplos bem conhecidos de máquinas aprendendo são as recomendações de produtos e as sugestões de filmes da Amazon e da Netflix.[10]

Outro termo comumente usado em IA é "aprendizagem profunda", que é um subconjunto da aprendizagem de máquina. Como define Brett Grossfeld, "O modelo da aprendizagem profunda é projetado para analisar continuamente dados com uma estrutura lógica similar à de um humano tirando conclusões. Para isso, a aprendizagem profunda usa uma estrutura de algoritmos em camadas chamada rede neural artificial [*Artificial Neural Network*, ANN]. O design de uma ANN é inspirado pela rede neural biológica do cérebro humano. Isso permite uma inteligência de máquina muito mais capaz que a dos modelos padrão de aprendizagem de máquina".[11] A parte complicada é que o modelo de aprendizagem profunda nem sempre tira conclusões corretas, portanto, os resultados precisam ser avaliados para não se correr o risco de basear decisões e trabalho futuro em premissas falsas. Mas quando dá certo, a aprendizagem profunda funcional é uma maravilha científica e é a potencial espinha dorsal de uma verdadeira inteligência artificial.

Então, o que a IA, a aprendizagem de máquina e a aprendizagem profunda significam para vendas e marketing? Apps de consumidor têm treinado os consumidores a esperar mais das empresas. Eles esperam que elas entreguem uma experiência fluente e que prevejam suas necessidades sem que isso se mostre assustador ou invasivo. Como parte da análise de *leads*, a IA é uma ferramenta poderosa para fornecer pontuações precisas de ponderações sobre *leads*. Isso ajuda a aumentar a probabilidade de identificar clientes-alvo de alta qualidade, interessados em aprender mais e passar para o estágio seguinte do processo de compra. A IA também é útil para apresentar conteúdo dinâmico e ofertas personalizadas de produto aos clientes certos na hora certa. Pode ser aplicada a todo o processo de vendas e à jornada de compra sempre que se recorre à automação ou à análise.

As empresas encontram *leads* usando várias abordagens. Algumas focam em coletar *leads* por meio de feiras comerciais. Outras usam várias táticas externas de marketing on-line para atrair potenciais clientes ao site de suas empresas e fazer contato por meio de páginas de formulário. Algumas trabalham de perto com empresas de geração de demanda. Sanjit Singh, chefe de operações da LeadCrunch, uma empresa de marketing preditivo, explicou como eles usam a IA para descobrir *leads* de alta qualidade para a Odyssey Logistics & Technology Corporation (Odyssey).[12] Essa empresa de logística tem usado métodos tradicionais como comparecer a feiras de negócios e adquirir listas frias para gerar *leads*, mas tais métodos se mostraram ineficientes, desajeitados e lentos. Decidiram experimentar uma abordagem diferente trabalhando com uma empresa de marketing preditivo capaz de realizar campanhas de geração de demanda. A LeadCrunch propôs passos específicos para trabalhar com a Odyssey:

- Construir um público de *prospects* que fossem semelhantes aos melhores clientes da Odyssey;

- Engajar contatos relevantes dessas empresas-alvo com conteúdo de *thought leadership* por meio de pontos de contato estratégicos;

- Validar o engajamento;

> Alimentar os *leads* com conteúdo adicional;

> Compartilhar dados de conteúdo de engajamento com a Odyssey;

> Avaliar o nível de interesse dos compradores fazendo o time de vendas da Odyssey entrar em contato para agendar demos.

Esses passos são similares aos que compõem um marketing de conteúdo típico, baseado na abordagem de geração de *leads*. Muitas empresas fazem isso. A diferença principal é como a LeadCrunch seleciona empresas-alvo. Singh explicou que a empresa pediu que a Odyssey fornecesse os nomes de seus principais vinte e cinco clientes de negócios. A LeadCrunch então alimentou os dados em seu sistema de previsão de alvos baseado em IA, o DeepFind. Essa ferramenta analisou milhões de pontos de dados ao longo das pegadas digitais dos melhores clientes da Odyssey e produziu o "Mapa de DNA" do melhor cliente Odyssey. A LeadCrunch usou então esse mapa para encontrar *prospects* semelhantes. Para avaliar melhor as intenções e interesses dos *prospects*, a LeadCrunch usou várias técnicas de divulgação de marketing para compartilhar o conteúdo da Odyssey. Depois, a LeadCrunch definiu o interesse pelo conteúdo e alimentou os *leads* com conteúdo adicional. Em seguida, o time de vendas da Odyssey partiu para agendar demos com *prospects*, armados com os insights dos dados de engajamento em conteúdo e outros pontos de dados. Com essa abordagem de clientes similares, a qualidade dos *leads* foi bem melhor que a dos *leads* obtidos em feiras de negócios e a dos provedores tradicionais de listas e dados. Como resultado da criação dessa lista de *prospects* semelhantes, a Odyssey conseguiu aumentar seu funil em 34%. Essa abordagem dos semelhantes é próxima da maneira pela qual empresas de publicidade on-line como Facebook e Google criam públicos semelhantes.

Enquanto o desafio da Odyssey era encontrar novos *leads*, o da CenturyLink, um dos maiores provedores de telecomunicações dos Estados Unidos, não tinha a ver com o volume de *leads*, mas com a necessidade de encontrar uma maneira eficaz em termos de custo de escanear milhares de *leads* para identificar os de alta qualidade sem ter que contratar um exército de pessoas de vendas internas. A empresa abordou essa questão usando um assistente de vendas alimentado por IA elaborado pela Conversica para ver se ele podia ajudar a empresa a identificar *leads* quentes analisando e avaliando seu banco de dados. O Conversica IA, um assistente virtual chamado Angie, envia cerca de 30 mil e-mails por mês e interpreta as respostas para determinar potenciais *leads* quentes. O Angie, alimentado por IA por meio de aprendizagem de máquina, podia entender 99% dos e-mails que recebia; o 1% que não conseguia compreender era enviado ao seu gestor. O Angie encaminha os *leads* certos aos representantes certos. Ele até agenda compromissos para a pessoa de vendas apropriada e transmite com fluência a conversação a esse humano.

"Segundo Scott Berns, diretor de operações de marketing da CenturyLink, a empresa tem cerca de 1.600 pessoas de vendas, e o piloto Angie começou com quatro delas. Esse número logo subiu para 20 e continua crescendo hoje. De início, Angie estava identificando cerca de 25 *leads* quentes por semana. Esse número agora cresceu para 40, e os resultados certamente têm validado o investimento da empresa. Ela ganha 20 dólares em novos contratos para cada dólar que gasta no sistema."[13]

Tom Wentworth, diretor de marketing da RapidMiner, uma empresa que fornece uma ferramenta analítica para cientistas de dados, teve um problema similar ao lidar com o volume de *leads*. Como muitas empresas de *software*, a RapidMiner oferece testes gratuitos, mas estava com dificuldades para atender o alto volume de usuários que tiravam partido da oferta. Além disso, muitos usuários do RapidMiner também precisavam de assistência para obter o máximo do teste. O pessoal de vendas estava sobrecarregado, e vinha gastando muito tempo escaneando as sessões de conversa para encontrar potenciais clientes.

Wentworth implementou o DriftBot, que utiliza um chatbot inteligente para qualificar e agendar reuniões para o time de vendas. Em vez de focar em preencher o formulário de contato e fazer o acompanhamento com um e-mail, essa ferramenta foca em ter chats de conversas similares à dos humanos com os *prospects* que vêm até seu site. Wentworth configurou o fluxo de trabalho e mapeou os possíveis cenários de comunicações. O DriftBot conclui agora cerca de mil chats por mês, resolvendo cerca de dois terços das dúvidas dos clientes. Ele encaminha as que não consegue resolver a pessoas de vendas humanas. Além de Wentworth, que monitora as interações da ferramenta, dois universitários cooperam respondendo às perguntas em meio expediente. Wentworth declarou que o Drift está gerando *leads* qualificados para o time de vendas. "É a coisa mais produtiva que estou fazendo no marketing", declarou.

Wentworth revisa diariamente as conversas que as pessoas têm com o DriftBot. "Fiquei sabendo de coisas a respeito de meus visitantes que nenhum outro sistema analítico seria capaz de mostrar", disse Wentworth. "Ficamos conhecendo novos casos de uso, e também alguns problemas do produto."

> **LEMBRE-SE**
>
> Tanto a Conversica quanto a Drift oferecem assistentes de vendas IA de diferentes características, mas as duas ferramentas emulam processos de pensamento humanos e reagem como um humano. Esses agentes baseados em IA não estão necessariamente tomando o lugar de pessoas de vendas e marketing. Eles automatizam e completam o processo de qualificação de *leads* de maneira mais rápida e eficiente, para que pessoas de vendas não percam tempo com *leads* de baixa qualidade.

Esse é um dos maiores pontos fortes de um agente de IA capaz de extrair informações como se fosse uma pessoa, em comparação com uma ferramenta analítica que simplesmente encontra padrões nos dados que coleta. Também permite que passos específicos sejam concluídos antes que um humano assuma para completar vendas ou resolver questões dos clientes. Usar um agente de IA também requer que o marketing crie um manual completo, que trate de mensagens, *targeting*, fluxo de trabalho e conteúdo, o que constitui a essência do *sales enablement*. Quando se trata de IA nos negócios, a questão é usar a IA para ajudar os clientes a lidar com suas necessidades imediatas. Trata-se de escalar a utilidade. Felizmente, ao fazer isso, o marketing e as vendas internas podem identificar *leads* mais altamente qualificados de modo mais rápido e mais barato.

HUMANOS *VERSUS* HUMANOIDES

Em 1956, John McCarthy, um cientista da computação que era professor em Stanford, cunhou o termo inteligência artificial,[14] que descrevia um mundo em que máquinas podiam "resolver os tipos de problemas atualmente reservados a humanos". A IA continua evoluindo e se ramificou em várias direções. A maioria das ferramentas baseadas em IA foi em direção a soluções dependentes de domínio e soluções de problemas específicos. São projetadas para desempenhar tarefas específicas e cumprir metas de curto prazo. Alexa e Google Home respondem às nossas perguntas e resolvem nossas necessidades de curto prazo. Assistentes de vendas da Conversica e da Drift atendem a necessidades imediatas de clientes e focam em tarefas específicas. Embora estejam ficando cada vez melhores em emular respostas similares às dos humanos, essas ferramentas baseadas em IA ainda estão orientadas em torno de tarefas específicas, e compõem o que se costuma chamar de IA fraca ou IA estreita.

Em janeiro de 2015 uma carta aberta sobre IA foi assinada por luminares como Stephen Hawking e Elon Musk. A carta, apesar de reconhecer os benefícios da IA e seu potencial, alertava para consequências que poderiam ser desastrosas. Hawking declarou à BBC: "Já comprovamos que as formas primitivas de inteligência artificial são muito úteis. Mas penso que o pleno desenvolvimento da inteligência artificial talvez represente o fim da raça humana".[15] O empreendedor de tecnologia Elon Musk também tem descrito a ascensão da IA como "nossa maior ameaça existencial". O campo específico da IA ao qual Hawking e Musk se referiam é o da inteligência geral artificial [*Artificial General Intelligence*, AGI], IA forte ou IA similar à humana, e à superinteligência artificial [*Artificial Super Intelligence*, ASI]. A AGI busca desenvolver máquinas com uma inteligência humana geral, capazes de sustentar metas de longo prazo e com intenção e capacidade de desempenhar tarefas intelectuais que um ser humano é capaz de realizar.[16] Embora isso talvez seja possível no futuro, não temos de momento indícios de máquinas com capacidade de autossustentar metas e intenções de longo prazo, e não há probabilidade de serem desenvolvidas no futuro próximo segundo o relatório *Artificial Intelligence and Life in 2030*.[17]

Não há perspectiva a curto prazo de que profissionais de vendas e marketing sejam substituídos por robôs ou máquinas similares a humanos. No curto prazo, a IA é um aspecto acrescentado aos *stacks* de tecnologia de vendas e marketing para tornar nosso trabalho mais eficiente e produtivo. Ela também dá assistência à análise de *big data* em análises preditivas e prescritivas.

> **LEMBRE-SE**
>
> IA estreita (IA fraca): a maioria das ferramentas convencionais baseadas em IA foca em soluções dependentes de domínio e voltadas a problemas específicos. São projetadas para desempenhar tarefas específicas para cumprir metas de curto prazo.
>
> Inteligência artificial geral (AGI, IA forte ou IA similar à humana): são máquinas com inteligência humana geral, capazes de sustentar metas e intenções de longo prazo, e de desempenhar tarefas intelectuais que um ser humano é capaz de realizar.
>
> Embora seja possível no futuro, não há, no momento, indícios de máquinas com metas e intenções autossustentadas de longo prazo, nem parece provável que venham a ser desenvolvidas num futuro próximo, segundo o relatório *Artificial Intelligence and Life in 2030*.

EQUILIBRANDO TECNOLOGIA E JULGAMENTO HUMANO

A tecnologia tem tornado nosso trabalho mais fácil, mas será que nos torna também preguiçosos? Em vez de pegar o telefone e desejar "feliz aniversário" a um bom amigo, enviamos um texto curto ou uma mensagem via Facebook. Em vez de ler exaustivamente relatórios detalhados gerados por um painel de controle, preferimos aceitar as recomendações apresentadas por máquinas. Com essas camadas e mais camadas de *software*, apps e serviços de nuvem nos nossos *stacks*, será que não estamos afastando os representantes de vendas dos clientes e tornando ainda mais difícil que entendam as necessidades de um comprador? Será que os representantes de vendas estão ficando dependentes demais de ferramentas e de grupos de apoio como o marketing ou a TI? Ou será que os representantes de vendas estão ficando preguiçosos e menos assertivos? Se os representantes de vendas alcançam suas metas, tais preocupações provavelmente são exageradas. Se os representantes de vendas não estão alcançando suas metas, mas o *stack* de tecnologia, os processos de vendas e os times de apoio são sólidos, será necessário fazer um exame para saber onde está o problema. É importante reconhecer que a tecnologia está aí para nos ajudar. A tecnologia tem o poder de transformar os diferentes estágios dos processos de vendas e das jornadas de compra. Mas nada substitui "colocar a mão na massa" – ainda precisamos do nosso empenho para que os negócios tenham crescimento.

Uma discussão sobre os avanços na tecnologia de computação não seria completa sem uma referência à lei de Moore. Em 1965, Gordon Moore, cofundador da Intel, fez uma previsão de que o número de transistores num circuito integrado denso iria duplicar a cada ano.[18] A indústria de *chips* seguiu essa previsão durante algumas décadas (em 1975 ela desacelerou essa duplicação, que passou a ocorrer apenas a cada dois anos). Isso derrubou o custo do poder de processamento e deu origem a setores totalmente novos, favorecidos por uma computação barata e poderosa. O imenso poder de computação aliado às massivas quantidades de dados geradas pelos usuários também alimentou o desenvolvimento da IA ao longo dos últimos anos.

Enquanto o poder de processamento continuar a aumentar, a tecnologia continuará a evoluir. Conforme a tecnologia continua evoluindo, precisaremos continuar a avaliar os *stacks* de tecnologia de marketing e vendas. À medida que formos entrando mais na era digital, precisaremos reconhecer que a tecnologia é uma faca de dois gumes. Ela pode ser uma vantagem competitiva que ajude a unir um time, mas pode também fazer o time descarrilar ao acrescentar camadas de complexidades burocráticas. Para mitigar esses riscos, é importante fazer contínuas correções e avaliações do *stack* e dos processos de vendas. Não se trata de ficar em dia com as tecnologias ou adquirir a última grande e atraente novidade. Trata-se de estar mentalmente preparado para adotar novas tecnologias ou para se afastar das existentes sempre que for apropriado. Mark Godley, presidente da LeadGenius, declarou que organizações de ponta não devem mais encarar seus *stacks* de tecnologia de vendas e marketing isoladamente, mas como parte do "*stack* de receita". A integração da tecnologia age como a espinha dorsal de vários departamentos para que trabalhem juntos ao longo da jornada do comprador. Também fornece a instrumentação para rastrear e melhorar os processos de vendas.

Tenha em mente que falar em tecnologia é falar de uma aventura infindável.

O QUE VOCÊ PODE FAZER

1. Mapeie o *stack* de tecnologia de marketing e vendas de sua empresa.

2. Detecte lacunas em seu *stack* de tecnologia e investigue ferramentas ou processos que possam cobrir essas necessidades.

3. Identifique como a IA ou a análise de *big data* podem dar assistência a suas vendas e processos de geração de *leads*.

REFERÊNCIAS

[1] Terminator Wiki. Skynet. http://terminator.wikia.com/wiki/Skynet.

[2] Scott Brinker. Marketing technology landscape supergraphic. Chief Martech, 10 de maio de 2017. https://chiefmartec.com/2017/05/marketing-technology-landscape-supergraphic-2017.

[3] Nicolas De Kouchkovsky. Sales tech landscape 2017: Making sense of 700+ players. Sales Hacker. www.saleshacker.com/sales-technology-landscape.

[4] Richard Potember. Perspectives on research in artificial intelligence and artificial general intelligence relevant to DoD. https://fas.org/irp/agency/dod/jason/ai-dod.pdf.

[5] Types of analytics: Descriptive, predictive, prescriptive analytics. 22 de janeiro de 2018. www.dezyre.com/article/types-of-analytics-descriptive-predictive-prescriptive-analytics/209.

[6] Mark Godley. Bah! Humbug! The Scrooge of B2B data wishes for a better future. LinkedIn, 28 de dezembro de 2017. www.linkedin.com/pulse/bah-humbug-scrooge-b2b-data-wishes-better-future-mark-godley.

[7] Ibid.

[8] Tom Hale. How much data does the world generate every minute? 26 de julho 2017. www.iflscience.com/technology/how-much-data-does-the-world-generate-every-minute.

[9] Brett Grossfeld. A simple way to understand machine learning vs. deep learning, 8 de julho de 2017. www.zendesk.com/blog/machine-learning-and-deep-learning.

[10] Everything you need to know about IA for CRM. www.salesforce.com/form/pdf/ai-for-crm.jsp.

[11] Brett Grossfeld, op. cit.

[12] LeadCrunch helps Odysses boost pipeline by 34%. https://drive.google.com/file/d/0B2e_dLNb51agRDBBdVRqZ2lLNmM/view.

[13] Brad Power. How AI is streamlining marketing and sales. *Harvard Business Review*, 12 de junho de 2017. https://hbr.org/2017/06/how-ai-is-streamlining-marketing-and-sales.

[14] Andrew Myers. Stanford's John McCarthy, seminal figure of artificial intelligence, dies at 84. *Stanford News*, 25 de outubro 2011. https://news.stanford.edu/news/2011/october/john-mccarthy-obit-102511.html.

[15] Matthew Sparkes. Top scientists call for caution over artificial intelligence. *Telegraph*, 13 de janeiro de 2015. www.telegraph.co.uk/technology/news/11342200/Top-scientists-call-for-caution-over-artificialintelligence.html.

[16] AGI definition from AGI Society. www.agi-society.org.

[17] One hundred year study of artificial intelligence. Artificial intelligence and life in 2030. Stanford University, 2016. https://ai100.stanford.edu/sites/default/files/ai100report10032016fnl_singles.pdf.

[18] Tom Simonite. Moore's Law is dead. Now what? *MIT Technology Review*, 13 de maio de 2016. www.technologyreview.com/s/601441/moores-law-is-dead-now-what/.

CAPÍTULO 10

Ação. Ação. Ação.

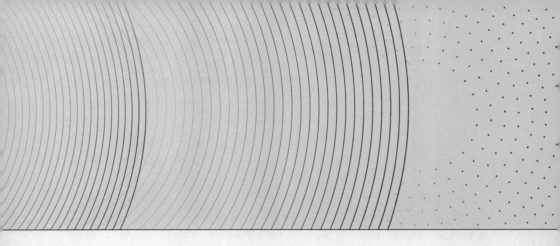

> *O impedimento à ação faz avançar a ação.*
> *O que fica no caminho torna-se o caminho.*
> Marco Aurélio

Embora vendas exista há milhares de anos, as diversas funções de uma organização só foram concebidas bem mais tarde. Após a Revolução Industrial, foram criadas fábricas para manufaturar produtos em escala, o que exigiu contratar pessoas. Foi preciso criar sistemas que deixassem "tudo" em ordem para que a produção fluísse bem. Foram criadas funções corporativas específicas: recursos humanos para registrar, contratar e demitir funcionários; finanças e contabilidade para controlar receita, custos e folha de pagamento; compras, para adquirir suprimentos; marketing para promover produtos; e vendas para vendê-los. As coisas eram bem mais simples antes da transformação digital: era fácil definir os papéis e responsabilidades de cada departamento e as pessoas sabiam quais eram os limites dos departamentos.

Os limites entre as funções começaram a ficar nebulosos conforme a tecnologia evoluiu e se expandiu para melhorar nossa eficiência e produtividade, "fazendo" nosso trabalho por nós ou integrando ou fundindo tarefas e processos. Em alguns casos, aplica-se tecnologia para integrar tarefas de vários departamentos, o que cria disrupção ou confusão quanto aos papéis e responsabilidades de cada departamento. Por exemplo: um dos papéis do *sales enablement* é desenvolver e entregar treinamento de vendas. Um gestor de *sales enablement* responsável por integração de vendas e treinamento pode criar um regime de treinamento contínuo, desde o currículo de pré-integração e treinamento de integração a uma sequência de ações para os primeiros três a seis meses, e depois fazer reforços e atualizações. Para cumprir isso com eficácia é preciso integrar o sistema de e-mail da empresa (TI), o sistema de desempenho dos funcionários (RH), a plataforma de treinamento (*sales enablement*) e a biblioteca de gestão de conteúdo (marketing). Quando o pessoal de vendas conclui o currículo de pré-integração, seus gestores são notificados por e-mail. Depois que o pessoal de vendas faz os testes para cada item de seu currículo, a pontuação é enviada a seus gestores e automaticamente passa a constar dos registros no RH.

Não existe mais um limite claro entre a função de *sales enablement* e a de outros departamentos. O *sales enablement* pode pertencer a vários departamentos ao mesmo tempo. É razoável decidir que a metodologia e a plataforma de treinamento do *sales enablement* sejam escaladas para os esforços de integração da empresa toda. O departamento de recursos humanos pode facilmente argumentar que o treinamento para *sales enablement* deve ser uma de suas atribuições, a fim de impulsionar a eficiência corporativa. O time de vendas pode argumentar que o *sales enablement* tem requisitos únicos e, portanto, que a função de vendas deveria ser a proprietária de todo esse esforço. O marketing pode opinar que boa parte do conteúdo do treinamento de vendas vem do time de marketing, portanto, deveria ser parte do marketing (e mesmo sem esse exemplo, o marketing costuma sentir que vendas pertence à sua área). A tecnologia torna nosso trabalho mais fácil, mas, junto com a evolução dos requisitos e das condições de mercado, faz com que nossos papéis e responsabilidades fiquem mais indistintos. Com maior integração, alguns papéis e responsabilidades podem ficar mais consolidados, ou mesmo ser atribuídos a máquinas ou à IA. Estruturas organizacionais e papéis e responsabilidades continuarão a se transformar conforme mercados, clientes, hábitos de compra e tecnologia evoluírem. Isso é positivo. A colaboração estreita entre vários departamentos e a redefinição de papéis e responsabilidades precisa ser bem ajustada para que a empresa tenha sucesso.

Vem emergindo no cenário corporativo uma mudança essencial em razão dessas alterações e ambiguidades nos papéis e responsabilidades: algumas empresas estão contratando menos funcionários em expediente integral e terceirizando boa parte do trabalho a agências ou *freelancers* em RH, TI, manufatura ou mesmo treinamento. Tal tendência terá ramificações imprevisíveis na cultura corporativa, no fluxo das comunicações, na estrutura organizacional, em revisões de desempenho, remuneração, até no planejamento das instalações físicas etc. Não significa que tenhamos que ficar passivos até as nuvens se dissiparem para fazer algo a respeito.

> **LEMBRE-SE**
>
> Em razão do estado nebuloso da função de *sales enablement*, você pode propor proativamente quais necessidades devem ser atendidas para capacitar melhor o time de vendas. Você está no controle.

Você pode ser o pioneiro a moldar as atividades de *sales enablement* da empresa. No final das contas, *sales enablement* trata de tornar o time de vendas eficiente e eficaz, para que feche mais negócios. Hoje, cada vez mais organizações de vendas adotam uma abordagem baseada em contas para lidar com clientes ao longo dos ciclos de compra. Isso requer que os times de venda, marketing, *sales enablement* e outras funções tenham uma compreensão compartilhada da estratégia da empresa, das propostas de valor, das tarefas de vendas e comportamentos correspondentes. Com a tecnologia sendo um facilitador de capacitação e ferramenta obrigatória, esses times têm que estar mais bem integrados que nunca. Podem pisar um no pé do outro quando um time se movimenta rápido. Tudo bem, desde que todos estejam na mesma página.

As seguintes perguntas ajudam você a determinar passos práticos:

▶ O que podemos mudar agora?

Ação. Ação. Ação.

▶ O que podemos melhorar?

▶ O que podemos acrescentar?

A propósito, não estou esquecendo dos "porquês". Devemos de todas as formas examinar o porquê de cada coisa que fazemos, do que é requisitado e do que planejamos. Mas o porquê é simples: capacitar vendas a fechar negócios. Neste capítulo iremos além do "porquê" para nos concentrarmos em "o quê". Antes, vamos retomar minha definição de *sales enablement* eficaz, de um capítulo anterior:

> Entregar uma experiência do cliente positiva ao equipar vendas com conhecimento, habilidades, processos e ferramentas por meio de colaboração multifuncional, a fim de aumentar a velocidade de vendas e a produtividade.

Dependendo de seus papéis e responsabilidades, talvez você ou seu time já façam algo que é coberto por essa minha definição. Essas perguntas vão guiá-lo para definir as ações a tomar depois de ler este livro.

O QUE PODEMOS MUDAR AGORA?

Dê atenção aos problemas imediatos. Peter Drucker resumiu isso bem: "A não ser que haja compromisso, haverá apenas promessas e esperanças... mas nenhum plano".[1] O primeiro passo é ter um plano que articule de que modo você irá apoiar seu time de vendas.

Crie uma única página articulando seus planos e ações para apoiar o time de vendas. (Ver Figura 10.1.) Associe suas táticas a objetivos de vendas e marketing, começando com as metas de negócios da empresa. Em seguida, incorpore à sua página os objetivos de departamento de seus times de venda e marketing.

FIGURA 10.1

⚲	Metas do negócio			
☑	Objetivos de vendas			
☑	Objetivos de marketing			
↷	Estratégia do *sales enablement*			
👤	*Personas* de vendas internas			
⊗	Foque o *sales enablement* em países			
⌕	Idiomas			
↷	Táticas principais			
💡	KPIs			

Os objetivos de vendas são diferentes das metas de negócios. As metas da empresa podem ser definidas em termos de receita, lucro bruto, objetivos do "Lucro antes dos juros, impostos, depreciação e amortização" (EBITDA), fatia do segmento de mercado ou porcentagem de crescimento de um novo produto para o ano. Os objetivos de vendas são o que o time de vendas vai fazer para cumprir as metas do negócio. Os objetivos do marketing são o que o time de marketing irá fazer para ajudar o time de vendas a cumprir suas metas. Muitos times de marketing têm que focar em alcançar metas

Ação. Ação. Ação.

corporativas, e muitas delas podem não ajudar vendas diretamente. Para essa página, foque nos objetivos diretamente ligados a vendas.

Em seguida, detalhe sua estratégia de *sales enablement* pondo foco em três a cinco iniciativas que você empreenderá para apoiar vendas como profissional de marketing. Você pode também identificar tipos específicos de pessoas de vendas que irá apoiar como "*personas* do time interno de vendas". Se você apoia um time de vendas global e/ou cria conteúdo global, pode também acrescentar prioridades de país e língua conforme julgar adequado. Depois, pode listar as táticas principais que irá usar para apoiar a estratégia geral de *sales enablement*.

O último elemento são os indicadores-chave de desempenho [*Key Performance Indicators*, KPIs]: três a cinco métricas quantificáveis que você vai usar e relacionar às metas gerais de vendas. É importante compartilhar proativamente como mede o próprio sucesso e como tais métricas se vinculam às metas gerais da empresa.

Se a empresa não definiu claramente seus objetivos de vendas e marketing, recomendo que você faça isso com urgência e revise junto com a sua gestão de vendas e marketing.

> **LEMBRE-SE**
>
> Identifique as principais táticas e ações pretendidas, com base em seus papéis e responsabilidades, para apoiar o time de vendas. Com esta única página, você pode facilmente articular como suas contribuições se relacionam com as metas do negócio, e os objetivos de vendas e marketing.

Esse documento de uma página deve ser um guia para departamentos e indivíduos desenvolverem seus próprios planos. Você pode ampliar essa página acrescentando elementos adicionais relevantes para o seu departamento ou grupo. Por exemplo: acrescentar as regiões do time de vendas que irá apoiar. Pode também especificar em que estágios do processo de vendas irá colocar foco. Acrescente quaisquer elementos necessários para esclarecer seus *stakeholders* internos a respeito de como irá apoiá-las e capacitá-las. A página também serve como um plano ou registro de como você apoiará o time de vendas.

> **LEMBRE-SE**
>
> Esta única página precisa ser feita o mais cedo possível no ano, para servir como um alicerce e uma linha base para medir progresso e sucesso. Deve ser dinâmica e revisitada a cada trimestre para identificar o que está funcionando e o que precisa de ajustes.

Documentar seu plano é um jeito fácil de ajudar a gestão a entender as contribuições que você quer dar num ponto específico do tempo. É importante para um time ou para um colaborador ser capaz de consultar esta página em qualquer ponto do tempo. Como colaborador individual, você pode usar essas informações como um modelo para fornecer atualizações ao seu gestor regularmente e assegurar que está trabalhando nas tarefas e nos entregáveis certos.

COMO PODEMOS MELHORAR?

Agora que você tem um plano, todo mundo embarcou e os planos foram acionados, qual o estágio seguinte? Que tal lidar com os silos dos departamentos ou melhorar a integração das ferramentas? A questão agora é: "Como podemos melhorar continuamente?". Isso pode ser encarado de duas maneiras específicas:

- Como dar melhor apoio ao nosso pessoal de vendas;
- Como dar melhor apoio aos nossos clientes.

Apoio ao pessoal de vendas

Este livro detalha como dar melhor apoio ao seu time de vendas do ponto de vista de um profissional de marketing. Falei das tendências futuras que irão causar impacto no pessoal de vendas e de como o marketing pode ajudá-los. Compartilhei minhas ideias sobre o papel do marketing no *sales enablement* e como marketing e vendas podem trabalhar melhor juntos. Discuti de que maneira vários elementos de marketing podem ser alavancados por esforços de vendas. Expliquei como a marca e o *messaging* se aplicam ao time de vendas. Explorei design, experiência do usuário e papel da tecnologia no *sales enablement*. Espero que isso forneça ideias, e até um roteiro, sobre como dar melhor apoio ao seu time de vendas.

Como pessoa de *sales enablement*, é importante avaliar seus processos, o talento de seu time e as ferramentas, para então definir como melhorar. Isso não quer dizer que você precise assumir trabalho adicional com o orçamento e recursos de que dispõe. Significa identificar oportunidades e ter uma discussão com o time da gestão para propor um plano com orçamento e recursos adicionais para impulsionar os resultados desejados.

◢ Apoio a clientes

Para os seus clientes, você deve examinar o estado atual do apoio ao cliente e do marketing externo. Compradores merecem uma explicação clara, ágil, concisa daquilo que fazemos e daquilo que podemos fazer por eles. Também precisam saber como iremos fazê-lo, e como isso nos diferencia de outros fornecedores. O mais importante: também precisam saber o que não seremos capazes de fazer. Precisamos prover nossos clientes com um site amigável ao usuário, com conteúdo relevante para ajudar-nos a avaliar o interesse deles por meio de diferentes estágios do funil de vendas. Se vendas e marketing estão trabalhando juntos em iniciativas baseadas em conta e empregam várias táticas de marketing, o marketing precisa avaliar cada método, revisar os resultados e otimizar canais, e alocar orçamento conforme julgue adequado. Ouço profissionais de marketing se queixarem de que estão fazendo todo dia as mesmas coisas. Mesmo que seja o mesmo e-mail de marketing, há sempre oportunidades para ajustar conteúdo e estratégias e melhorar a relevância e as taxas de resposta. Isso não requer necessariamente um grande orçamento e não precisa ser uma grande iniciativa. Apenas tente algo novo. Cabe a nós introduzir melhoras mesmo que estejamos usando os mesmos canais. Podemos fazer o teste AB um pouco melhor? Podemos tentar enviar e-mails num dia diferente, em outra hora, ou mudar a frequência? Podemos usar conteúdo gerado pelo cliente? Mudar os campos de contato da *landing page*? Podemos dar mais vida a um apelo usando outro texto, imagens ou vídeos diferentes? Esse é o lado divertido do digital; você pode facilmente fazer mudanças e tentar algo novo.

O CEO da Curata, Pawan Deshpande, compartilhou um exercício interno que eles fizeram para mapear a jornada do cliente.

Ele traçou uma linha no centro de um quadro branco para dividi-lo em duas grandes áreas. (Ver Figura 10.2.) Listou pontos de contato com o cliente do lado direito e todas as interações de sua empresa do lado esquerdo, com setas indicando o fluxo entre cada interação e ponto de contato. Por exemplo: um cliente que visitou o site pediu uma demo, que está listada no lado direito. Então, no lado esquerdo, a lista inclui um e-mail pedindo uma demo, que é enviado a um membro do time de vendas, seguido por um e-mail de resposta ao *lead* para marcar a demo com o representante de vendas designado. O processo todo desde a interação inicial até a venda é listado no branco.

Isso incentiva uma discussão entre vendas, marketing e até times de sucesso do cliente para avaliar a jornada do cliente e os intercâmbios entre os diferentes membros do time. Pawan Deshpande usa esse processo de mapeamento para identificar o que seu time pode fazer melhor para dar maior eficácia ao processo. Por exemplo: quando visitantes clicam em "peça uma demo", ele faz um link com a ferramenta de automação de marketing e ativa uma notificação de e-mail para que o time de vendas entre em contato com o *lead*. A fim de definir uma hora para a demo com o *prospect*, é necessário um trabalho de coordenação e um monte de e-mails indo e voltando, o que muitas vezes leva dias. Em razão dessas idas e vindas na comunicação, o desejo dos clientes esfria, e apenas 40% continuam até ver uma demo. Com esse exercício, eles foram capazes de identificar a lacuna e corrigi-la com uma solução que permite que os visitantes façam um autoagendamento da hora da demo conforme sua conveniência, e imediatamente, no próprio site. Essa única mudança aumentou o número de demos de 40% para 65%, com um significativo aumento em suas receitas.

FIGURA 10.2

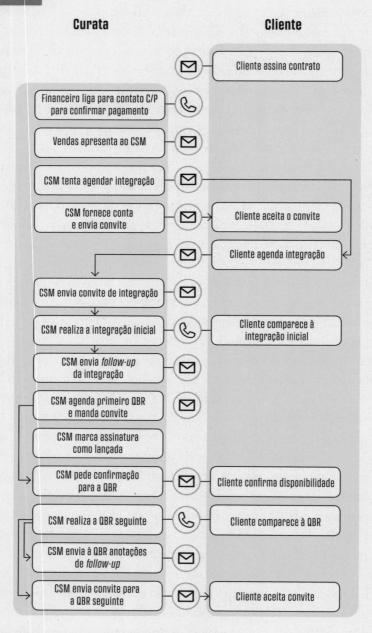

CSM= *Customer Success Manager*, ou Gestor do Sucesso do Cliente
Contato C/P = contato de contas a pagar
QBR = *Quarter Business Review*, ou Revisão Trimestral de Negócios.

Trata-se de trabalhar junto para rever processos e fluxos de trabalho. Identificar lacunas e maneiras de melhorar. Aprimorar processos e selecionar ferramentas leva tempo e esforço. Mesmo que se faça tudo certo, geralmente o impacto só é visível depois de meses. Portanto, pode ser difícil conseguir o compromisso das pessoas por dois ou três trimestres para executar um projeto de longo prazo, especialmente quando o marketing precisa entregar *leads* qualificados e vendas precisa alcançar sua meta todo mês e todo trimestre. Trata-se apenas de trabalho adicional que todo mundo precisa fazer. Não tenho uma resposta fácil para isso, exceto que a alta gestão precisa equilibrar esse jogo de "toma lá, dá cá" entre iniciativas de longo prazo e metas de curto prazo. Você precisa acertar proativamente sua carga de trabalho com seu gestor.

O QUE PODEMOS ACRESCENTAR?

É muito comum que o foco fique exclusivamente no curto prazo e nas metas imediatas. Para incentivar o crescimento de longo prazo de um negócio, é preciso também colocar em ação planos para promover o crescimento de longo prazo. Embora seja sempre bom buscar vitórias fáceis, você deve também fazer uma avaliação holística de seus esforços de vendas gerais e do que eles estão precisando para ficarem ajustados aos seus clientes ou se antecipando a eles, à concorrência e ao mercado. Como colaborador individual, você pode propor iniciativas e ideias aos times de venda ou de marketing. É difícil arrumar um tempo fora da batalha do dia a dia para pensar estrategicamente. Mas é para isso exatamente que servem as sessões de planejamento anual. Se sua empresa tem um processo de planejamento anual no qual o orçamento e as prioridades para o próximo ano são discutidos e definidos, recomendo fortemente usar esse evento para pensar a respeito de um horizonte mais estendido, assim como para fazer um *brainstorming* das iniciativas que podem posicionar o marketing para que faça sua empresa ganhar excelência.

Quando você trabalha num plano de iniciativas de mais longo prazo, precisa criar uma visão atraente que convença os clientes internos do valor da sua proposição.

> **LEMBRE-SE**
>
> Monte sua visão com base em dois conceitos-chave: "convencer" e "valor". Crie uma apresentação para "convencer" a gestão de que suas grandes ideias irão auxiliar tanto vendas quanto marketing. Você deve também dispor de informações para demonstrar os impactos e benefícios monetários e não monetários.

CONHECER O CONHECIDO

Lee Iacocca, ex- CEO da Chrysler Corporation na década de 1980, tem uma citação que realmente encontra ressonância em mim: "Nada substitui o conhecimento preciso. Conhecer a si mesmo, conhecer seu negócio, conhecer seus homens".[2] Conhecer a si mesmo significa saber o que você é capaz de oferecer, o que você consegue fazer e como mede seu sucesso. Amy Pence, na Alteryx, e Diane Walker, ex-gestora de *sales enablement* da SAP, adoram apoiar vendas. Amy sabe o que é capaz de fazer para treinar vendas. Diane procura se certificar de que seus programas de marketing trazem *leads* mornos. Conhecer seu negócio é conhecer o rumo geral de sua empresa, os imperativos estratégicos e os planos de vendas e então amarrar tudo isso com uma estratégia de *sales enablement*. Sua compreensão deve estar documentada claramente em sua página. Conhecer seus "homens" pode não ser politicamente correto hoje em dia, mas a essência da citação é saber o que motiva seu pessoal de vendas. Mencionei a opção de criar uma *sales persona*. É preciso defini-la para conhecê-la.

O pessoal de vendas pode ser cínico às vezes. Você precisa trabalhar duro para ganhar o respeito deles e se certificar de que entenderam como você entrega valor. De outro modo, simplesmente vão ignorar você. Já tive minha meta de ser ignorada por meu time de vendas enquanto lançava ferramentas e processos que não eram adotados pelos representantes de vendas, embora algumas das iniciativas fossem solicitadas por sua liderança e eu tivesse a sua adesão. De um jeito ou de outro, os projetos não foram bem-sucedidos. Mas não levei isso para o lado pessoal. Preferi aprender com os fracassos e seguir em frente. Introspecção e autoavaliação são necessárias para um sucesso futuro continuado.

CUIDADO COM O DESCONHECIDO

A tecnologia está mudando muito rapidamente a maneira que os clientes compram, se comportam e se comunicam. Quando o e-mail foi inventado, ninguém previu que haveria *phishing* ["fraudes"], spam e os outros truques sombrios que invadiriam as caixas de entrada. Quando as mídias sociais foram lançadas, pensamos que iriam conectar todos nós e tornar o mundo um lugar melhor. De fato, conectou, mas é discutível se tornou o mundo melhor. Simplesmente não sabemos como o avanço do *martech* e os *stacks* de tecnologia em evolução irão impactar o *sales enablement*, a colaboração e as comunicações nas várias funções do trabalho. É preciso ter cuidado com o que não se conhece direito, e monitorar continuamente tendências e estar pronto a adotar e a mudar.

GERENCIE O QUE VOCÊ É CAPAZ DE MUDAR

No mundo corporativo, há muitas questões internas e externas que não somos capazes de superar como indivíduo ou como um time. Entre os eventos que afetam marketing e vendas, mas fogem ao nosso controle estão crises econômicas, políticas da empresa, mudanças radicais no cenário competitivo, atraso no lançamento de produtos devido a problemas de manufatura ou com fornecedores, mudanças na gestão, e até falta de alinhamento nas metas do time. Quando você trabalha com grandes iniciativas, pode haver épocas em que sente como se desse um passo adiante e dois para trás. Talvez de vez em quando você sinta frustração, raiva e desânimo. Faz parte da jornada. É da vida.

A questão é o que você pode fazer para continuar avançando e ir transformando contratempos em oportunidades. Para isso, você precisa saber o que é capaz de mudar e o que não é. A chave é focar no que está no seu controle e planejar soluções ou atenuar problemas causados por eventos que você não tem como controlar.

AÇÕES PROMOVEM AÇÕES

Essencialmente, o crescimento de uma empresa vai depender da colaboração entre os departamentos de vendas e marketing, de que trabalhem juntos como um time com uma meta comum e foquem em seus clientes. Mesmo empresas com o melhor alinhamento de vendas e marketing não podem manter um alinhamento produtivo eterno. Cada estratégia tem um prazo de validade, porque todo negócio opera num ambiente em constante mudança. Certifique-se de que seu plano de marketing inclui a colaboração de vendas e que os planos de vendas de sua empresa alavancam o marketing. O marketing é em vários aspectos a força de vendas oculta de uma empresa, e precisa se engajar e começar a trabalhar junto de maneira produtiva com o time de vendas. Ter um plano, lidar com os problemas que aparecem um por vez e lidar com o que você tem capacidade de mudar. A jornada de mil quilômetros começa dando o primeiro passo *agora*. Passos geram outros passos. Ações geram ações. Apenas lembre-se: quando o marketing trabalha em sintonia com o time de vendas, cria um relacionamento de simbiose que é maior que a soma das partes.

É hora de agir.

REFERÊNCIAS

[1] Peter Drucker. https://www.brainyquote.com/quotes/peter_drucker_121122?img=3.

[2] Lee Iacocca. https://www.brainyquote.com/quotes/lee_iacocca_120040.

Quando você trabalha com **grandes iniciativas**, pode haver épocas em que sente como se desse um passo adiante e dois para trás. Talvez de vez em quando você sinta **frustração**, **raiva** e **desânimo**. Faz **parte da jornada**. É da **vida**.

Índice remissivo

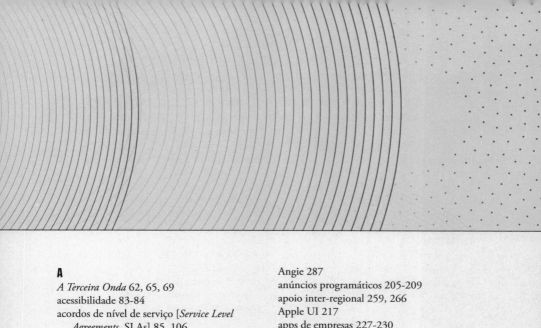

A

A Terceira Onda 62, 65, 69
acessibilidade 83-84
acordos de nível de serviço [*Service Level Agreements*, SLAs] 85, 106
adequação
   de *leads* 119
   marketing baseado em contas 177
adequação à mobilidade 234
adesão [*buy-in*]
   ajuste 230
   da gestão 249
   de partes interessadas internas 91-93
   estruturas de *messaging* 145
ajuste de ferramentas 258
alocação de recursos 105
Alphabet 69
Alteryx 159, 161, 169, 251, 306
Amazon 28, 112, 114, 165, 229, 231, 237, 283, 284
ambientes de aprendizagem integrada 143, 163
ambientes de aprendizagem integrados 89, 104
Amdocs 165, 251
AMEX 184
análise de tendências 73
análise descritiva 273, 275, 282
análise
   filtragem 281-282
   IA 283-284
   learner insights 88, 104
   limpeza de dados 279
   plataformas de capacitação 233-234
   prospecção baseada em 85-86, 102
   tipos de 280-283
análises preditivas 280-283

Angie 287
anúncios programáticos 205-209
apoio inter-regional 259, 266
Apple UI 217
apps de empresas 227-230
apps
   mensagens de vendas 221, 227, 239
   ver também software como serviço
aprendizagem de máquina 188, 284, 285, 287
aprovação da gestão 249
aquisição
   dicas 276-280
   ferramentas de *enablement* 230-231
AR *ver* realidade aumentada
atenção aos detalhes 257
avaliação 120-123
avaliação
   geração de *leads* 40, 81, 84, *102*, 108, 119, 120, 122, 126, 142, 194, 196, 201, 209, 214, 231, 234, 251, 265, 286, 292
   ver também análise marketing de eventos 206

B

B2B *ver* marketing *business-to-business*
Baby Boomers 86-87
Banko, Allison 206
Barrows, John 32, 163
Berns, Scott 287
Blueprint: SaaS methodology 230
BMW 226
boa comunicação 254-255
bomba d'água 59, 60, 62
branding 26, 128, 129, 132, 134, 136, 150-153, 167

catalisadores 132-133
consistência 130-132, 149-150
força de vendas 150-151
manual da marca 134-136
messaging 149-150
modelo de *messaging* 134, 138-148
  abordagem 142-145
  adequação ao consumidor 145-147
  adesão [*buy-in*] 145
  critérios-chave 140-142
  propriedade 140
times de venda 134-136
vendas 136-137
Brinker, Scott 230, 258, 271
buyer personas 45, 86, 204, 247
buyer readiness (disposição do comprador) 58-59

C
CaCube 271
"Caixa de comodidade" 211
canais de vendas
  complexidade 67
  em produtos SaaS 227-230
  Revolução Industrial 59
Caterpillar 199, 222, 224
CenturyLink 286-287
Chan, Iris 32, 176, 264
Chizinsky, Ken 32, 219, 256
Chrysler Corporation 306
Cisco 17, 98, 135, 191, 192, 203, 219, 220, 236, 256, 259, 264
clientes emergentes 67
clientes, globalização 87-88
Cloudera 188
coaching 17, 26, 38, 39, 156, 157, 172, 173, 174, 175, 176, 179, 250, 253
  discussões sobre descobertas 173
  integração 176-180
  melhora da conversação 173-175
Cohen, Dan 238
Colossus 65
comarketing 36, 44, 131, 134, 185, 186, 187, 188, 189, 190, 212
comentários de vendas 123-125
comércio eletrônico [*e-commerce*] 67, 88, 185, *186*, 198, 229, 230, 237
complexidade dos canais de vendas 67

comportamento do comprador 77-78, 100, 269-270
compradores empoderados 77, 79, 80, 82, 84, *100*
computadores pessoais (PCs), introdução 30
Computer (ENIAC) 65
comunicações híbridas de vendas 81-82, 101
confiabilidade dos *leads* 119
conhecer o conhecido 306
conhecimento tribal *244*, 245
conjuntos de habilidades 47, 53, 111, 125, 156, 253
consistência 107, 119, 129, 130, 131, 132, 135, 136, 144, 146, 150, 260, 263, 279
construção do time 243-267
  apoio inter-regional 259, 266
  aprovação da gestão 246, 248, 249, 250
  conceitos essenciais 245-251
  enablement inter-regional 264
  estratégias de vendas 245-246
    estruturas 247-249, 301-305
  estruturas de apoio 248
  fluidez 266
  identificação de lacunas 248
  metas do negócio 246-247
  melhorias 301-305
  objetivos 248-249, 299-301
  organização 247-248
  posicionamento 251-252
  papéis 250
  reuniões iniciais 249-250
  talentos e habilidades 252-258
conteúdo de vendas "glocal" 186-187
conteúdo focado em vendas 169-170
conteúdo interativo 221-227, 237-238
  gestores de programa interno 43-46
  adesão de *stakeholders* internos 91-93
  introdução de ferramentas 258
conteúdo
  criação 256-257
  gestão 233
  integração 264-267
  localização 264
  marketing 168-169
  treinamento de vendas 168-171
conversações
  descoberta 173
  melhorias 173-175
Conversica (IA) 287

corporações, formação de 64-65, 67
"cortadores de cabo" [*cable cutters*] 165
criação de conteúdo 256-257
criação de conteúdo relevante 256-257
CRM *ver* sistemas de gestão do relacionamento com cliente [*customer relationship management systems*] realidade cruzada (xR) 222-227
CSO Insight 38, 39, 51, 155, 158
Cunha de Valor 140
Curata (ferramentas) 54, 272, 281, 282, 303, *304*

D

Da Vinci, Leonardo 26, 33, 57, 58, 59, 61
DataDirect Networks 166
DEC *ver* Digital Equipment Corporation aprendizagem profunda 164
definições de *leads* 26, 118, 120
Deshpande, Pawan 32, 272, 281, 303
design intuitivo 217-219, 236-239
dicas para seleção de tecnologia 276-280
dicas úteis 276-280
Digital Equipment Corporation (DEC) 164
diluição de limites 81-82, 101, 295-296
discussões sobre descobertas 173
disponibilidade 83-84, 101
disponibilidade *on-demand* 77, 83, 102
DriftBot 287, 288, 289

E

Electronic Numerical Integrator and e-mail marketing 22, *186*, 193-197, 205, 214, 228
Empresas multinacionais (MNCs) 88, 103, 259, 260
  enablement inter-regional 264
  apoio multirregional 259-263
  conteúdo "glocal" 260-261
enablement inter-regional 264
engajamento 26, 46, 47, 52, 78, 79, 82, 87, *100*, 108, 130, 137, 151, 157, 177, 178, 179, 191, 220, 229, 271, 273, 275, 285, 286
ENIAC *ver* Electronic Numerical Integrator and Computer
Era da Informação 26, 65
Era do Computador 65-66
estratégias de vendas 246, 247, 250

estrutura do time 248-249, 301-305
estruturas de apoio 248
estruturas organizacionais 247-248, 299-306
eventos com clientes 112-113
eventos de prospecção 113-114
experiência de mercado 254-255
experiência de mercado relevante 255-256
experiência do cliente 40, 43, 81, 132, 137, 155, 186, 298
  ver também experiência do usuário
  adequação do cliente 145-148, 247-248, 280-283
experiência do usuário (UX) 22, 26, 217, 218, 219, 220, 224, 229, 230, 238, 239, 256, 302
  aquisição 230-236
  conteúdo interativo 221-227, 237-238
  design de site 237-239
  design intuitivo 217-218, 236-239
  importância da 217-220
  melhorias 302-305
  realidade aumentada 221-227
  realidade virtual 221-227
  ROI 220
  sales enablement 220-221
  vendas de produtos SaaS 227-230

F

facilidade de uso 149, 218, 219, 233,
feedback 32, 49, 89, 104, 110, 114, 119, 122, 123, 124, 125, 126, 144, 162, 169, 200, 224, 225, 235, 247, 249, 254, 260, 262, 265, 266
ferramentas
  ajuste das 258
  aquisição 230-236
  bênçãos e maldições 269-275
  seleção
    dicas 276-280
    estágios 275-276, 279
filtros 281-282
fluidez do time 266
Fusion Grove 176, 232, 264

G

George, Jobi 124–125
geração de iniciativas 91-92
geração de *leads* 81
Geração X 43–44
gestão da mudança 299-308

gestão por objetivo [*Management By Objective*, MBO] 174
globalização 44–45, 57
Godley, Mark 212
Google 64–65
GTM
    ver planos *go-to-market* guias, *branding* 134-136

H

Highspot 52, 53, 232
Holoroom da Lowe 225
Hubspot 39, 49, 115, 191, 231
humanos *versus* humanoides 289

I

IA 284-288
IA *ver* inteligência artificial alinhamento do time 251-252
Iacocca, Lee 306
ICP 117, 281, 282
identificação de lacunas 175
impactos
    e-commerce 197, 198, 199, 200, 204, 229, 236, 237, 238
    e-mail marketing 22, *186*, 193, 194, 195, 196, 197, 205, 214, 228
    marketing de afiliados 22, 200, 201, 202
    marketing de canais 192
    programas de fidelidade 203-205
    parceria de marketing 188-189
    redirecionamento [*retargeting*] de anúncios *186*, 205, 206, 207, 208, 209
implantação 199, 258
    filtros 193
    IA 283-288
    seleção
        dicas úteis 276-280
        estágios 275-276, 279
    tipos de análises 280-283
indicadores-chave de desempenho [*Key Performance Indicators*, KPIs] 85, 169, 300
influenciadores 141–142
infomerciais 138-139
ingredientes-chave 155-180
    integração 159-162
    treinamento contínuo 163-166
    treinamento vindo de outros departamentos 167-168

treinamento de vendas 157-158
insights 23, 25, 32, 33, 38, 39, 51, 55, *77*, 85, 86, 88, *101*, *103*, *104*, 109, 110, 157, 176, *178*, 185, 234, 271, 273, 271, 273, 274, 275, 280, 281, 286
integração (*onboarding*) 159-162
integração 233
    sistemas CRM 108-109
        marketing de eventos off-line/on-line 208
    treinamento/*coaching*/conteúdo 176-180
Intel 17, 27, 31, 35, 36, 54, 66, 67, 85, 88, 97, 123, 135, 136, 142, 164, 167, 169, 176, 187, 188, 194, 203, 212, 227, 229, 231, 239, 251, 259, 271, 273, 274, 275, 282, 284, 287, 289, 290, 291
inteligência artificial (IA) 67, 283-292
    aprendizagem de máquina 283-284
    aprendizagem profunda 284
    geração de *leads* 284–292
    geral *vs.* super 289-290
inteligência artificial específica 289-290
inteligência artificial forte 289-290 alocação de apoio 105
inteligência artificial fraca 289-290
inteligência artificial geral 210–211
intenção 177, 280-283
iPaaS *ver* plataforma de integração como serviço

J

jornadas
    consistência 149-150
    melhorias 303-305
    ver também experiência do usuário

K

King, Michael 32, 129, 162, 166, 252
Kooij, Jacco van der 230
Kotter, John 238
Kouchkovsky, Nicolas de 32, 271
KPIs *ver* indicadores-chave de desempenho

L

LeadCrunch 285, 286
LeadGenius 117, 118, 291
leads

qualidade 118-119
SLAs 311
learner insights 88, 104
Lei de Moore 291
Levitt, Lee 32, 51, 172, 173, 174, 175
Limelight 162, 252
limpeza de dados 279
localização criativa 261-262
localização
  criativa 261-262
  de campanhas 262
  de conteúdo 263
  messaging 263
  taglines/temas 130, 263
localização de campanha 263
localização de *tagline*/tema 263
lógica de comportamento de e-mail [*Behaviour E-mail Logic*], BEL, diagramas 195-197
Loom 228, 229
Lumension 206-209

M

manuais, vendas 91–93
marketing baseado em contas [*Account-Based Marketing*, ABM] 43, 99, 176
  adequação 177
  engajamento 177-180
  intenção 177
  tipos 176
marketing de afiliados 200-202
marketing de tendências futuras 98-104
marketing integrado 211-213
marketing
  aquisição de ferramentas de *enablement* 230-236
  atritos com vendas 99-106
  avaliação de *leads* 120-123
  baseado em contas 43, 99, 176-180
  como ferramenta de vendas 210-211
  conteúdo "glocal" 260-261
  cross-sell 85, 93, 113, 178, 184, 194, 199, 228, 229
  de afiliados 200-201
  e-commerce 197-200
  e-mails 44, 47, 81, 108, 194-197, 199, 204, 257, 280, 281, 282, 287, 303
  IA 283-288
  integrado 212-214
  liderança de vendas 183-214
  materiais 170-171
  mídias sociais 209-210
  parceiros 186-189
  parceiros de canal 190-192
  programas de fidelidade 203-205
  realidade cruzada 224-227
  redirecionar anúncios 205-209
  tendências futuras 98-104
Martech 230, 231, 235, 236, 258, 271, 274, 278
Martin, Tom 32, 193-196 205, 210
MAS *ver* sistemas de automação de marketing
MBO *ver* gestão por objetivos
McCarthy, John 289
McKittrick, Jeff 191
MEDDIC 49
melhora do apoio 301-305
melhorias
  ações 301-305
  conversações 172–175
mensagens para papéis de compras específicos 149
messaging 129-151
  catalisadores 133-134
  consistência 130-134
  critérios-chave 140-142
  Cunha de Valor 140
  força de vendas 31, 77, 79, 97, 100, 103, 159, 163, 190, 192, 199, 200, 256, 259, 308
  localização criativa 262
  marca 149
  modelos 134, 138-148
    abordagem 142-143
    adesão 144
    adequação do cliente 144-148
    critérios-chave 140-142
    propriedade 140
  papéis de compra específicos 149
  parceiros de canal 148
  thought leadership 80, 148, 168, 212, 213, 214, 285
  vendas em produtos SaaS 227–161
messaging baseado em solução 36
messaging de *thought leadership* 80, 148, 168, 212, 213, 214, 285

messaging focado em produto 36
messaging indireto 148
metas de departamento 105
metas do negócio 245-246, 300
metodologias 174–175
metodologias de vendas 47-50
mídias sociais
   marketing 209-210
   tendências de vendas 84-85, 102
millennials 24, 78, 82, 86-87,
Miracle, Kimberly 32, 164
modas 74
modelo de venda de valor 49
modelos
   abordagem 142-145
   adequação do cliente 145-148
   adesão 145
   critérios-chave 140-142
   messaging 138-148
   propriedade 140
montagem do time 243-267
   apoio inter-regional 259, 266
   aprovação da gestão 249
   capacitação inter-regional 260-261
   conceitos essenciais 245-251
   estratégias de vendas 245-246
   fluidez 267
   estruturas de apoio 248
   estruturas de times 248-249
   identificação de lacunas 248
   melhorias 302-305
   metas do negócio 245-246
   objetivos 248-249, 298-299
   organização 246-247
   papéis 249-250
   posicionamento 251-252
   reuniões iniciais 250-251
   talentos e habilidades 252-259
montagem do time 249-250
mostrar e explicar 61
motores a vapor 60, 61, 62, 66
MQLs *ver leads* de mercado qualificados
   MR *ver* realidade combinada
   times multigeracionais 86-87, 222
mudança social 269-270
mudanças em tecnologia 258, 291
mudanças para vendas 75

N

Newcomen, Thomas 60, 61
Norton Internet Security 228

nutrição instantânea 207

O

o que se desconhece 306-307
objetivos 248-249, 298-301
objetivos de negócio 32-33
   marketing *business-to-business* (B2B
   mudanças 93-94
   nascimento do 64
Odyssey 285-286
Old Spice 262, 267
Open19 Foundation 162
operações *vs. enablement* 50-53
Oracle 51, 97, 108, 109, 110, 111,
   115, 120, 125, 155, 172
origens do *sales enablement* 3

P

papéis dos membros do time 46, 249
papel do *sales enablement* 40, 54
Papin, Denis 316
parceiros de canal 148, 190-192
parceria de marketing 123-128
patrocínio customizado 110, 111, 114
PCs ver comput*ador*es pessoais
Pence, Amy 316, 316, 316, 316, 316
perfis 281-282
perfis de cliente ideal [*Ideal Customer Profiles*, ICP] 281-283
pessoas de alto desempenho 255
pessoas de vendas 31, 80, 84, 93,
   100, 109, 122, 126, 139, 145,
   165, 171, 175, 185, 210, 211,
   222, 225, 232, 238, 255, 258,
   260, 270, 271, 286, 287, 288,
   300
Peterson, Eric 316, 316, 316, 316, 316
Pink, Daniel 316
planejamento da mudança 299-301
planejamento do apoio 298-301
planos *go-to-market* (GTM) 45, 50, 97
plataformas de aquisição 161–166
plataforma de integração como serviço (iPaaS) 231
plataformas baseadas na web
   messaging de vendas 227-230
   ver também software como serviço design de site 237-238
poder de processamento 290-291
Podio 316

Pono, Myk 317, 317
ponto de vista de profissionais de
   marketing 35-55
pontos comuns de desalinhamento 107-111
pontos em comum nos desalinhamentos
   106-111
pôquer 317
Pós-Revolução Industrial 59, 61, 62,
   63, 64, 66, 270, 295
posicionamento 251-252
posicionamento do departamento 251-252
posicionamento do time 178–179
precisão dos *leads* 118
   ações 295-308
   apoio a vendas 296-308
   limites nebulosos 295-298
   melhorias 301-305
   o que é conhecido 306
   o que se desconhece 306-307
   planejamento de apoio 298-300
pré-requisitos 45-50
prioridades conjuntas 111-115
prioridades de curto prazo 105
prioridades de longo prazo 105
processos 46, 49-50, 247-248
processos de vendas 26, 50, 52, 82,
   86, 105, 111, 117, 119, 134,
   137, 146, 155, 156, 157, 162,
   167, 220, 229, 230, 247, 250,
   277, 278, 279, 291, 292
profundidade dos *leads* 118, 236
programas de fidelidade 203-205
propriedade 17–18
   estrutura de *messaging* 86
   posicionamento 178–179
prospecção 35, 39, 46, 53, 77,
   81, 85, *102*, 113, 121, 208

Q
qualidade dos *leads* 116, 119, 121, 278,
   286
quantificar economias 62

R
RapidMiner 287
realidade aumentada (AR) 74, 221-227
realidade combinada (MR) 222
realidade cruzada 221-227
realidade virtual (VR) 221, 222
redes neurais artificiais [*Artificial Neural
   Networks*, ANN], 284

redirecionamento baseado em listas 205
redirecionamento baseado em pixel 317
redirecionamento de anúncios [*retargeting*]
   205-209
Reebok 201, 202
"regra de três" 142
REI (Recreational Equipment, Inc.) 237
representantes de desenvolvimento de vendas
   [*Sales Development Representative*, SDR]
   170
retargeting de *leads* 207
retorno do investimento (ROI) 21, 38,
   107
reuniões iniciais 207-208

S
SaaS *ver* software como serviço
sales enablement
   aquisição de plataforma 230-236
   como papel ou tarefa 41-42
   definições 37-41
   melhorias 301-305
   necessidade de 66-69
   origens 37
   propriedade 53-54
   trabalho em equipe 42-43, 295-298
   versus operações de vendas 50-53
SAP North America 170, 212, 214
Savery, Thomas 59, 60, 61, 80
Schenk, Tamara 32, 55, 155
Schmidt, Eric 69, 70
SDR *ver* desenvolvimento de representantes
   de vendas
Segunda Guerra Mundial 65
Shimp, Ginger 32, 212
simulações de produtos 222-224
Singh, Sanjit 32, 285, 286
sistema de vendas Sandler 48, 81
sistemas de automação de marketing
   [*Marketing Automation Systems*,
   MAS] 281
sistemas de gestão do relacionamento com o
   cliente (CRM)
   aspectos importantes 233-236
   disponibilização 230-236
   integração 108-110
   inteligência artificial 283-292
   melhorias 301–305
   prospecção baseada em análise 77
SLAs *ver* acordos de nível de serviço vendas
   SNAP 48, 193

software como serviço (SaaS) 43, 148, 227
stacks de venda 274-275
stakeholders 21, 38, 43, 91, 144, 247, 252, 266, 278, 300
  adesão 91-93
  modelo de *messaging* 138, 139, 142, 143, 144, 146, 147, 148, 150, 263
startups 24, 60, 67, 114, 231, 271
State of the Inbound 115
Steinhauser, Charles 32, 164, 165, 169, 251
StreamSets 188
superinteligência artificial 289-290

T

talentos necessários 252-259
tarefas do *sales enablement* 41-42
tecnologia
  avanços 290-291
  bênçãos e maldições 269-275
  dicas 276-280
  excesso 278, 290-291
  implantação 193–214
  mudanças 184, 291
  Revolução Industrial 56, 59, 61-64, 66, 68, 270, 295
  ROI 278-279
  seleção 275-280
tendências 73-94
tendências
  ambientes de aprendizagem integrados 89, 104
  análise de 73-74
  análise 85-86, 88-90, 103
  comportamento de comprador 78-79, 103
  compreensão 90-91
  comunicações híbridas 82-83, 101
  disponibilidade *on-demand* 77, 83, 102
  globalização 87-88, 103
  learner insights 88, 104, 311
  limites nebulosos 81-82, 101
  marketing 98-104
  mídias sociais 82-83, 102
  para soluções 75
  prospecção 85-86, 142-143
  times multigeracionais 86-87
  venda de insight 79-80, 100
  vendas 73-94

verticalização 77, 79, 88, 100, 103
The Collaborative Sale 78
The Heart of Change 238
The Sales Enablement Playbook 37, 39
The Three Value Conversations 140, 152, 174, 180, 211
times da sede 259
times multigeracionais 86-87, 102
times virtuais 252-253
To Sell is Human 142
trabalho em equipe 7–8
  globalização 44–45, 57
  linhas nebulosas 295-298
  melhorias 301-305
  planejamento do apoio 299-301
  times multigeracionais 43–44, 56
TraiScape 224
treinamento 157-168
  conteúdo 168-170
  contínuo 163-166
  de outros departamentos 167-168
  definição de tópicos 169
  integração [*onboarding*] 40, 88, 151, 156, 318, 153
  integrar 176-180
  materiais de marketing 171-172
  realidade cruzada 224-225
treinamento contínuo 163-167

U

Uber 67, 227, 228, 266, 273, 281
usos imprevistos 67
USTA Tennis Center 183
UX *ver* experiência do usuário

V

vantagem competitiva 274, 291
venda conceitual 49
venda de solução [*solution selling*] 48
venda em conta-alvo 48
Venda NEAT 48, 174
vendas de insight 80-81, 100
vendas de tecnologia 42-43, 59-62, 68
  por meio de tecnologia 62-63
vendas desafiadoras 48
vendas SPIN 47, 81, 233, 284, 292
vendas
  ambientes de aprendizagem integrada 90, 104
  análise 85-86, 88-89, 103, 104

atritos com marketing 99-106
avaliação de leads 120-123
branding 136-137
coaching 172–175
comunicações híbridas 82-83, 101
consistência do messaging 149-150
conteúdo interativo 221-227, 237-238
disponibilidade on-demand 77, 83, 102
efeitos da experiência do usuário 219-220, 225–226
em produtos SaaS 227-230
estratégias 45-46, 245-246
estrutura do messaging 134, 138-148
feedback e comentários 123-125
ferramentas, marketing como 210-211
globalização 87-88, 104
learner insights 88, 104
manuais 146-148
manuais de marca 136
marketing cruzado 80-81, 101
marketing integrado 212
materiais de marketing 170-171
melhorando o apoio 301-302
mentalidade 254-255
metodologias 46-50
mídias sociais 84-85, 103
mudanças em 76
semelhanças na intenção comportamental 208

treinamento 158-168
  conteúdo 168-171
  contínuo 163-166
  de outros departamentos 167-168
  determinação de tópicos 169
  integração 158-162
  materiais de marketing 171-172
verticalização 79, 100
verticais 67-68
verticalização da força de vendas 79, 100
Villeroy & Boch 226, 240
VR *ver* realidade virtual

W

Walker, Diane 32, 170, 255, 306
Wanamaker, James 107, 108,
Watt, James 37, 60, 61
Wentworth, Tom 287, 288
Wickey, William 32, 117, 127

X

Xero 201
Xerox 68, 163, 164
xR *ver* realidade cruzada

Z

Zamora, Alan 32, 97
Zoom 82, 83, 101, 227

Este livro foi composto com tipografia Adobe Garamond Pro e impresso em papel Off-White 80 g/m² na Formato Artes Gráficas.